지　　금
여　　기
협동조합

지금 여기
협동조합

우리 협동조합의 오늘을 말하다

초판1쇄 인쇄 2013년 8월 21일
초판1쇄 발행 2013년 8월 26일

지은이 이현정
펴낸이 김지훈
편 집 나성우
마케팅 최미정
관 리 류현숙
펴낸곳 도서출판 어젠다
출판등록 2012년 2월 9일 (제406-2012-000007호)
주 소 경기도 파주시 광인사길 217
전 화 (031)955-5897 | 팩스 (031)945-8460
이메일 agendabooks@naver.com

ⓒ 이현정, 2013
ISBN 978-89-97712-09-0 03320

이 도서의 국립중앙도서관 출판시도서목록(CIP)은 e-CIP홈페이지(http://www.nl.go.kr/ecip)와
국가자료공동목록시스템(http://www.nl.go.kr/kolisnet)에서 이용하실 수 있습니다.(CIP제어번호: CIP2013014961)

지금 WE 여기 협동조합

이현정 시민기자의
생생한 협동조합
취재기

우리 협동조합의 오늘을 말하다 　　　　이현정 지음

어젠다

당신을 바꾸고 세상을 살리는 일

2012년 12월 1일부터 '협동조합기본법'이 발효되면서 한국 협동조합 운동에 새로운 물결이 일고 있다. 그동안 우리나라에 협동조합이 없었던 것이 아니지만, 사회 구성원 전체로 보면 아주 적은 사람들만 그 존재를 알고 있었다. 그리고 그냥 '협동조합'이라는 명칭을 들어봤다고 하는 정도의 사람들은 대개 전국 곳곳에 점포를 가진 농협(?)을 떠올리는 실정이었다. 그런데 기본법이 시행되면서 '뭔가 다른' 협동조합이라는 것이, 청년층으로부터 은퇴자들에 이르기까지 각계각층의 사람들에게 자기 일자리나 진로 또는 사회변화를 위한 또 다른 대안으로 떠오른 것이다.

넘치는 관심과 열정 덕분인지 한 달 평균 200곳이나 새로 만들어지는 협동조합의 붐 속에서, 그것을 부추기기도 하고 반영하기도 한, 수많은 협동조합 관련 기사와 책자들이 쏟아져 나왔다. 전에는 '협동'이란 단어마저 찾아보기 힘들었던 여러 활자매체에 연일 협동조합을 소개하는 기사가 실리고, 여기저기 방송 프로그램들도 시청자들에게 협동조합의 장점과 가치를 널리 알렸다. 협동조합에 관한 대중적인 관심이 불붙기 시작한 단계라 그동안 나온 책자들은 협동조합의 원칙과 가치를 설명하고 설립 절차를 알려주는 것에서부터 해외 유명 협동조합들을 소개하는 것, 그리고 연구자들이 관심을 가질만한 주제를 다룬 전문서적에 이르기까지 그 종류도 다양했다. 자연스러운 현상이다.

이처럼 협동조합에 관한 '정보의 홍수'(?) 속에서 한 가지 아쉬웠던 것은, 바로 우리 곁에서 살아 움직이는 다양한 한국 협동조합들의 실상을 일목요연하게 알려주는 책자였다. 물론 그동안 우리나라의 협동조합에 관한 정보가 그렇게 적었던 것은 아니다. 그 가운데서도 1980년대 중반 이후 매우 성공적으로 사업을 일궈 온 대표적인 생협들은 꽤 잘 알려져 있는 형편이다. 하지만 그것들조차도 대개 단편적인 기사나 논문, 또는 단행본의 일부로 포함된 형식이어서 독자 입장에서 "바로 이거야!"라고 단 한 권으로 선택할 수 있는 그런 책자는 보기 힘들었다. 여기, 생협 조합원으로 시작해 협동조합에 관한 깊은 관심과 애정을 가지고 그 사회적 가치를 전파하는 것을 자신의 사명으로 생각하는 한 아줌마의 눈으로 본, 한국 협동조합의 실상에 관한 좋은 책 한 권이 나왔다. 이제 막 협동조합에 관해 관심을 가지게 된 청년학생과 일반인들, 이미 갖가지 협동조합을 통해 사업과 운동을 하고 있는 활동가들, 그리고 우리나라의 협동조합에 관해 더욱 더 풍부한 자료를 얻고자 하는 연구자들과 정책담당자들 모두에게 도움이 될 만하다. 앞으로 이 책에 실리지 않은 더 많은 협동조합들의 사례도 독자와 만날 수 있기를 기대해 본다.

협동조합은 무엇보다 '사람이 하는 일'이라는 여러 멘토들의 진심 어린 조언이 새삼 귓가에 맴돈다. 당신이 협동조합을 통해 어울리는 사람들과 맺는 관계가 바로 당신이다. 그리고 그것이 당신을 바꾸고 세상을 살린다는 말이다.

성공회대 사회과학부 및 NGO대학원 교수
김창진

협동조합에서 협동조합을 배우다

"협동조합이 뭐예요?"

"지하철 광고를 보니 협동조합을 지원해준다고 하는데, 구체적인 지원 내용이 궁금합니다."

"그런데 어떤 법인을 신청해야 빨리 만들 수 있을까요?"

"돈 되는 아이템 좀 살짝 귀띔해 주시면 안 될까요?"

정부나 자치단체의 협동조합 상담센터에는 하루에도 수십 통의 문의 전화가 걸려온다. 지난해 12월 협동조합기본법이 시행된 이후 봇물 터지듯 많은 협동조합이 새롭게 만들어지고 있다. 하지만 여전히 협동조합에 대한 인식은 미흡한 듯싶다. 실제로 협동조합을 시작하려는 이들을 만나보면, 정부나 자치단체의 혹시 있을지 모를 금전적 지원에 관심들이 더 많다. 그도 아니면 돈 잘 버는 사업 하나 동업한다 생각하는 눈치다. 내심 우려스러운 마음이 앞선다. 협동조합에 대한 사회적 관심은 감사할 일이지만, 너무 쉽게만 생각하는 건 아닌지 걱정스럽기 때문이다.

국제협동조합연맹ICA은 협동조합을 '공동으로 소유하고 민주적으로 운영되는 사업체를 통하여 공통의 경제적·사회적·문화적 필요와 열망을 충족시키고자 하는 사람들이 자발적으로 결성한 자율적인 조직'이라고 정의하고 있다.

170여 년 전, 밀가루에 횟가루를 섞어 팔아 폭리를 취하던 영국의 공장주와 상인들의 횡포를 견디다 못한 이들이 모여 찾은 대안이 바로 협동조합이었다. 1파운드씩 출자해 함께 가게를 열고, 식료품을 공동구입해 합리적인 가격으로 공급하던 것이 바로 오늘날 소비자협동조합의 효시라 한다. 목마른 자가 우물을 찾듯, 스스로의 요구와 필요에 의해 모인 이들이 마음과 힘을 모아 뜻하는 바를 이루어 내는 것이 바로 협동조합인 것이다. 이익을 창출하기 위한 기업과는 시작부터 다른 사업체다. 자발성과 자율성이 기본이 되는 조직의 특성상 외부의 지원이나 특혜를 바라서도 안 된다는 건 너무나 당연한 일이다. 잠시 짬을 내어 국제협동조합연맹이 말하는 협동조합의 정의와 7대 원칙만 살펴봐도 협동조합이 돈을 버는 일에는 크게 도움이 될 구조가 아니라는 것을 알 수 있을 텐데, 성공한 기업가가 꿈인 이들도, 돈 많이 벌어 배불리 잘살고 싶은 이들도, 나아가 더불어 잘살고 싶은 이들까지 모두들 협동조합을 꿈꾸고 있다.

솔직히 말하면, 이러한 사회적 현상을 좀처럼 이해할 수 없다. '다섯 명 이상이면 쉽게 만드는 협동조합'이란 광고 문구도 마음 편히 수

궁할 수 없었다. 지난 십삼 년 동안 소비자생활협동조합생협에 가입해 이용해온 조합원 입장에서 협동조합은 결코 쉽게 만들고 운영할 수 있는 곳이 아니었기 때문이다. 물론 300명 이상의 조합원이 설립 동의자로 참여하고, 이들의 출자금 납입 총액이 3천만 원 이상이어야 설립이 가능했던 소비자생활협동조합에 비하면, 겨우 다섯 명만 모여도 만들 수 있다고 하니 절차상으로는 분명 수월해진 것이 맞다. 하지만 협동조합의 정의와 원칙이 달라지지 않는 한, 마음만 먹으면 뚝딱 만들고 운영할 수 있는 것은 결코 아니다. 사람들의 뜻을 모아 민주적으로 운영하는 일이 그리 녹록지만은 않기 때문이다.

지난 2000년에 한살림 조합원으로 가입한 후 지금까지 아이쿱생협과 두레생협 등 몇몇 협동조합을 이용해왔다. 안전한 먹거리 때문에 가입한 조합들이었지만, 필요한 물건을 이용하는 것 이상의 가치를 일깨워 준 곳이 바로 협동조합이었다. 이웃의 생협 아줌마들과 함께 바른 먹거리에 대해, 환경에 대해, 나아가 윤리적 소비에 대해 생각할 수 있었다. 또한 사교육의 도움 없이 아이를 키울 수 있었던 것도 마음을 나누는 조합원들이 있었기에 가능했다. 생협이 있었기에 불편함을 감수할 수 있었고, 따뜻하고 건강한 사회를 위한 다양한 실천들을 함께할 수 있었다. 내게 협동조합은 결코 돈 잘 버는 기업이 아닌, 생각을 나눌 수 있는 사람들이 모인 공동체였다.

협동조합에 대한 사회적인 관심이 모아지는 지금, 무엇보다 중요한

것은 협동조합에 대한 바른 생각을 공유하는 일이다. 이를 위해서는 누구나 쉽게 읽으며 협동조합에 대해 생각할 수 있는 자료들이 더 많아져야 한다. 최근 부쩍 협동조합에 대한 언론 보도와 책들이 쏟아져나오고 있지만, 대부분은 여전히 단편적인 보도와 원론 위주의 책들이다. 협동조합을 두고 서민을 위한 경제라느니, 어려운 이들도 마음과 힘만 모으면 누구나 쉽게 만들 수 있는 기업이라고 한다. 하지만 실제로 못 배우고 가난한 이들은 물론이고, 법이나 경제에 관심이 없는 일반인에게는 그다지 쉽게만 느껴지지 않는 것 또한 사실이다. 협동조합의 설립인가야 물어물어 한다고 해도 법인 등록이나 회계, 사업 운영, 조합 운영 등 곳곳에 어려움이 많다. 하지만 이런 이들에게 도움이 될 만한 책이나 자료는 너무 어렵다. 좀 더 쉽고 편하게 읽을 수 있는 책 한 권쯤 있으면 좋지 않을까?

이러한 생각에서 출발한 것이 서울시 온라인 뉴스 '서울톡톡'에 실린 '협동조합에서 협동조합을 배우다'라는 연재기사였다. 다양한 협동조합을 찾아가 조합원도 만나고 지난 이야기도 나누며 그들의 경험과 노하우를 공유하고자 했다. 이제 막 협동조합을 꾸리거나 협동조합에 가입하여 조합원이 되려는 이들에게 조금이나마 도움이 되길 바라는 마음으로 최대한 생생한 이야기들을 전달하려고 노력했다. 하지만 온라인 기사라는 지면의 제약 때문에 실제로 취재한 내용을 최대한 압축하여 이야기할 수밖에 없었다. 그런데 다행히 출판사의 권유로 온라인 기사에서 다하지 못한 이야기들을 새롭게 엮어 선보일 수 있는 기회를 갖게 되었다. 정보 전달이 중요했던 기사 형식의 딱딱함을 벗어던지고 누구나 손쉽고 재미있게 읽을 수 있도록 다시 쓴다는 생각으로 옮겨보았다.

협동조합을 깊이 있게 연구한 학자도, 협동조합을 이끌어간 선구자도 아니지만, 오히려 평범한 주부 조합원이었기에 가능한 작업이었다고 생각한다. 이 책에는 지난 십삼 년 동안 아이를 키우는 엄마로, 살림을 도맡아온 주부로, 그리고 협동조합의 조합원으로 지내며 머리가 아닌 몸과 마음으로 느낀 협동조합 이야기가 담겨 있다. 그리고 지난 8개월 동안 이곳저곳을 발로 뛰며 기록한 협동조합 사람들의 진솔한 이야기도 담겨 있다.

이 책은 총 세 장으로 구성되어 있다.

1장 '협동조합의 어제와 오늘을 듣다'에서는 십 년에서 이십 년이 넘은, 비교적 안정적으로 운영되고 있는 협동조합을 소개하였다. 행복중심구 여성민우회생협, 한살림, 아이쿱, 두레 등 친환경 먹거리를 이용하는 생협에서부터 공동육아협동조합, 의료생협, 한국의료생협연합회, 논골신용협동조합을 찾아가보았다.

협동조합기본법이 시행되기 전에는 여덟 개의 특별법에 따라 여덟 가지 유형의 협동조합만 설립할 수 있었다. 농업협동조합, 수산업협동조합, 엽연초생산협동조합, 산림조합, 중소기업협동조합, 신용협동조합, 새마을금고, 소비자생활협동조합만 설립이 가능했다는 얘기다. 하지만 소비자생활협동조합을 제외한 협동조합들은 협동조합기본법에서 제한하고 있는 금융업과 보험업을 하고 있거나, 일반인이 쉽게 창업할 수 없는 특수한 조합들이다. 또한 협동조합 정신과 원칙을 제대로 지켜 운영되는 건강한 협동조합이라 하기엔 여러모로 미흡하다. 조합원 참여, 민주적 관리, 조합 내 교육은 물론이고, 자율과 독립, 협동조합 간의 협동 등 많은 부분에서 문제를 제기하고 있는 실정이다. 이러한 이유에서 그나마 협동조합 정신을 살려 운영하고 있다는 몇몇 소비자생활협동조합을 선별해 소개하게 되었다.

행복중심 , 한살림, 아이쿱, 두레 등 친환경 먹거리를 취급하는 생협 네 곳은 실제 운영에 있어서 비슷한 면들이 많다. 편의상 공통된 내용은 서두에 '생협 아줌마의 협동조합 이야기'로 묶어 설명하였고, 각 생협의 특징만 따로 담아 소개하였다. 각각의 생협들이 협동조합 7대 원칙을 어떻게 실현하고 있는지 특징적인 사례를 찾아 담아 내려 하였다.

협동조합을 설립하려면 정관이나 운영 계획에 협동조합 7대 원칙의 내용을 살려 작성하도록 되어 있다. 하지만 실제 신생 협동조합들의 운영계획 등을 살펴보면 억지로 끼워 맞춘 듯이 느껴질 때가 많다. 협동조합 7대 원칙은 일반 주식회사 등과 차별되는 협동조합 고유의 운영원칙이다. 협동조합답게 운영하다 보니 당연히 사업 속에 배어나올 수밖에 없는 원칙인 것이다. 이는 원론적인 설명서로는 충분히 담아낼 수 없는 한계가 있다. 앞으로 소개할 이들 생협들의 실제 사례를 통해 좀 더 쉽게 이해할 수 있으리라 생각된다. 또한 최근 공공부문 협동조합으로 필요성이 부각되고 있는 공동육아 협동조합도 찾아가보았다. 협동조합 방식으로 돈독한 정을 쌓아가고 있는 이들 가족들의 이야기를 통해 작은 공동체가 주는 소소한 행복도 느낄 수 있을 것이다. 아울러 사회적협동조합으로 전환을 모색하고 있는 의료소비자생활협동조합 이야기도 담아보았다. 사회적으로 문제가 되고 있는 유사 의료생협 구별법도 함께 실었다. 마지막으로 서민들의 금융이라 얘기하는 신협 이야기도 담아보았다. 신협이 협동조합의 맏형으로 자리 잡아가길 바라는 마음도 함께 전한다.

2장 '협동조합의 미래를 만나다'에서는 지난 12월 협동조합기본법 시행 이후 새롭게 설립된 협동조합을 소개하고 있다. 기존의 여덟 개 개별법에서는 만들 수 없었던, 보다 다양한 협동조합의 이야기를 담아내고자 했다. 신생 협동조합들이 설립된 후 몇 달간의 운영 과정과 설립 초기에 부딪치는 문제를 이야기함으로써 협동조합 설립과 운영에 대한 고민을 함께 나누고자 했다. 이미 앞선 선배 협동조합의 비슷한 사례를 찾아 되짚어보며 독자들 스스로 해결 방안을 생각해볼 수 있도록 구성하였다. 또한 소비자협동조합, 사업자협동조합, 직원협동조합 등 각각을 유형별로 묶어 배치해 협동조합의 유형을 이해하는 데도 도움이 될 수 있도록 하였다.

일반 협동조합은 추구하는 목적이나 주요 사업, 조합원의 참여 동기에 따라 대략 네 가지 유형으로 분류된다. 일반적으로 소비자협동조합, 사업자협동조합, 직원협동조합, 다중이해관계자협동조합으로 분류한다. 1장에서 소개한 소비자생활협동조합과 2장의 한겨레두레협동조합까지는 소비자협동조합에 해당된다. 2장의 우리동네햇빛발전협동조합부터 한국성수동수제화협동조합까지는 사업자협동조합에, 한국유지보수협동조합과 소셜메이트 솜은 직원협동조합에 해당된다. 또한 우리마을카페오공은 사회적협동조합으로의 전환을 고려 중이고, 의료생협은 사회적협동조합 중 의료사회적협동조합에 해당된다. 소비자생활협동조합 중 일부는 다중이해관계자협동조합 유형에 가깝다. 다중이해관계자협동조합 유형에 대해서는 협동조합의 희망 멘토 한살림서울 곽금순 이사장과의 인터뷰를 통해 풀어보았다.

여러 신생 협동조합을 취재하면서 문득 협동조합에서 길을 잃게 될지 모르겠다는 생각이 들었다. 때론 이들이 왜 협동조합을 하려는 것인지, 그들이 진심으로 바라는 것이 무엇인지, 협동조합의 원칙들을 제대로 실현해 나갈 의지와 노력은 하고 있는 것인지 도통 감을 잡을 수 없을 때도 많았다. 때론 이게 아닌데 싶다가도 순간 이들의 모습이 마냥 이해가 되기도 했다. 어쩌면 사람만이 유일한 자산인 사업체이기에 보이지 않는 인간관계와 신뢰를 바탕으로 무한경쟁 사회에서 성장한다는 것이 애당초 쉬운 일은 아닐 것이다. 이렇게 스멀스멀 기어 나오는 숱한 의문 속에서 내게도 진정한 멘토가 있었으면 하는 생각을 했다. 혹시라도 막연히 희망만을 얘기하거나, 색안경을 끼고 본다면 머리를 한 대 쥐어박아 줄 그런 사람 말이다.

'이제껏 쌓아온 좋은 사람들과의 인연까지도 끊어지게 될까 두렵습니다.'

취재길에 만난 신생 협동조합 임원의 고민을 들으며, 그들이 이 길을 쉽게 포기할까 두려웠다. 그들도 나처럼 멘토가 필요한 것이 아닐까 하는 생각이 들었다. 그길로 바로 그들에게도 내게도 없는 멘토를 찾아 나섰다. 국내 협동조합의 선배격인 이들을 만나 지금까지 협동조합을 이끌어온 땀이 밴 이야기도 들어보고, 신생 협동조합에 해주고 싶은 이야기도 들어보았다. 물론 본인들은 무슨 자신이 멘토냐며 겸손하게 손사래를 칠지 모르겠다. 하지만 이 책을 완성하기까지 이들의 한마디 한마디가 큰 힘이 되었고, 보일 듯 말 듯한 협동조합의 길에서 좋은 길잡이가 되어 주었음에는 틀림없다. 이들 선배들의 이야기는 2장 사이사이에 '협동조합의 희망 멘토를 찾아서'라는 제목으로 하나씩 담아두었다. 이 자리를 빌려 힘이 되어준 우리들의 희망 멘토에게 감사의 인사를 전한다.

끝으로 3장, '좌충우돌 협동조합 설립기'에서는 협동조합의 설립 절차와 방법을 자세히 소개하였다. 실제 설립 절차를 마친 협동조합들의 생생한 경험담과 설립신고, 설립등기 신청까지 직접 체험한 내용을 바탕으로 가상 설립기를 꾸며보았다. 설립 과정에서 부딪칠 수 있는 문제나 궁금증을 해결하는데 보다 실질적인 도움이 되길 바란다.

이제는 '다섯 명 이상이면 쉽게 만드는 협동조합'이라는 문구가 전혀 낯설지 않다. 하지만 정작 중요한 '마음 맞는 사람'이란 의미는 놓치고 있는 것이 아닐까? 이 책을 통해 지금 이 시대에 왜 협동조합이 필요한지를 다시 한 번 생각해보는 기회가 되었으면 좋겠다.

2013년 8월
이현정

협동조합 7대 원칙국제협동조합연맹, 1995년

1. 자발적이고 개방적인 조합원 제도

협동조합은 자발적인 조직이다. 협동조합의 취지와 이념에 동의하여 자발적으로 참여한 조합원들의 조직이란 얘기다. 또한 협동조합의 서비스를 이용할 수 있고, 조합원의 책임을 다할 의지가 있는 모든 사람에게 성적, 사회적, 인종적, 정치적 및 종교적 차별 없이 열려 있다.

2. 조합원에 의한 민주적 관리

협동조합은 조합원에 의해 관리되는 민주적인 조직이다. 조합원들은 정책 수립과 의사 결정에 활발하게 참여하고, 선출된 임원들은 조합원에게 책임을 갖고 봉사해야 한다. 조합원마다 '1인 1표'의 동등한 투표권을 가지며 민주적인 방식으로 조직·운영되어야 한다.

3. 조합원의 경제적 참여

조합원은 협동조합에 필요한 자본을 조성하는 데 있어 공정하게 참여하며 조성된 자본을 민주적으로 통제한다. 일반적으로 자본금의 일부분은 조합의 공동재산이다. 출자 배당이 있는 경우에 조합원은 출자액에 따라 제한된 배당금을 받는다.

4. 자율과 독립

협동조합은 조합원에 의해 관리되는 자율적인 자조 조직이다. 정부 등 다른 조직과 약정을 맺거나 외부에서 자본을 조달하고자 할 때는 조합원에 의한 민주적 관리가 보장되고, 협동조합의 자율성이 유지되어야 한다.

5. 교육, 훈련 및 정보 제공

협동조합은 조합원, 선출된 임원, 경영자, 직원들에게 적절한 교육과 훈련을 제공한다. 또한 대중, 특히 젊은 세대와 여론 지도층에게 협동의 본질과 장점에 대한 정보를 제공한다.

6. 협동조합 간의 협력

국내외에서 함께 협력 사업을 전개함으로써 협동조합 운동의 힘을 강화시키고, 조합원에게 가장 효과적으로 봉사한다.

7. 지역사회 기여

협동조합은 조합원의 동의를 얻은 정책을 통해 조합이 속한 지역사회의 지속가능한 발전을 위해 노력한다.

협동조합의 미래를 만나다

좌충우돌 협동조합 설립기

1

협동조합의
어제와 오늘을
듣 다

생협 아줌마의
협동조합 이야기

앞으로 소개할 행복중심생협, 한살림생협, 아이쿱생협, 두레생협은 모두 소비자생활협동조합법에 따라 설립된 소비자생활협동조합이다. 협동조합 유형으로 봤을 때, 소비자들이 출자해 설립하고 운영하고 이용하는 '소비자협동조합'에 해당된다. 그중에서도 조합원의 소비생활 향상을 위해 물품을 공동구매하는 '소비구매협동조합'에 속한다. 이들 생협을 통해 소비자협동조합의 특징도 알아보고, 협동조합이 무엇인지 느껴보자.

협동조합에 대한 흔한 오해

"생협, 정말 이기적인 거 같아요. 조합원만 이용할 수 있다면서요?"

"물건 하나 사려는데, 무슨 출자금까지 내라고 하는 건지….."

"가입하려면 무슨 교육을 받아야 한다는데, 그렇게까지는 하고 싶지 않네요."

협동조합 연재기사를 준비하면서 앞서 했던 작업은 협동조합에 대한 사람들의 생각을 알아보는 것이었다. 대다수의 사람들이 한살림이나 아이쿱 등의 생협 몇 곳은 알고 있지만 이들이 협동조합이라는 사실은 전혀 모르는 눈치였다. 물론 출자금을 납부한 조합원들이 설립하여 운영하는 곳이라는 협동조합의 기본 원칙은 더더욱 알고 있지 못했다.

출자금 납부의 원칙과 조합원만 이용할 수 있다는 규정은 이미 소비자생활협동조합법 생협법에도 명시되어 있을 뿐더러, 지난 12월 1일부터 시행된 협동조합기본법에도 명시되어 있다. 조합원은 1구좌 이상을 출자하여야 한다는 규정 제22조과 조합원과 직원에 대한 상담, 교육·훈련 및 정보 제공 등의 내용을 반드시 정관에 포함하도록 하고 있으며 제45조, 조합원이 아닌 자의 협동조합 이용을 원칙적으로 금지하고 있다 제46조. 굳이 이런 법 조항을 들먹이지 않더라도 협동조합의 정의만 되짚어본다면 당연히 지켜야 할 원칙임을 알 수 있는데, 협동조합에 대한 인식은 여전히 미흡하다는 생각이다.

흔히 알고 있는 행복중심, 한살림, 아이쿱, 두레 생협은 모두 소비자생활협동조합이다. 안전한 친환경 먹거리와 생활재 생협에서는 영리를 위해 이윤을 추구하는 상품과는 다른 의미로 생활재라는 용어를 사용한다를 직거래 공동구매 방식으로 판매하는 매장이나 인터넷 쇼핑몰 정도로 볼 수도 있겠지만, 운영 방식을 찬찬히 살펴보면 협동조합임을 알 수 있다. 지난해 12월 협동조합기본법이 시행되기 전까지는 여덟 개의 개별법에 근거해 만든 여덟 가지 유형의 조합만 협동조합으로 인정받을 수 있었다. 농업협동조합, 수산업협동조합, 엽연초생산협동조합, 산림조합, 중소기업협동조합, 신용협동조합, 새마을금고, 소비자생활협동조합 등이 바로 그것이다. 이 중 소비자생활협동조합법에 근거해 만들어진 협동조합이 바로 생협, 즉 소비자생활협동조합인 것이다.

초보 엄마의 생협 분투기

개인적으로 생협을 처음 접한 건 2000년, 뱃속에 있는 아이와 함께하기 위한 육아 공부를 시작하면서부터였다. 주변의 도움 없이 혼자서 육아를 해야 한다는 초보 엄마의 부담감 때문에 시작된 공부였다. 인터넷을 통해 필요한 자료를 모으고, 육아 관련 서적은 물론이고 아동간호학 서적까지 찾아 읽었다. 그래서 얻은 결론은 건강도 환경도 지킬 수 있는 친환경 먹거리를 이용한다는 것과 농촌을 살리고 바른 소비를 할 수 있는 생협을 이용한다는 것이었다. 그래서 선택한 곳이 한살림이었다. 한살림 이후 차례로 예장생협, 21세기 생협연대현재의 아이쿱생협, 두레생협 등에 가입해 늘 두 곳 이상의 생협을 함께 이용하고 있다. 협동조합을 통해 친환경 물품과 생활재를 구입하는데 큰 불편 없이 조금이나마 다양한 물품을 이용하기 위한 선택이었다. 하지만 당시에 친환경 먹거리로 아이를 키우는 일은 생각보다 마음의 상처를 각오해야 하는 일이었다. 지금에야 친환경 물품을 이용하는 이들이 많아졌지만 당시에는 그야말로 공공의 적이었다.

"그따위로 애 키우지 마세요."

단지 친환경 먹거리를 이용한다는 이유 하나만으로 초면의 누군가에게 수도 없이 들은 얘기 가운데 하나다. 애도 참 별나게 키운다는 얘기부터 유기농으로 농사짓는 거 불가능하다, 다 거짓말이라는 얘기까지…. 숱한 비난조의 얘기를 들어야 했기에 친환경 먹거리를 이용한다는 것조차 대놓고 말할 수 없었다.

사정이 이렇다 보니 생협을 이용하는 주부들은 자연스레 함께 모였고, 친목 이상의 *끈끈함*이 있었다. 주변의 불편한 시선 때문에 힘들었던 얘기도 나누고, 아이들 키우는 얘기며, 친환경 살림법 등에 대한 지혜도 함께 나눴다. 함께 모여 먹거리 문제에 대한 공부도 끊임없이 했다. 시중에서 파는 식품에 어떤 첨가물이 들어가고 무슨 문제가 있는지, 농약은 왜 좋지 않은지, 계란과 축산물은 어떤 것이 좋은지 등 안전한 먹거리를 공부하면서 가족 건강과 나아가 환경을 지키는 일에도 자연스럽게 관심을 갖게 되었다.

가입에서 모임 참가에 이르기까지 어느 누구의 강요나 권유 없이 그야말로 자발적으로 선택한 것이었다. 모임의 운영 또한 굳이 원칙 같은 걸 들이대지 않아도 너무 자연스럽게 민주적으로 진행될 수밖에 없었다. 이는 생협을 바라보는 사회의 잘못된 편견 속에서도 믿을 수 있는 유일한 곳이란 신뢰와 확신이 있었기에 가능한 일이었다.

생협에서는 조합원들의 다양한 모임이 진행된다. 같은 지역의 마을 조합원들이 한 달에 한 번 꼴로 모이는 마을 모임이나, 요리, 부모 공부, 건강, 걷기, 독서, 손바느질, 봉사, 아이들을 위한 자연놀이 등 다양한 소모임이 이루어진다. 이는 조합원들 스스로 만들고 진행하는 모임들이다. 각 생협에서는 조합원들이 원하는 모임을 진행할 수 있도록 소식지에 홍보하고 장소를 제공하기도 하지만, 모임의 주체는 어디까지나 조합원들이다.

생협의 조합원들은 이렇게 각자 원하는 모임에 참여하며 생협을 깊이 알아간다. 모임이나 각종 교육, 행사 등에 열성적인 조합원들은 다양한 위원회 활동에도 참여하게 된다. 생협에서 공급할 새로운 물품의 원재료 및 생산과정을 꼼꼼하게 살펴 선정하는 것도, 생산지 시설 및 생산과정을 점검하는 것도, 생협의 여러 행사나 소식을 조합원에게 알리는 소식지를 제작하는 것도 모두 각각의 위원회에 속한 조합원들이 함께한다. 조합원들은 이러한 활동을 통해 자신이 속한 생협에 대한 신뢰와 책임을 쌓아가게 된다. 간혹 물품 선정과 생산지 점검 활동을 특정 생협만이 꼼꼼하게 하는 것으로 오해하는 경우가 있는데, 앞에서 말한 네 곳 생협 모두 조합원의 주요한 활동의 하나로 진행하고 있다. 물론 조합원 수나 규모에 따라 정도의 차이는 있겠지만, 이러한 활동은 모든 생협에서 중요하게 생각하고 실천하고 있다.

조합원들의 신뢰를 바탕으로 성장하다

생협에서는 모든 사업을 조합원들이 결정한다. 물론 생협 내에도 생협의 운영을 지원하는 직원들이 따로 있다. 하지만 모든 중요한 결정은 조합원들이 참여하는 이사회와 총회에서 이루어진다. 몇 해 전, 처음 총회에 참석하기 전까지만 해도 대부분 형식적인 절차려니 하고 쉽게 생각했었다. 그런데 막상 총회에 참석해보니 조합 운영에 대해 생각보다 깊이 있는 얘기들이 오간다는 걸 알게 되었다. 특히 세세한 예·결산 내역까지 빠짐없이 공개한 총회 자료집을 보며 적잖이 놀랐었다.

또한 총회에서는 임원 선거도 이루어진다. 지역 내에서 열심히 활동하던 조합원들이 이사로 추천되는데, 총회에서 선거를 거쳐 선출하며, 이들은 조합원을 대표하여 조합을 운영하게 된다. 이러한 총회의 경험이 생협에 대한 신뢰를 높이는 계기가 되었다.

"티코 타고 다니고, 월급도 몇 십만 원 밖에 안 되더라고요. 그래도 한살림 대표인데…."

동네 한살림 엄마들과 함께했던 마을 모임에서 한살림 대표의 검소하다 못해 헌신적인 모습이 화제가 된 적이 있다. 시작한 지 얼마 되지 않은 마을 모임이다 보니 생협이 어떻게 굴러가는지 자세히 알지 못했을 때라 많이들 놀랐던 것으로 기억한다. 2000년대 초중반 무렵이니 당시 한살림하면 제법 규모 있는 회사라고 생각했는데, 여느 회사 사장과 사뭇 다른 모습을 보며 생협에 대해 다시 한번 생각해보는 계기가 되었다. 사실 생협의 이사나 조합원 활동가들은 그야말로 조합에 봉사하는 일꾼들이다. 제대로 된 월급 없이 교통비와 식대 정도의 활동비만 받고 일하는 경우가 대다수다. 그나마도 자연스럽게 자원봉사 활동으로 취급했던 것이 최근에야 실비 정도 지급하게 된 것이다.

앞서 얘기했듯이 생협도 출자금을 납입한 조합원들에 의해 운영되는 협동조합이다. 조합마다 조금씩 차이가 있지만, 대략 3만 원에서 5만 원 사이의 출자금을 납부하면 누구나 자유롭게 가입할 수 있다. 물론 탈퇴도 자유로우며, 탈퇴 시 출자금은 그대로 돌려준다.

대부분의 생협 매장에서는 시중 농산물 가격이 폭등할 때면 개점 전부터 줄을 서서 기다리는 조합원들로 진풍경이 연출된다. 일반적으로 생협이 대형마트에 비해 23퍼센트 가량 가격이 저렴하다고 알려졌는데, 농산물 가격이 폭등했을 때는 편차가 더 커지게 된다. 아무래도 생협이 계약재배와 직거래 방식으로 운영하다 보니 가격

변동이 거의 없기 때문에 가격차가 더 커지는 것이다. 이렇게 시중 가격이 폭등할 때는 저렴한 가격 때문에 조합원 가입과 이용이 늘어나게 된다. 이러한 현상과 농산물 생산량 감소 등이 맞물려 공급이 딸리게 되는 것이다. 이럴 때마다 더 이상 조합원 가입을 받지 않았으면 좋겠다는 속말을 하는 조합원도 있다. 하지만 협동조합은 어느 누구나 자유롭게 가입하고 탈퇴할 수 있도록 되어 있다.

바른 소비가 세상을 바꾼다

생협들은 모두 인터넷이나 전화 주문을 통해 원하는 물품을 정해진 요일에 가정에서 받아볼 수 있도록 하고 있다. 또한 지역 내에 매장을 운영하는 곳도 많다. 예전에 비해 많이 알려졌지만, 여전히 생협이라고 하면 친환경 농산물을 파는 작은 가게 정도로만 생각하는 이들이 많다.

"어머, 아이스크림도 파네, 과자 종류도 많네요. 족발도 있고, 반찬 종류도 많고, 즉석식품이나 냉동식품까지…. 전 야채나 과일 정도만 파는 줄 알았는데, 슈퍼보다 종류가 더 많은 거 같아요."

가끔 동네 엄마들과 매장에 들르면 생협의 다양한 물품들을 보고 깜짝 놀라는 걸 보게 된다. 이들은 대게 무턱대고 비쌀 것이라 생각했던 제품 가격이 시중가보다 되레 저렴한 것을 보며 또 한 번 놀라곤 한다.

생협과 같은 소비자협동조합은 일반적으로 생산과 유통 과정이 투명하여 안전하고 질 좋은 제품이나 서비스를 합리적인 가격으로 구입하거나 이용하기 위해 만든 협동조합이다. 이와 같은 소비자협동조합의 조합원들은 운영상 이익금이 발생했을 경우에 별도의 배당금 대신 서비스 향상이나 물건을 더 저렴하게 제공받기를 바란다. 주식 배당을 통해 이익을 챙기는 것이 목적인 일반 주식회사 주주들과는 차원이 다른 선택이다.

이러한 소비자협동조합은 조합원들이 얼마나 많이 이용하느냐의 문제가 성공을 좌우한다. 개인적으로 생협을 처음 이용할 때만 해도 매장에서 이것저것 뒤져가며 맘에 드는 물건을 골라 장바구니에 담는다는 건 상상도 못하던 일이었다. 되레 좋지 않은 물건을 먼저 골라 담는 조합원들이 많았다. 집에서 물건을 받을 때도 가끔 공급하는 분이 무게가 덜 나가는 채소들을 가져와 생산지 상황을 얘기하며 구입을 부탁하는 경우도 있었다. 물론 당시 대다수의 조합원들은 생산지 상황이 나아지길 기대하며 구입하는 것을 너무도 당연하게 생각했다. 생협을 보다 적극적으로 이용하는 건 당시 조합원들 스스로의 몫이라고 여겼기 때문이다.

우리나라의 생협들은 좋은 물건을 저렴한 가격으로 공급한다는 소비자협동조합의 가치에서 더 나아가, 우리 가족의 건강과 농촌의 현실과 환경을 생각하는 사회적 가치까지 담고 있다. 바른 소비가 세상을 바꿀 수 있다는 신념과 생협의 가치에 대한 신뢰가 있었기에 보다 헌신적으로 참여하고 이용할 수 있었던 것이 아닐까 생각해본다.

상생의 가치를 되돌아보다

물론 지금의 생협들이 풀어야 할 문제도 많다. 개인적으로는 협동조합끼리 협동의 원칙을 지켜나가는 일이 가장 큰 과제가 아닐까 생각한다. 지나친 경쟁 위주의 사회 분위기 속에서, 자칫하면 생협들도 서로 간의 협동의 정신을 놓치게 되는 듯싶다. 언젠가 어느 지역 생협의 마을 모임에서 시중에 나온 여러 제품과 생협 제품을 놓고 비교하며 시식하는 것을 본 적이 있다. 첨가물이 많이 들어간 시중 제품과 친환경 제품의 차이를 비교하는 정도를 넘어, 타 생협의 제품과 자사 생협 제품을 비교하는 것을 보고 무척 실망했던 기억이 있다. 생협 네 곳을 모두 이용해본 소비자 입장에서는 치명적인 차이가 있는 것도 아닌데 굳이 그렇게까지 해야 하는 것인지 의문이 들었다.

최근 생협 내부에서는 생산자 간의 경쟁과 물품 경쟁을 통해 좀 더 나은 품질의 제품이 나올 것이라 생각하는 이들도 있는 듯싶다. 사실 생협 초기의 생산지들은 모두 영세업체였다. 친환경 제품에 대한 소비자 시장이 제대로 형성되어 있지 않은 때라, 보다 믿을만한 제품을 만들어야 한다는 신념만으로 사업을 한다는 건 쉽지 않은 선택이었다. 하지만 생협의 가치를 이해하고 함께하던 이들 영세업체들이 있었기에 서로 성장할 수 있었던 것이다. 이젠 이들 영세업체들도 여건이 많이 좋아져 시설 및 설비투자도 하고 보다 안전한 생산 환경을 조성하게 되었지만, 여전히 시설이 미비한 곳도 있다. 위해요소중점관리기준HACCP, 식품의 생산·제조·유통의 모든 과정에서 식품의 위생에 해로운 영향을 미칠 수 있는 위해요소를 분석하고 제거하여 식품의 안전을 관리하는 위생관리 제도 인증을 받을 수 있는 설비를 갖추는 데 워낙 많은 자금이 들기 때문이다. 생협은 이 지점에서 늘 갈등을 하게 되는 것 같다. 하지만 중소업체들도 함께 성장할 수 있는 환경을 만들어가는 것은 지금 우리 사회가 당면한 과제이기도 하다. 협동조합이 추구하는 상생의 가치를 생각하며 좀 더 신중히 판단해야 한다고 생각한다.

최근에 설립된 협동조합 가운데는 협동조합을 해보겠다는 생각이 앞서 급하게 준비하다 보니 틀에 맞춰 뚝딱 만들어지는 경우가 많다. 아무래도 필요에 의해 자연스럽게 생협을 시작했던 예전의 모습과는 다르다. 생협이 안전한 먹거리에서 나아가 환경을 생각하고 바른 소비가 세상을 바꿀 수 있다는 신념으로 시작했다면, 지금의 협동조합은 생협이 중시했던 가치에 대한 고민이 약한 것 같다는 생각이 들어 아쉬움도 크다. 이전의 선배 생협들이 성장할 수 있었던 것은 생협이 내세우는 가치에 대한 조합원들의 신뢰로부터 비롯된 헌신적인 참여가 있었기 때문이었다. 앞으로 소개되는 여러 협동조합들이 어떻게 사람의 마음을 사로잡았는지 그 비결에 초점을 맞추고 살펴보길 바란다.

행복한 조합원,
살림에 가치를 담다

행복중심생협구 여성민우회생협

국제협동조합연맹이 1995년에 발표한 협동조합 7대 원칙을 보면, 첫 번째로 '자발적이고 개방적인 제도'를 꼽고 있다. 이에 대해 국제협동조합연맹은 협동조합의 취지와 이념에 동의하여 자발적으로 조합에 참여하는 조합원이 바로 협동조합이 성공하는 데 가장 중요한 동력이라고 설명하고 있다.

조합원의 자발적인 참여를 어떻게 이끌어내고 지속시킬 수 있을지는 선배 협동조합들에게도 늘 가장 큰 과제다. 행복중심생협의 어제와 오늘을 돌아보며, 조합원의 지속적인 참여를 이끌어내기 위해 선배 협동조합들의 노력이 어떠했는지 알아보았다.

행복한 수다에 빠진 엄마들의 육아 모임

낙성대역 뒤 서울대입구역 방향으로 이어진 복개도로를 따라 걷노라니 하얀 간판에 큼지막한 초록색 글씨가 눈에 들어온다.

'행복중심'

슬쩍 안을 들여다 보니 갖가지 식료품과 생활용품 들이 진열되어 있다. 한편으로 한 평 남짓한 작은 카페도 보인다. 얼핏 보면 동네 마트인가 싶기도 한데, 어딘지 좀 다른 느낌이다. 이곳은 행복중심 서울생협의 낙성대 매장이다.

이제 막 문을 연 매장 안은 신선함이 가득하다. 찬찬히 매장 안을 둘러보고 있자니, 꼬맹이들이 간간히 들어온다. 엄마 품에 안긴 아가에서부터 막 걸음마를 시작한 아이에, 엄마 뒤에 살짝 숨어 까만 눈만 떼굴떼굴 굴리는 꼬마 숙녀까지…. 한 팀 두 팀 들어선 이들은 매장을 지나 안쪽에 있는 작은 문 안으로 사라진다. 간혹 매장의 과자며 음료수를 집어 들고서는 엄마의 주머니를 무장해제한 채 의기양양하게 들어서는 아이도 보인다. 문득 작은 문 안으로 사라진 일행이 궁금해 슬그머니 따라 들어가 보았다. 문을 열고 들어가 보니 커다란 앉은뱅이 탁자가 놓인 방이 보인다. 사무실로 이어진 이곳은 행복중심 서울생협의 활동실이다.

"기다리던 육아 모임이 생겨서 너무 기뻐요. 애기들을 위한 먹거리나 숲유치원, 이런데도 관심이 많은데…. 도움도 받고 함께 얘기도 나누고 싶어 이렇게 참여하게 되었어요."

지난 2월 행복중심 서울생협 활동실에서는 육아 모임이 진행 중이었다. 엄마 품에 안겨 들어선 아가에서부터 여섯 살 큰언니까지 다

1   행복중심생협의 방배매장 개장 모습. 대부분의 생협 매장은 장소를 물색하고 선정해 운영하기까지 지역 조합원들의 참여로 이루어진다. ⓒ행복중심생협연합회

2   조합원 스스로 매달 천 원에서 5천 원씩 모은 '협동복지기금'은 저출산 고령화 사회에 대응하는 다양한 복지 사업에 지원되고 있다. ⓒ행복중심생협연합회

양한 미취학 아이들이 엄마와 함께 모여 있었다.

"첫애다 보니 주변에서 들리는 얘기 때문에 너무 힘들어요. 이렇게 해야 한다, 저렇게 해야 한다, 너무 다른 얘기들이라 경험 있는 선배들의 노하 우도 듣고 싶어요."
"저희 애는 고등학생이에요. 여러분들은 제가 부럽겠지만, 전 여러분들 이 부럽습니다. 전 지금도 애 안고 장 보고 그러고 싶거든요."

이 모임에는 초보 엄마들을 지원하려고 함께하는 선배 엄마들도 눈 에 띈다. 이러한 육아 모임에는 옆에서 도와주고 조언해줄 선배 엄 마들이 함께하는 것이 좋다. 일단 육아 경험이 많은 믿음직한 선배 들이 있으니 마음도 편하고, 혹시라도 내 아이만 생각하는 마음 때 문에 방향을 잃고 흔들릴 때 도움이 될 수 있다. 이날 모임은 육아 모임의 첫 모임으로 앞으로 진행할 모임의 큰 틀을 그려보는 자리 였다. 이미 육아 모임을 진행해온 이웃 지역의 사례도 살펴보고, 참 가한 엄마들의 생각도 들어보았다.

"아이들이 같이 놀 수 있고, 엄마들도 모여서 수다도 떨고 그랬으면 좋겠 어요. 엄마들이 지칠 때 힘이 되는 그런 모임이었으면 좋겠네요."
"미술 놀이 같은 것도 혼자선 맘껏 하기 힘들잖아요. 그런 미술 놀이라던 가, 숲에서 아이들과 어울려 노는 것도 좋을 것 같아요."

"교육적인 프로그램보다는 그냥 언니 오빠들과 편히 어울려 노는 모임이었으면 좋겠어요."

처음에는 어색해서 얌전했던 아이들도 시간이 지나니 슬슬 움직이기 시작한다. 꼬물꼬물 기어 다니는 아이, 익숙지 않은 걸음으로 여기저기 기웃거리는 아이, 바닥에 엎드려 그림을 그리는 아이, 어디에서 찾았는지 냄비를 들고 노는 아이들까지. 부산하게 움직이는 아이들 틈에서도 엄마들은 잔뜩 기대에 부푼 표정이다.

"전 부모들을 위한 육아 강의도 듣고 싶어요."
"이제 몇 달 후면 직장에 나가야하는데, 믿고 맡길 안전한 어린이집이 없어 걱정이에요. 근처에 공동육아 어린이집이라도 있었으면 좋겠는데…"
"형제처럼 모임이 오래가서 공동육아 방식의 어린이집으로 발전했으면 좋겠네요."

이들의 바람을 듣자니 우리 사회의 육아 문제와 젊은 엄마들의 고민을 읽을 수 있었다. 대다수의 어린 자녀를 둔 엄마들이 공감하는 이야기지만 혼자서 해결하기에는 벅찬 문제들이었다. 현재 이 소모임은 아이와 엄마가 다 같이 행복한 육아 소모임이라는 뜻을 담아 '관악다행'이라고 이름을 정하고, 꾸준히 모임을 이어가고 있다고 한다. '관악다행'은 이처럼 비슷한 생각을 가진 엄마들이 찾은 대안

★ 육아 소모임 '관악다행'의 첫 모임. 이처럼 생협 내의 모든 모임은 조합원들의 자발적인 참여로 꾸려지고 운영된다.

인 것이다. 앞으로 이 모임은 이들의 바람처럼 형제처럼 스스럼없이 어울려 노는 아이들과 행복한 수다에 빠진 엄마들의 모임이 될 것 같다.

조합원들의 요구와 참여로 성장하는 소비자생활협동조합

2013년, 이제 막 첫걸음을 떼는 육아 모임을 보니 행복중심생협의 시작이 그려진다.

행복중심생협은 1989년 안전한 밥상과 좀 더 깨끗한 환경을 꿈꾸는 220명의 여성이 함께 모여 창립한 '여성민우회생협'으로 출발

1 1989년 함께 가는 생활소비자협동조합 창립총회.

2 1995년 생산자 소비자 나눔의 잔치.

3 1990년 어린이 산지 견학.

했다. 살림에도 가치를 담을 수 있다는 생각에서 친환경 농산물 직거래 사업을 시작한 것이다. 생산지도 직접 찾아 나서고, 조합원도 모았다. 필요한 자금은 십시일반 주머니를 털어 함께 모았다. 차량이 없어 고속버스로 물건을 받고 지하철을 이용해 직접 배달을 하며 조합을 꾸려나갔다. 물건도 지금처럼 개별 가정에서 공급 받는 것이 아니라, 같은 지역의 조합원과 공동체를 꾸려 함께 받았다. 그래서 물건을 받는 날이면 자연스레 마을 모임이 이루어졌다. 판두부를 잘라 나누고, 야채며 과일이며 함께 모여 나누다 보면 자연스레 물품 이야기며 사는 이야기들이 오갔다. 많은 품목은 아니었지만 함께 나누는 기쁨은 더욱 컸다. 그렇게 작은 모임에서 출발해 필요한 다양한 모임도 꾸리며 조합원 활동을 이어나갔다. 이렇게 여성민우회생협 조합원들은 생협 활동을 통해 살림을 하면서도 집 안에만 머물지 않고, 사회와 소통하고 사회적 목소리를 낼 수 있다는 것을 몸소 보여주었다. 이렇게 시작한 생협이 조금씩 자리를 잡으며 공급 차량도 생기고, 조합원도 늘어 보다 합리적인 물류시스템을 갖추고, 이젠 안정적인 체계를 갖춘 소비자생활협동조합으로 자리 잡게 된 것이다.

'여성민우회생협연합회'는 올해 초 '행복중심생협연합회'로 이름을 바꾸고 새로운 도약을 시작했다. '행복중심'은 조합원들이 서로 협동하면서 행복을 만들어가고, 그 행복을 각자가 속한 지역사회와 다른 공동체로 확산시키는 중심이 되자는 의미가 담겨있다고 한다.

오늘날 대부분의 소비자생활협동조합의 초창기 모습은 행복중심 생협과 크게 다르지 않다. 지금은 제법 안정적인 시스템을 갖춘 사업체지만, 처음엔 생각을 나눈 소수의 인원이 자발적으로 참여하고 마음과 힘을 모아 꾸려낸 조직이었던 것이다.

협동조합은 이렇듯 스스로의 요구와 필요에 의해 자발적으로 모인 이들이 마음과 힘을 합쳐 꾸려가는 사업체다. 행복중심생협과 같은 소비자협동조합의 경우는 이용자가 곧 조합원이다.

혹자는 친환경 물품을 구매하는데 왜 출자금을 내야하는지 따져 묻는 경우도 있다. 하지만 협동조합은 일반 기업과 다르게 조합원들의 요구와 참여로 운영되는 사업체다. 또한 공동으로 소유하고 민주적으로 운영되는 것이 원칙이다. 그렇기 때문에 조합원이 협동조합 운영에 필요한 자본을 마련하는 데 공정하게 참여하는 것은 당연한 것이다.

대안 생활재로 대안적 삶을 찾는 사람들

"저흰 조합원이 요구하는 것은 최대한 만들어내요. 대체가 아닌 대안품을 만듭니다. 햄이나 소시지도 아이들이 찾아 먹게 되는데, 보다 안전한 재료로 안심하고 먹을 수 있는 햄을 개발하는 것이죠."

1 2000년 중국산 납 꽃게 파동 직후, 수입식품 검역체계 강화를 요구하는 조합원들.

2 국내산 표고버섯에서 후쿠시마발 원인으로 의심되는 세슘 검출 이후 열린 방사성물질 기준 강화를 위한 토론회. 이처럼 생협 조합원들은 나와 가족의 건강에서 나아가 사회 전체의 건강과 환경을 생각하고 이를 위해 적극적으로 실천하고 있다. ⓒ행복중심생협연합회

★ 행복중심 서울생협의 낙성대 매장 내부 모습. 각종 유기농 먹거리와 대안 생활재 들이 고루 잘 갖춰져 있다.

행복중심 서울생협 김지현 이사장은 생협에서 취급하는 생활재도 조합원들의 요구를 반영해 선정하고 있다고 얘기한다. 일반적으로 생협하면 채소나 과일 정도만 있겠거니 생각하기 쉽다. 하지만 실제 매장에는 생선이나 육류뿐만 아니라, 빵이나 과자, 아이스크림, 햄, 어묵, 각종 소스 등 다양한 제품이 갖춰져 있다. 카레나 국, 죽, 면 등의 즉석식품이나 너겟, 돈가스, 순대, 족발, 폭립, 불고기, 갈비찜, 육포 등의 다양한 냉동식품도 볼 수 있다. 또한 화장품이나 천연염색 제품, 주방용품, 세제 등도 구비되어 있으며, 여성조합원의 요구를 반영한 여성청결제나 생리대, 염색약 등도 눈에 띈다. 사회 변화에 맞춰 1인 가구를 위한 사과 두 개와 같은 소량 묶음 제품도 있으며, 설탕이나 커피 등도 공정무역 제품으로 선보이고 있다.

행복중심생협은 많은 조합원들이 원하는 물품이라면 보다 안전하고 환경에도 보탬이 되는 대안제를 적극 개발하고 있다. 생협의 사회적 가치에 동의하는 조합원들이기에 같은 설탕을 사먹어도 굳이 생협을 이용하는 것이다.

이렇듯 협동조합의 모든 사업은 조합원의 요구와 바람으로부터 출발한다. 그렇기 때문에 마을 모임이나 소모임 등 크고 작은 일상의 모임들을 협동조합의 주춧돌이라고 얘기한다. 조합원들의 마음을 읽고 힘을 모으는 일상적인 공간이기 때문이다. 혹여 협동조합 조합원이 되겠다는 결심이 섰다면, 마을 모임이나 소모임에 참여해보는 것이 좋겠다. 이웃 조합원들로부터 물품 이용 방법도 얻을 수 있고, 다양한 지역 정보도 공유할 수 있어 꽤 실속 있는 모임이 될 것이다. 그리고 협동조합을 시작하려 한다면 먼저 조합원의 요구와 바람들을 하나로 모으는 일부터 시작하는 것이 바람직하다. 오랜 경험과 지식을 바탕으로 탄탄한 협동조합으로 자리 잡고 있는 생협들도 조합원들의 관심과 참여를 이끌어내기 위한 노력을 게을리하지 않는다는 것을 잊지 않도록 하자.

행복중심생협

조화와 협동, 평등의 가치를 추구하는, 여성이 행복한 세상을 꿈꾸는 협동조합이다. 지난 1989년 창립 이후 24년 동안 친환경 유기농산물 등 생활재 공동구입 사업과 여성·환경·지역사회 등 다양한 분야에서 여성의 삶을 행복하게 만들기 위해 노력해왔다. 그동안 행복중심생협 조합원들은 건강한 먹거리를 나누고, 생산자의 지속가능한 생산을 보장하며, 생태계를 보호하고, 우리 사회를 좀 더 풍요로운 사회로 만들기 위해 노력해왔다.

지난 2011년 3월 22일에는 조합원의 활동 공간인 지역생협을 충실하게 지원하고 협동조합 원칙에 충실한 공동구입 사업의 모델을 만들기 위해 '여성민우회생협연합회'를 출범시켰다. 2013년에는 '행복중심생협연합회'로 이름을 바꾸었고, 여덟 개의 지역생협과 행복중심생산자회가 회원으로 가입해 있다.

설립연도 1989년

조합원 수 27,365명 2012년 12월 기준

가입 및 이용 방법 인터넷 홈페이지 www.minwoocoop.or.kr나 전화, 또는 매장에서 가입할 수 있으며, 가입 출자금 2만 원과 가입비 만 원을 납부하면 이용할 수 있다. 조합원으로 가입되면 행복중심 장보기 홈페이지를 통해 주문하여 정해진 요일에 집에서 배송 받을 수 있다. 또한 지역 내 각 매장에서도 물품을 구입할 수 있다.

문의 1600-6215

한살림이라 믿음이 가요

한살림생협

협동조합하면 가장 많이 얘기되는 곳이 한살림이다. 한살림하면 일반적으로 생산자와의 직거래를 통해 믿을 수 있는 친환경 물품을 합리적인 가격으로 구입할 수 있는 곳으로 알려져 있다. 유기농 먹거리에 관심 있는 주부들 사이에선 초심을 잃지 않고 소박하게 제자리를 지키는 생협이라는 얘기도 들린다. 그렇다면 과연 한살림은 어떤 곳일까? 궁금한 마음에 한살림 조합원들을 직접 만나보았다.

다양하고 알찬 한살림의 마을 모임

"이 막장은 쌈장으로 바로 먹어도 정말 맛있어요. 된장국으로 이용할 때는 일주일 정도 실온에서 숙성시킨 후에 먹는 것이 좋고요."

지난 1월 서울 신정3동의 한 아파트에서는 10여 명의 주부들이 모여 함께 막장을 만들고 있었다. 이들은 모두 한살림을 이용하는 동네 주부들이다. 매달 한 번씩 모여 고추장을 담그거나, 천연화장품을 만들기도 하고, 새로운 물품을 시식하거나 생산지에 함께 다녀오기도 한다. 물론 주부들의 공통 관심사인 먹거리나 자녀 교육에 대한 담소도 나눈다. 한살림에서는 이렇게 같은 동네에 사는 조합원들이 한 집에서 모여 진행하는 마을 모임과 매장을 이용하는 조합원들의 매장 조합원 모임이 다달이 열리고 있다. 이뿐만 아니라 각자의 요구에 따라 다양한 소모임을 꾸리기도 한다. 비폭력 대화, 엄마표 영어, 생태놀이 같은 자녀 교육 모임이나 요리, 퀼트, 옷 만들기, 영화, 독서, 사진, 외국어 같은 취미모임, 그리고 걷기, 등산, 요가 같은 건강모임 등 다양한 모임을 진행하고 있다.

한살림의 이러한 모임들은 전 지역에 걸쳐 알차게 진행되고 있다. 이곳 신정3동 마을 모임처럼 4년여 동안 진행된 모임도 있지만, 10년 이상 꾸준히 진행된 모임도 있다. 이런 모임들은 모두 조합원이 스스로 만들고 꾸려나간다. 협동조합은 기본적으로 조합원의 자발적인 참여로 이루어지는 것이 원칙이다. 조합의 모든 정책과 사업 방향도 조합원이 결정한다.

한살림의 전체 조합원 수는 약 37만 명이다. 이렇게 조합원이 많은 경우에는 조합원 참여에 대한 고민도 많다. 따라서 조합원들의 요구를 반영하고 참여를 이끌어내기 위해 이와 같이 다양한 모임들을 적극 지원하고 있다. 마을 모임이나 매장 조합원 모임을 이끄는 마을지기와 조합원 활동가들이 모여 모임에서 함께할 실속 프로그램들을 연구하기도 한다. 뿐만 아니라 생산자와의 만남, 신규 조합원과의 만남 등 여러 행사도 진행하고 있다. 또한 부모 교육, 도시농업, 안전 식품, 건강 강좌 등의 다양한 교육이나 벼룩시장과 같이 지역 주민들도 함께 참여할 수 있는 행사도 마련하고 있다.

생산자와 소비자 모두가 한살림 식구

"사람들이 너무 좋아요."

한살림에 대한 얘기를 부탁하니 대뜸 하는 말은 사람 좋다는 얘기들이다. 한살림을 통해 구입할 수 있는 친환경 식품들에 대한 자랑이 이어질 것이라 생각했는데, 다소 의외였다.

"한살림 모임은 동네 엄마들 모임이나 다른 친목 모임과는 많이 달라요. 함께 건강하게 사는 방법을 공유하고, 좋은 얘기도 많이 듣게 되요. 이런 저런 얘기하며 많이 웃게 되고, 정신 건강에도 도움이 되는 즐거운 모임이에요."

"생산자분들도 너무 좋으세요. 생산지 방문 가면 사실 그날 하루는 일을 못하셔서 어려움이 많으실 텐데도, 늘 반갑게 맞아주시고 배려해주셔서 감사하죠. 준비해주신 음식과 막걸리가 너무 맛있어서 애들 아빠도 좋아해요."

★ 신정3동 마을 모임, 새해를 맞아 조합원들이 한 해의 계획을 세우고 있다.

한살림은 생산자도 소비자도 모두 조합원이다. 생산자와 소비자 조합원의 교류도 활성화되어 있다. 대보름과 단오 등의 세시 행사도 생산지에서 함께하고, 딸기 따기, 모내기, 벼 베기 등의 다양한 생산지 방문 행사도 진행한다. 서울의 경우에는 각 지부별로 생산지와 자매결연을 하고 항시적으로 교류를 하는 곳도 많다. 사정이 이렇다 보니 생산지 노총각들 장가보낼 걱정이며, 연이은 비 소식엔 생산지의 밭작물까지 걱정한다. 이런 열혈 조합원들을 보면 생산자와 소비자가 가족처럼 나누는 정이 예사롭지 않다.

"할인 행사도 마냥 좋은 건 아니라고 생각해요. 시중에는 할인 금액을 고스란히 생산자가 떠안는 경우가 많죠. 하지만 한살림은 생산자에게 피해

★ 평범한 가정주부에서 조합원 활동가로, 한살림과 함께 성장하는 사람들(한살림 활동가 실무자 교류회에서).

가 가지 않도록 한살림 사업비에서 할인 행사를 진행한다고 해요."

생산자와 소비자가 서로를 생각하는 마음은 쌀 수매가를 책정할 때면 여실히 드러난다. 소비자 대표들은 생산자 농민들의 어려운 처지를 이해하기에 쌀값을 올리자고 눈물로 호소하고, 생산자들은 물가상승에 따른 소비자들의 부담을 알기에 오히려 쌀값을 동결하자고 고개를 젓는 풍경이 매해 반복된다고 한다. 일반적으로 대형마트 등에서는 50~70퍼센트를 유통마진으로 취한다. 하지만 한살림은 운영비를 제외한 모든 비용이 생산자에게 돌아갈 수 있도록 하고 있다. 그래서 대략 물품 가격의 76퍼센트가 생산자에게 돌아간다. 한살림과 같은 소비자협동조합은 직거래 공동구매 방식으로 유통마진 비용을 줄여 보다 저렴한 가격으로 조합원이 이용할 수 있도록 한다. 또한 생산자와 소비자, 실무자들이 모여 생산량과 수급 가격을 미리 결정한다. 이렇게 미리 약속한 가격으로 일정하게 공급하므로 가격 폭락이나 급등 없이 안정적인 가격을 유지할 수 있는 것이다. 이는 생산물에 적정한 가격을 지불함으로써 생산자들이 보다 안정적으로 생활하고 생산에 전념할 수 있도록 한다. 또한 소비자 조합원들 스스로도 책임 있는 소비를 하려고 노력한다. 이를 위해 소비가 부진한 농작물을 적극 알리거나 소비를 촉진하는 다양한 방안들을 소비자 조합원들 스스로 찾으려고 노력하고 있다.

'한살림은 사람과 자연, 도시와 농촌이 생명의 끈으로 이어져 있다는 생각에서 자연을 지키고 생명을 살리는 마음으로 농사짓고 물품을 만드는 생산자들과 이들의 마음이 담긴 물품을 이해하고 믿으며 이용하는 소비자들이 함께 결성한 생활협동조합이다.'

다소 모호하게 느껴졌던 한살림 소개 문구에 담겨진 이들의 마음이

★ 한살림 소비자 조합원들이 간장, 된장, 장아찌류의 생산지인 다농식품에 방문하여 교류 및 점검 활동을 하고 있다.

비로소 이해가 된다.

"생산지에 직접 가보면 더욱 믿음이 가죠. 농약을 치지 않아 논 여기저기에 거미줄이 쳐져 있는 모습이나, 제초제를 치지 않아 과수나무 아래 풀이 함께 자라는 모습을 보면 당연히 믿음이 갈 수 밖에 없지 않겠어요? 가입한지 1년 미만인 분들께는 새내기 생산지 방문을 적극 추천합니다. 참가비도 저렴하고 행사 내용도 좋거든요."

"가공품 공장도 규모는 작지만 내부 관리가 잘 되어 있더라고요. 위생적인 측면도 꼼꼼히 살펴봤는데, 만족스러웠어요. 이렇게 마을 모임에서 다녀오기도 하지만, 각 분과 위원회에선 정기적으로 방문을 한답니다."

생산자와 소비자가 같은 조합원이라고 해서 혹여 관리에 소홀하지 않을까 우려된다면 그 또한 오해다. 이들은 자체적으로 까다로운 점검 과정을 거치고 있다. 공정 기관을 통한 점검도 이루어지지만, 생산자들의 자체 관리와 공동체 내 관리 등 다양하고 체계적인 점검 과정을 거친다. 또한 소비자 조합원 스스로 농산물 위원회나 가공품 위원회 등에 참여해 산지에 직접 방문하여 점검도 하고 물품 선정에도 참여하고 있다.

환경과 생명의 가치를 생각하는 사람들

이쯤 되니 한살림에는 어떤 물품이 좋은지 사용 소감이 궁금해진다.

"글쎄요. 저흰 대부분 한살림 물품을 사용해요. 시중 물품을 써보지 않아 비교해서 얘기할 수는 없을 것 같고…. 음, 일단 믿음이 가고, 첨가물이나 유해 물질이 들어있지 않아 안심하고 이용할 수 있어 좋죠."

시중 마트에서 구입할 수 있는 물품과 어떤 차이가 있나 궁금해 물어보니 무척 난감한 눈치다.

"한살림에 가입한 지 10년 정도 되었어요. 조금씩 이용하는 물품이 많아지더니, 이젠 거의 대부분 한살림 것만 이용해요. 덕분에 아이들이 건강해진 것 같고⋯."

"저희 집 식구들은 감기 기운이 느껴지면 바로 쌍화차 한 잔 마셔요. 한살림 쌍화차가 참 좋은 거 같아요."

"저흰 도라지청을 먹여요. 기침에 굉장히 좋아서 이젠 저희 어머님께서도 꼭 챙겨두고 드세요."

"화장품도 화학물질이 들어있지 않아서 좋아요. 시중 제품은 광고비가 많이 나가잖아요. 한살림 제품은 광고를 하지 않아 그만큼 가격 거품도 없죠. 몸에 좋은 성분을 사용해 품질도 좋고 가격까지 저렴해 무척 만족스러워요."

일단 말문이 터지니, 너나 할 것 없이 자신이 즐겨 사용하는 물품 이야기를 들려준다.

"전 한살림을 이용하며 제철 식품이 어떤 것인지 구별할 수 있게 되었어요. 아무래도 제철 농산물이라 신선하고 맛도 뛰어난 것 같아요. 사과 같은 과일도 너무 맛있고, 한살림 과일 먹다보면 시중 과일은 너무 싱거워서 못 먹겠더라고요."

"어묵도 맛있고, 무엇보다 속이 불편하지 않아 좋아요. 애 아빠가 오징어를 먹으면 속이 불편하다고 하는데, 한살림 오징어는 그렇지 않아 좋아해요. 시중 오징어엔 아무래도 첨가물이 들어있는 것 같아요."

"두부도 고소하고 맛있고, 유정란도 싸고⋯. 한살림 제품 쓰다가 마트에 있는 친환경 제품을 보면 가격이 너무 비싸서 못 사겠더라고요."

한살림은 직거래 방식인데다가 광고나 물류비용이 절감되어 보다 저렴한 가격으로 물건을 구입할 수 있다는 얘기다.

"저흰 한살림을 이용하며 오히려 생활비가 많이 절약됐어요. 인터넷으로 주문하고 따로 장을 보러 나가지 않거든요. 마트에 가서 살 때에 비해 몇 십만 원씩 절약되는 거 같아요."

대형마트에서 장을 보면 생각보다 충동구매를 많이 하게 된다. 그러나 한살림을 이용하면 일주일치 계획을 세워 미리 주문해 받아서 먹다 보니 보다 알뜰한 소비를 하게 된다고 한다.

"사실 한살림을 이용하면서 마음이 많이 불편해졌어요. 예전엔 별 생각 없이 편하다고 사용하던 것들도 다시 한 번 생각해보게 되고…. 예를 들면, 종이컵처럼요."
"전 매장 안에서 음료를 마시면서도 테이크아웃 잔에 먹는 사람들 보면 종이컵이 얼마나 몸에 해로운지, 환경을 얼마나 파괴하는지 막 나서서 얘기해주고 싶어요."
"맞아요. 성분도 보게 되고, 과대 포장지가 아닌가 생각하고…. 그러다 보니 결국 시중에서 파는 물건들은 구입을 못하고 한살림 안에서 대부분 소비하게 되죠. 좀 부족하더라도 말이에요."

"뭐, 설탕 같은 것이 좀 아쉽기도 하지만, 또 없어서 그런지 잘 쓰지 않게 되는 것 같아요."

한살림은 수입 농산물이나 식품 등은 판매하지 않는다. 단맛을 낼 때는 설탕 대신 배농축액이나 매실엑기스, 조청 등을 사용하니 굳이 설탕을 쓸 필요가 없다고 한다. 건강을 위해서도 나은 선택인 것 같다.

한살림과 함께 성장하는 사람들

"제가 낯가림이 심해요. 그런데 마을지기를 하며 사람들 만나는 게 편해 졌어요. 모임을 끌어가다 보니 이젠 뭘 해도 두렵지 않게 되었어요. 제 스스로가 굉장히 성장했다고 생각해요."

신정3동 마을 모임 대표인 마을지기 이연희 씨의 얘기다. 한살림과 같은 생협 조합원들은 자발적으로 여러 모임에 참여하며, 평범한 가정주부에서 조합원 활동가로 성장하는 경우가 많다.

"처음 생명학교 교사로 참여했을 땐 부담이 많이 됐죠. 하지만 아이들이 노는 것을 보면 뿌듯하고 행복해요."

1 한살림의 어린이 생명학교 프로그램에 참가한 한 어린이가 직접 사과를 따고 있다.

2 어린이 생명학교에 참가한 조합원들과 아이들의 표정이 밝다.

"요즘 아이들 무슨 프로그램 없이는 알아서 놀 줄 모르잖아요. 초창기엔 쭈뼛쭈뼛 뭘 할지 몰라 했었는데…. 이젠 뭐 아이들끼리 알아서 너무 잘 놀죠."

"저도 생명학교 교사로 몇 년째 함께하고 있는데, 이젠 아이들 커가는 게 보여요. 천방지축이던 아이가 제법 의젓해진 걸 보면 신기하기도 하고, 처음엔 자기밖에 모르던 아이가 동생도 챙기며 변하는 걸 보면 정말 뿌듯하죠."

생명학교는 한살림 아이들을 위한 일종의 방학캠프다. 보통 1년에 두 차례 여름과 겨울 방학 때 진행하는데, 봄이나 가을에 몇 차례 더 진행하는 지역도 있다. 한살림 생산지의 깨끗한 환경에서 건강하게 자라는 농작물도 보고, 자연과 더불어 뛰놀며 생산지의 할머니 할아버지들과 소중한 추억도 나눈다. 한살림 조합원인 엄마들이 직접 교사로 참여해 안전한 먹거리도 만들어주고, 다양한 체험 프로그램도 진행한다. 이 과정에서 내 아이만 보이던 시야가 좀 넓어지는 걸 느끼게 된다고 한다. 아이와 함께 엄마도 성장하게 된다는 얘기다.

한살림 조합원은 이와 같이 생명학교 교사로 활동하기도 하고, 논 생태 체험 활동과 교육을 통해 논의 생태적 가치를 알려내는 활동을 하기도 한다. 식생활 교육강사 양성과정을 이수하고 유치원이나 학교 등에서 식생활 교육강사로 활동하는 조합원도 있다. 또한 한

★ 한살림 조합원인 식생활 교육강사들이 아이들에게 식품 안전교육을 하고 있다.

살림 각 지역을 대표하는 지부장이나 이사장도 모두 조합원이다. 한 살림 서울에는 북부, 북동, 중서, 서부, 남서, 남부, 동부 지부 등 7개의 지부가 있다. 이날 모임에 함께했던 원미경 씨도 한살림에 푹 빠져 여러 활동에 참여하며 열심히 하다 보니 서부 지부장으로 추천받게 되었다고 한다. 큰 이변이 없는 한 며칠 후 있을 지부 총회에서 서부 지부장으로 선출될 것 같다.

"총회요? 지난해 어떻게 활동했는지, 사업 수입과 이익은 얼마나 발생했는지 등을 보고합니다. 그리고 올 한 해 어떻게 활동할 것인지 하는 계획을 알려드리고 조합원들께 승인을 받습니다. 주로 마을 모임이나 여러 모임에 참여하시는 분들이 많이 오시는데, 아무래도 사업 얘기들이 많이 나오니 자연스럽게 조합에 관심을 갖게 되는 계기가 되지요."

문득 봄이 오는 길목에서 이들의 소식이 궁금해졌다. 지난 2월 지부 총회도 무사히 마치고 원미경 씨가 한살림서울 서부지부 지부장으로 선출되었다는 소식을 접할 수 있었다. 2013년에 선출된 새로운 지부장들과 함께 한살림서울도, 한살림연합도 37만 조합원들에게 더욱 신뢰를 줄 수 있는 조합이 되길 바란다.

이렇듯 협동조합은 신뢰와 믿음을 기반으로 운영되는 사업체다. 신뢰가 바탕이 되어야 조합원들의 적극적인 참여도 이끌어낼 수 있고, 조합을 안정적으로 운영할 수 있다. 조합원이 이용자인 소비자협동조합에서의 신뢰는 이용률과 직결되는 문제이기도 하다. 안전하고 정직한 물건을 거품 없는 가격으로 공급받을 수 있다는 믿음이 있기에 변함없이 협동조합을 이용하게 되는 것이다.
조합원의 신뢰를 받지 못하는 협동조합은 성공할 수 없다. 협동조합을 운영하는 데 있어 꼭 마음에 새겨야 할 자세가 아닐까 생각한다.

한살림생협

한살림은 사람과 자연, 도시와 농촌이 함께 사는 세상을 만들기 위해 도시 소비자와 농촌 생산자들이 뜻을 모아 활동하는 생활협동조합이다. 마을공동체의 회복, 친환경 생활의 실천, 지구 환경보호 등을 위해 노력하며 밥상과 에너지, 지구 환경의 위기를 극복하고 사람과 자연이 함께 사는 세상을 위한 활동을 하고 있다.

1986년에 작은 쌀가게로 시작했던 한살림은 전국 21개 회원 조직과 37만 가구의 도시 회원들, 2천 세대의 생산자 회원들이 함께하는 공동체로 성장했다. 한살림의 도시 회원들은 유기농산물의 직거래 외에도 지역 한살림을 중심으로 빈병 재사용, 텃밭 가꾸기, 요리 모임, 가까운 먹거리 이용, 워커즈일 공동체 등 친환경적인 생활 실천을 위한 각종 소모임과 활동들을 펼치고 있으며, 지역의 특성에 맞게 다른 시민단체들과도 연대하여 자연과 생명을 지키는 활동을 전개하고 있다. 농촌 회원들은 우리 땅과 우리 생명을 살리는 친환경 유기농업을 실천하여 도시 회원들에게 안전한 먹거리를 제공하는 것은 물론, 지역에서 한살림 운동을 펼쳐나가고 있다.

설립연도 1986년

조합원 수 약 37만 명 2013년 5월 기준

가입 및 이용 방법 최초 출자금 3만 원, 가입비 3천 원 일부 지역 한살림은 출자 금액에 차이가 있음을 내고 한살림 이용 방법과 운영 취지를 충분히 듣고 나면 물품 이용이 가능하다. 개인 및 단체도 가입할 수 있으며, 매장이나 인터넷 www.hansalim.or.kr을 통해 가입 신청할 수 있다. 매월 이용에 따른 회원비는 별도로 없으며, 물품을 이용하면서 일정액이 자동 증자 200원~1,000원 되며, 조합원의 출자금으로 적립된다. 모든 출자금은 조합원 탈퇴 시 돌려받을 수 있다.

한살림 장보기 사이트 www.shop.hansalim.or.kr나 전화 각 지역 한살림 대표번호로 주문하면 매주 지정된 요일에 집으로 물품을 받을 수 있다.

문의 1661-0800, 02-6715-0800

협동조합,
배울수록 즐거워진다

아이쿱생협

국제협동조합연맹은 협동조합 7대 원칙 중에 하나로 '교육, 훈련 및 정보 제공'을 꼽고 있다. 교육은 단순히 정보의 전달이나 사업 이용을 장려하는 차원이 아니라, 복잡하지만 풍부한 협동조합의 사상과 사업 활동을 충분히 이해할 수 있도록 마음을 끌어당기는 일이라고 설명하고 있다.

실제 많은 협동조합이 놓치기 쉬운 원칙이 바로 교육이다. 협동조합과 협동조합 운영에 대해 조합원이 충분히 이해할 수 있도록 교육하는 일은 꾸준히 진행해야 한다. 협동조합에 대해, 그리고 생협에 대해 체계적인 교육의 장을 마련하고 있는 아이쿱생협을 통해 교육의 중요성을 알아보았다.

협동조합을 취재하며 만난 협동조합의 조합원들은 대부분 개인이 아닌 다함께 건강한 사회를 이야기한다. 나와 내 가족만을 생각하는 내 자신이 어딘지 좀 작아지는 느낌이다.

"처음엔 저희도 다 내 새끼 좋은 것 먹이려고 시작했었죠. 그런데 생협을 이용하며 모임에 참여하다 보니 윤리적 소비도 생각하게 되고 생각이 커지게 된 것 같아요."

"맞아요. 처음에는 개인적인 생각에서 시작했지만 차츰 시야가 넓어진 것 같아요. 내 아이만 좋은 거 먹이는 것이 아니라 다른 아이들도 다 같이 잘 먹어야 사회도 건강해지고 그래야 우리 아이도 건강해지죠."

아이쿱생협 조합원들은 비슷한 얘기를 들려주었다. 그런데 과연 협동조합 조합원이라는 것만으로 이렇게 생각이 달라질 수 것일까?

교육을 통해 조합원들의 마음을 사로잡다

지난 2월 말에 찾은 반포의 한 아파트에서는 아이쿱 서울생협 서초 마을 모임이 한창 진행 중이었다. 봄방학 기간이라 많은 조합원이 참여하지는 못했지만, 2년 이상 함께 해온 조합원들이라 그런지 언니 동생하며 이야기를 나누는 모습이 정겨웠다.

"지난번 강의 좋았다며? 방송으로 봤을 때도 정말 좋았는데…."
"다음 달에 한 번 더 한다는데. 언니, 그때 같이 가자."

아이들 학교며, 교육과 쇼핑 얘기가 오고가다 지난번 아이쿱 서울 생협에서 주최한 교육 강좌 얘기로 이어진다. 과도한 독서가 오히

1 아이쿱생협의 전시관람 동아리, 생협 조합원들은 다양한 동아리를 꾸려 함께하고 있다.

2 아이쿱생협의 서초 마을 모임에서 물품에 대한 얘기를 나누고 있는 조합원들.

려 어린아이들의 뇌를 파괴한다는 강연 내용이 조합원들 사이에서 큰 호응을 얻은 모양이다. 조기교육 문제며, 부모와 아이 사이의 긍정적인 애착 관계가 형성될 수 있도록 도와주는 독서 방안까지 여러 이야기들이 이어졌다.

생협에서는 자녀교육, 인문학, 역사 등 다양한 주제의 강좌나 워크숍을 개최한다. 조합원이 원하는 경우에는 국내 유명강사들을 초청하여 진행하기도 한다. 또한 조합원끼리 원하는 내용을 공부하기 위해 만든 각양각색의 동아리 모임이 있다.

"아이쿱생협에는 동아리가 많더라고요. 마을 모임도 참여할 수 있고, 위원회 같은 곳에서 자기 취향에 맞는 활동을 골라 할 수 있으니 좋은 거 같아요. 특히 생협엔 건강한 사람들이 많은 거 같아요. 이기적인 사람도 없고 얘기가 잘 통하는 분들이 많아요. 사람들이 좋아서 여러 모임에 참여하면 정말 즐거워요."
"동아리 모임이 있는 전날에는 밤을 새서 공부하고 오시는 분들도 있어요. 아무래도 삼사십 대 주부들이 많다 보니 마흔 이후의 삶을 어떻게 할 것인가 함께 고민하며 새롭게 공부하는 재미에 빠진 분들이 많은 거 같아요."

이곳 아이쿱생협도 여느 생협과 마찬가지로 육아나 요리, 걷기 모임, 영화, 전시 관람, 글쓰기 등의 동아리도 있지만, 인문학이나 책읽기, 역사, 미술사 모임과 같이 학습 동아리가 제법 잘 된다고 한다.

아이쿱생협에서는 다양한 강좌나 학습 등도 진행되고 있지만, 협동조합에 대한 교육도 상시적으로 열리고 있다. 또한 이탈리아나 스페인 등 외국의 탄탄한 협동조합으로 연수를 다녀오기도 한다.

"일단 협동조합에 대해 알아야 확실한 자기 신념을 갖게 되지 않을까요? 협동조합이 왜 대안 경제가 되는지, 세계적인 협동조합의 다양한 사례를 통해 우리나라 방식은 어떤지도 생각해봐야겠지요."

애들이나 쇼핑 얘기를 할 땐 영락없는 평범한 이웃집 아줌마였는데, 협동조합에 대한 얘기를 나누자니 준전문가 수준이다. 아이쿱생협에서는 협동조합의 정의·가치·원칙, 협동조합의 역사와 함께 아이쿱생협의 정책 등을 공유하는 교육을 주기적으로 진행하고 있다. 사실 나도 뒤늦게 가입한 아이쿱생협을 통해 협동조합이라는 것을 공부하고 보다 자세히 알게 되었다.

아이쿱생협은 소비자협동조합이라는 색깔이 명확한 생협이다. 협동조합의 원칙에 따라 직원, 이사, 조합원들에게 적절한 교육의 기회를 제공하고 있다. 실제 이와 같은 교육은 협동조합의 성공을 좌우하는 중요한 열쇠라 할 수 있다. 협동조합의 가치를 이해하고 실천하는 조합원들이 꾸려나가는 것이 바로 협동조합이기 때문에 이와 같은 교육은 반드시 뒤따라야 한다. 특히 우리 사회와 같이 경쟁이 치열한 곳에서 개인의 이익이 아닌 공동의 가치를 찾는다는 건 생각보다 쉽지 않다. 협동조합이 무엇인지, 협동조합의 사업 방식이 어떠한지 끊임없는 교육을 통해 충분히 이해할 수 있도록 해야 한다. 조합원들의 마음을 사로잡고 자발적인 참여를 이끌어낼 수 있는 협동조합만이 건강하게 유지될 수 있는 것이다.

조합원 가입 시 교육은 필수,
아이들을 위한 생협학교도 인기

"매장을 동네 마트로 생각하고 오시는 분들도 많아요. 조합에 대한 이해가 부족하다 보니 부작용도 많죠."

이는 비단 아이쿱생협만이 아닌 대부분의 생협들이 느끼는 문제다. 출자금 같이 협동조합의 당연한 운영 방식조차 이해하지 못한 채 물건만 구입하려는 이들도 많다. 협동조합은 누구나 자유롭게 가입할 수 있지만, 탈퇴도 자유롭다. 가입하며 납부한 출자금도 탈퇴할 때 모두 돌려받을 수 있는 금액이라, 별 생각 없이 가입하고 물건을 구입하는 이들도 많다. 하지만 조합 운영에 대한 이해가 부족하다 보니 본인들이 조합의 주인이라는 인식도 없고, 참여율도 저조하다. 아무래도 주인이라는 생각으로 진열된 물건 하나하나를 소중히 생각하는 조합원과는 확실히 다르다.

사정이 이렇다 보니 아이쿱생협의 몇몇 지역 생협에서는 조합원 가입 시 신규 조합원 교육을 반드시 이수하도록 하고 있다. 신규 조합원 교육에서는 협동조합으로써 아이쿱생협의 가치와 철학, 조합원 활동이나 이용 방법 등을 알려준다고 한다. 실제 건강이나 육아와 밀접하게 관련된 이야기들이다 보니 참여하는 조합원들의 만족도도 높다고 한다.

협동조합은 이렇듯 적절한 교육을 통해 조합원의 권리와 의무를 정확히 알려주고 사업을 투명하게 공개하며, 자발적이고 민주적인 참여를 이끌어내도록 노력해야 한다. 이러한 노력이 바탕이 되어야만 협동조합이 튼튼하게 운영되고 안정적으로 사업을 펼칠 수 있는 것이다. 또한 아이쿱생협에서는 조합원 자녀를 대상으로 한 생협학교도 진행하고 있다. 식품 첨가물이나 육식의 문제, 공정무역이나 유통 인증에 대한 얘기와 함께 협동조합에 대해 이해를 높일 수 있는 다양한 교육 활동들을 진행한다. 이는 초등학생이나 청소년들의 수준에 맞춰 연극이나 체험 활동이 곁들여진 방식으로도 진행된다. 이러한 프로그램의 교육적 효과는 크다. 하지만 무엇보다 첨가물 범벅의 간식 대신 맛은 좀 떨어지지만 안전한 생협 제품을 선택한 엄마의 마음을 이해하는 데도 도움이 된다고 한다. 참여하는 아

★ 조합원 가입 교육, 마을 모임이나 동아리를 통한 조합 운영 참여, 어린이 생협학교, 생산지 탐방, 여러 지역 생협들이 한자리에 모이는 생협 축제 등을 통해 협동조합에 대한 이해를 높일 수 있다. 이는 아이쿱 생협에 대한 신뢰와 애정을 키우고, 보다 적극적인 조합원 활동으로 이어지도록 한다.

이들과 엄마 모두 만족할 만한 내용이라 조합원들 사이에서 꽤 인기 있는 프로그램이다.

조합비 제도로 저렴하고 다양한 물품을 선보이다

그렇다면 아이쿱생협 조합원들이 만족스럽게 이용하는 물품에는 어떤 것들이 있을까?

"아이쿱생협은 저농약 농산물부터 유기농 농산물까지 다양한 물품을 갖추고 있어서 좋은 거 같아요."

"맞아요. 어차피 과자나 라면 등도 먹게 되거든요. 아이들이 크면 어떻게든 찾아서 먹더라고요. 아이쿱생협에는 이럴 때 대안으로 찾아 먹일 수 있는 물품들이 다양하게 구비되어 있어 편리해요. 첨가물로부터 안전하고, 맛도 어느 정도 만족스런 다양한 제품이 있는 것 같아요."

"게다가 완제품이 많아 편리해요. 전 한우 사골곰탕도 자주 이용하거든요. 바빠서 몇 시간씩 고아야 하는 사골은 해먹기 힘든데, 간편하게 데워 먹기만 하면 되니 좋더라고요. 맛도 괜찮고…."

"전 편육을 자주 구입하는 편이에요. 사실 집에서 편육 만들어 먹기는 어렵잖아요. 시중 제품은 믿을 수 없고, 그나마 안전하게 믿고 먹을 수 있는 생협 제품이라 자주 이용해요."

"꼬마 돈가스나 치킨 너겟 등도 좋아요. 드레싱 종류도 괜찮고…."

★ 서초 모임의 신규 물품 시식회에서 선보인 크림치즈. 구성이나 맛 모두 만족스럽다는 평이었다.

"최근 들어 초콜릿, 커피 등 공정무역 제품이 많이 나왔어요. 아이스크림, 과자 종류도 다양해서 특히 아이들이 좋아하죠."

"전 화장품이요. 피부가 예민해서 일반 화장품 쓰기가 힘들었는데, 이번에 새로 나온 한방 화장품이 꽤 괜찮더라고요. 조합원들이 기획 단계부터 참여해 개발한 물품이라 그런지 정말 좋아요."

아이쿱생협은 친환경 농산물만을 고집하지 않고, 안전한 원료를 이용해 만든 다양한 종류의 간식이나 즉석 조리식품들도 개발해 판매하고 있다. 또한 편백나무 가구나 스카프, 구두에 청소 서비스까지 물품 종류도 점차 확대해나가고 있다.

한편 아이쿱생협에서는 조합비조합원 제도를 시행하고 있다. 매달 조합비를 납부하는 조합비조합원이 되면 조합원가로 생협 물품을 이용할 수 있다. 아이쿱생협은 이윤을 남기지 않고 물품을 저렴하게 공급하는 대신 이러한 조합비로 조합을 운영하고 있는 것이다. 아이쿱 서울생협은 대부분 조합비가 만 오천 원 선이나 조합원 수가 많은 몇몇 구는 조합비가 보다 저렴하다고 한다. 이와 같은 조합비 제도는 조합원 입장에서 몇 가지의 물건만 고정적으로 구입할 경우에는 부담스러울 수 있겠지만, 대부분의 물품을 생협에서 구입한다면 보다 이익이 되는 제도다.

현재 지난해 12월부터 시행된 협동조합기본법에 따라 협동조합을 설립하기 위해서는 몇 가지 신청 서류를 제출하여야 한다. 그중 하나가 사업계획서인데, 사업계획서에는 '조합원과 직원에 대한 상담, 교육 훈련 및 정보 제공 사업'에 대한 계획을 반드시 포함하도록 하고 있다. 협동조합에서의 교육은 사업의 성패를 좌우할 만큼 중요하기 때문이다. 협동조합을 설립하고자 한다면 조합원 스스로 협동조합에 대한 자부심을 갖고 적극적으로 참여할 수 있도록 교육에 대한 계획도 반드시 세워야 할 것이다.

아이쿱생협

아이쿱생협은 전국 17만 명 이상의 소비자가 활동하고 있는 소비자생활협동조합이다. 환경과 지속가능한 농업 발전을 위한 친환경 식품, 제3세계 생산자의 자립을 위한 공정무역 물품, 우리 밀 자급률을 높이는 데 기여할 수 있는 우리 밀 베이커리, 무항생제 축산물 등을 통해 나와 이웃과 지구를 생각하는 '윤리적 소비'를 실천한다. 전국 130여 개의 자연드림 매장에서는 3천여 가지 이상의 친환경 식품과 환경 생활용품을 만날 수 있다.

설립연도 1998년 3월 창립총회

조합원 수 177,870명 2013년 4월 기준

가입 및 이용 방법 출자금은 5만 원으로, 온라인을 통한 물품 공급 및 자연드림 매장의 모든 물품 구입은 아이쿱생협 조합원 가입 후 이용할 수 있다. 하지만 일반 소비자에게도 윤리적 소비 실천을 알리기 위해 자연드림 매장에서는 우리 밀 베이커리에 한해 이용할 수 있도록 하고 있다. 온라인으로는 아이쿱생협 홈페이지 www.icoop.or.kr/coopmall에서 가입할 수 있으며, 전국에 있는 자연드림 매장에서 상담 후 가입하여 이용할 수 있다.

문의 1577-6009

지역사회와 함께하는 협동조합

두레생협

국제협동조합연맹은 협동조합 7대 원칙을 발표하며 '지역사회에 대한 기여'를 강조하고 있다. 협동조합의 정체성에 대한 새로운 고민을 바탕으로 지역사회에 대한 특별한 책임과 기여를 협동조합의 본원적인 기능으로 내세우고 있다.
지역 안에서 성장하고 자리매김해온 두레생협연합회의 회원 생협인 구로시민생협을 통해 지역사회에 기여하는 협동조합의 모습을 살펴보았다.

"몇 백 원으로도 빵과 과자를 구입할 수 있는데, 동네 슈퍼에서도 팔지 않는 듣도 보도 못한 것들이었어요. 조미료 맛에 딱 봐도 불량식품 같았죠. 도저히 아이들에게 먹일 수가 없겠더라고요."

부모들이라면 충분히 공감하는 우리 아이들의 학교 매점 이야기다. 뭐 달리 방법이 없기에 그저 내 아이만은 사먹지 않길 바라던 학교 매점의 현실이다. 그런데 이런 곳을 보다 안전한 친환경 간식을 판매하는 매점으로 바꾼 부모들이 있다고 한다. 구로시민생협 조합원들로 그 이면에는 지역사회에 기여하려는 생협의 노력이 담겨 있다.

이익보다는 아이들 건강을 생각한 학교 매점

구로동에 위치한 영림중학교에는 특별한 매점이 있다. 국내 최초로 친환경 간식을 판매하는 학교 매점이다. 매점 운영과 판매 모두 학부모들이 함께한다. 식품 첨가물은 없는지, 불량 원료를 사용하지는 않았는지 꼼꼼하게 따지고, 까다로운 엄마의 눈으로 선택한 안전한 과자와 음료수들을 판매하고 있다.

이는 우리 아이들에게 좋은 먹거리를 먹여야겠다는 엄마들의 소박한 생각에서 시작된 변화다. 하지만 공개입찰로 결정되는 매점 운영을 실제 학부모들이 따내기는 쉽지 않았다. 친환경 간식으로 가격을 맞추는 것도 어려웠다. 더 나은 이익을 위해 정체불명의 저가 간식까지 판매하는 이들과의 입찰 경쟁은 애당초 공정하지 못한 것이었다. 하지만 안전한 먹거리를 먹어야 한다는 생각에 공감하는 학교 측에서 '친환경 제품이 80퍼센트를 넘어야 한다'는 조건을 달며 매점을 운영할 수 있게 된 것이다.

특별한 중간 이윤 없이 생산자와 소비자가 직거래하는 생협 물품으로 장사를 한다니, 다소 무모하다 싶은 학부모들의 도전은 손해를 감수하고도 지원을 아끼지 않은 생협이 있기에 가능한 일이었다.

"빵과 과자, 음료수 몇 가지를 공급하고 있어요. 두레생협연합회에서 물류유통비를 지원해줘서 원가로 납품할 수 있었죠."

영림중학교 매점에 친환경 간식을 공급하는 구로시민생협 이사장 이미령 씨의 설명이다. 금전적 이익보다는 아이들의 건강을 우선시하는 생협 조합원과 생협다운 선택이다.

지역과 더불어 성장하는 협동조합

구로시민생협의 조합원들은 모두 인근 지역의 주민들이다. 조합원들의 생활과 밀접하게 연관되어 있는 지역 내 크고 작은 문제는 항상 생협의 주된 관심사일 수밖에 없다. 영림중학교 학부모인 조합원들이 학교 매점을 바꾸기 위해 뛰어다닐 때, 조합이 함께할 수 있었던 건 어찌 보면 지극히 당연한 일이다.

'협동조합은 조합원의 동의를 얻은 정책을 통해 조합이 속한 지역사회의 지속가능한 발전을 위해 노력한다.'

국제협동조합연맹은 협동조합의 7대 원칙 가운데 하나로 '지역사회에 대한 기여'를 꼽고 있다. 조합원들의 생활 공간인 지역사회는 곧 협동조합의 활동 공간이다. 지역사회가 제대로 돌아가야 조합원

★ 작은 지역을 기반으로 한 생협의 중요성을 일깨워 주었던 구로시민생협의 이미령 이사장.

들도 생활의 안정을 찾을 수 있고, 조합 활동도 원활히 할 수 있다. 또한 지역사회 안에서 인정받고 신뢰받는 협동조합이라야 안정적으로 성장할 수 있다. 이러한 이유에서 협동조합은 이익을 추구하는 영리기업과 달리 지역사회에 뿌리내리기 위해 다양한 활동들을 함께하고 있다. 구로시민생협도 그동안 다양한 지역 활동을 해왔다.

"저흰 여기 생협에서 활동하시는 분들도 모두 구로동 주변에 살아요. 10년 이상 같이 살며 활동을 해왔죠. 요즘 얘기하는 지역공동체 만들기, 이미 오래전부터 저희가 해오던 일이죠."

구로시민센터의 녹색가게 안에서 친환경 제품을 판매하던 것에서 시작된 구로시민생협은 그간 다양한 지역 활동을 해왔다. 친환경적인 주차장 건설 등 지역 현안에 대한 활동은 물론이고, 지역 행정을 감시하고 견제하는 활동 등 여러 지역 활동에도 참여해왔다. 또한 구로근린공원 앞 느티나무 카페도 함께 운영하고 있다. 조합원들과 뜻있는 지역 주민들이 출자해 만든 이 카페는 마을 주민들의 사랑방 역할을 톡톡히 하고 있다. 이곳에서는 책 읽는 엄마 모임이나 인문학, 우리 문화, 영어 등을 공부하는 다양한 모임들이 열리고 있다. 게다가 커피 맛도 좋고 가격도 저렴해 지역 주민뿐만 아니라 근처 직장인들도 점심시간을 이용해 많이들 찾고 있다.

그리고 매년 가을에는 동화책 읽는 모임에서 준비한 아동극 공연도 한다. 지난 10년 동안 꾸준히 해온 공연은 지역 내에선 이제 제법 인기 있는 공연이 되었다. 구로 아트벨리 예술극장 1, 2층이 꽉 찰 정도로 많은 이들이 찾는다고 한다. 지난해에는 지역 내 여러 단체들과 함께 준비한 구로마을축제에서도 선보였다고 한다.

구로시민생협? 두레생협연합회?

구로시민생협은 두레생협연합회 소속의 회원 생협이다. 이곳 구로시민생협뿐만 아니라 마을공동체로 유명한 성미산마을의 울림생협 구 마포두레생협, 국내에서 가장 오래된 생협인 경기도 안양의 바른생협, 환경운동연합의 에코생협도 모두 두레생협연합회 소속의 회원

★ 구로시민생협에서 운영하는 느티나무 카페는 지역 주민들에게 사랑방과 같은 곳이다.

생협이다. 두레생협연합회는 이처럼 각 지역 회원 생협들이 모여 만든 연합회다.

"연합회를 꾸리기 전엔 지역 생협마다 각각 농촌에서 직접 물건을 받아 공급했죠. 그러던 것을 수도권 지역의 생협들이 모여 한 곳에서 물품을 받고 공급하는 시스템을 갖추게 된 것이죠."

두레생협연합회는 1997년 수도권 지역 생협들이 물류의 효율화를 실현하기 위해 함께 모여 만든 '생협수도권사업연합'으로 출발했다.

★ 두레생협연합회는 다양한 모임과 행사를 통해 조합원들과 끊임없이 교류하고 있다.

2005년에 두레생협연합회로 이름을 바꾼 뒤 2013년 5월 현재에는 각 지역 스물일곱 곳의 소비자생활협동조합이 회원 생협으로 가입해 함께하고 있다.

"토마토 케첩 등 가공품들도 지금은 당연히 생협 물품으로 받아볼 수 있지만, 처음엔 그야말로 꿈같은 일이었죠. 지역의 작은 단위 조합에선 개발할 수 있는 여건도 안 되고, 막상 개발한다 해도 소비할 조합원 수도 적고…. 그런데 이렇게 연합회를 함께 꾸리면서 조합원들이 요구하는 새로운 생활재 개발도 가능하게 되었죠."

이들 회원 생협들은 두레생협연합회를 통해 다른 지역 생협들과 함께 다양한 친환경 생활재를 개발하고 관리하고 있다. 생활재 선정과 관리는 물론이고, 생활재 안내지 공동제작, 집품 관리 등을 통합하여 물류의 효율화를 실현한 것이다. 물류센터를 통합 운영하며 비용도 절감할 수 있었고, 자체적으로 소비가 가능해진 만큼 생활재 개선 및 새로운 생활재 개발도 가능하게 되었다. 지역 생협들은 이러한 물류 효율화를 통해 경영상의 어려움도 해결하고, 더욱 튼튼하게 지역 내 활동을 펼칠 수 있었다고 한다.

1985년 5월, 쉰여섯 명의 조합원이 모여 11만 4천 원의 출자금으로 시작했던 경기도 안양의 '바른두레생협'도 현재 지역 내 여덟 곳의 매장에서 연매출 86억 원 규모의 조합으로 성장하였다. 총 조합원 수가 만 2천 명으로 연간 2천 명의 조합원이 새로 가입하고 있다고 한다. 또한 지역 내 독거노인을 위한 반찬제공 서비스, 방과 후 어린이 학교에 급식재료 지원, 동네 영화제 개최, 의료생협 설립, 일본 생협과 자매결연, 필리핀 생산 농가의 자립을 돕는 마이크로론무담보 소액대출 등 다양한 활동을 펼치고 있다고 한다.

이렇듯 각 지역 생협들은 연합회를 만들어 사업의 효율화를 꾀하고 있다. 앞서 소개한 행복중심생협, 한살림생협, 아이쿱생협, 두레생협 모두 연합회를 통해 사업의 효율성을 꾀하고, 지역 생협에서는 지역을 기반으로 한 다양한 사업들을 펼치고 있다. 협동조합은 이렇듯 공동의 이익을 도모하기 위해 연합회를 만들기도 한다.

공정무역을 넘어 제3세계의 땅과 사람을 살리는 민중교역

두레생협도 여느 생협과 마찬가지로 친환경 농산물은 물론, 친환경 가공식품이나 환경을 생각하는 각종 생활용품 등 다양한 물품들을 취급하고 있다. 특히 정제하지 않아 건강한 설탕인 '마스코바도'를 가장 먼저 공급한 생협으로 유명하다.

두레생협은 2004년부터 자회사인 에이피넷APNET을 통해 필리핀 네그로스 섬의 사탕수수 영세농민들과 교역을 시작하였다. 화학 농약과 정제 방식, 다국적기업의 이윤추구로 농민들을 계속 빈곤하게 만들었던 흰 정제설탕 대신 유기농업과 재래 방식의 제조, 정당한 생산대금으로 농민들의 자립 추구가 가능한 '마스코바도'로 교역을 시작한 것이다. 이는 지금까지 유기농 생산자와의 직거래를 통해 죽어가던 땅과 생산자, 소비자 모두를 살리고자 했던 두레생협의 생명살림 정신에 따른 선택이었다.

두레생협의 민중교역people to people trade은 제3세계 농민들의 자립을 도울 수 있는 공정한 가격으로 거래를 하자는 공정무역Fair Trade의 가치를 넘어, 교역과 문화교류, 호혜를 함께하며 평화를 고민하는 깊은 공동체 의식의 실현을 추구한다.

현재 두레생협에서는 정제하지 않고 전통적인 방법으로 제조하여 사탕수수의 미네랄과 각종 영양소가 살아있는 '마스코바도'와 팔레스타인 농민들의 평화에 대한 염원이 담긴 '엑스트라 버진 올리브유', 동티모르와 페루, 라오스의 커피 원두로 만든 다양한 커피제품 등을 공급하고 있다. 네그로스 섬의 마스코바도는 이미 많은 마니아층이 형성되어 있을 만큼 맛이 좋다고 알려져 있고, 커피 원두도 무척 만족스럽다. 그때그때 주문량만큼만 바로 볶아 가장 신선한 상태에서 공급받을 수 있어 시중에 있는 '커피볶는집' 원두와 비교해도 손색이 없다. 원두 가격도 200g당 7천 원대로 저렴한 편이다.

두레생협을 통해 협동조합의 사회적 가치를 실현하고 지역의 지속가능한 성장을 돕는 지역 활동에 대해 알아보았다. 협동조합 설립신고 때 제출해야 할 서류 중에 하나인 사업계획서에는 지역사회에 기여할 수 있는 내용을 계획해 넣도록 되어 있다. 몇몇 조합의 사업계획서를 들여다보면 그저 불우이웃 돕기 수준의 지역 활동이라 보기에도 무척 민망하게 느껴질 때가 있다. 두레생협의 사례를 봐도 알 수 있듯이 지역사회의 기여라는 것이 협동조합 사업과 동떨어져 새롭게 설계해야 할 내용은 결코 아니다. 지역에 뿌리내리고자 하는 협동조합의 일상적인 활동 중에 하나인 것이다. 각각의 협동조합 사업 영역에 걸맞은 지역 활동을 통해 지역 내에 튼튼하게 뿌리내릴 수 있는 조합이 될 수 있도록 해야 할 것이다.

지금까지 행복중심생협, 한살림생협, 아이쿱생협, 두레생협을 통해 친환경 물품을 직거래하여 공급하는 건강한 소비자생활협동조합에 대해 알아보았다. 운영 방식이 모두 비슷한 것 같지만, 생협마다 나름의 가치관으로 운영하고 있음을 알 수 있었다. 이는 물품 선정이나 사업방식에 고스란히 녹아 있다. 생협을 이용하고자 한다면 이 점을 유심히 살펴보고 나에게 맞는 생협을 선택하는 것이 좋을 듯싶다. 개인적으로는 생산자 조합과 돈독한 관계를 유지하며 친환경 농산물 공급이 보다 원활한 생협 한 곳과 가공식품이나 공정무역 제품 등 다양한 품목을 구비하고 있는 생협 한 곳, 이렇게 두세 곳의 생협을 항상 이용하고 있다. 물론 배달이 적절한 시간에 오는지, 근처에 매장이 있는지도 잘 따져서 이용하고 있다. 이렇게 두 곳

★ 두레생협의 생명살림 정신은 제3세계 국가들과 민중교역을 통해 세계로 뻗어나가고 있다.

이상의 생협을 이용해야 시중 마트를 이용하지 않고도 부족함 없이 생협만을 이용할 수 있기 때문이다. 물론 이러한 선택은 생협에 대한 신뢰와 협동조합이 소비자와 생산자에게 훨씬 유용한 우리 사회의 대안 경제라는 확신이 있기에 가능한 것이다.

안전한 친환경 물품을 직거래 방식의 합리적인 가격으로 공급받을 수 있는 생협, 아직 가입하지 않았다면 이번 기회에 조합원이 되어 보면 어떨까? 협동조합을 이해하는 데 가장 좋은 방법이라고 생각한다.

두레생협

두레생협연합회는 1997년 '생협수도권사업연합'이라는 이름으로 수도권 지역의 생협들이 협동조합의 정신에 기초하여 생활협동조합의 육성과 발전을 위하여 만들어졌다.

주요 활동으로는, 수입농산물의 홍수 속에서 건강한 우리 농산물을 이용하여 안전한 먹거리를 나누고, 우리의 농촌과 농민을 살리는 동시에 우리의 땅과 생명의 가치를 지켜나간다. 그리고 우리 몸과 자연을 살리고 생명을 살리는 유기농업을 지향함으로써 환경과 생태계를 보호한다. 축산물의 분뇨는 퇴비로 만들어 농사의 거름으로 사용하고, 농업의 부산물은 축산의 조사료로 활용하는 유축복합 지역순환농업을 실현하고 있다. 또한 제3세계 소규모 생산자들과 공정한 거래를 하며 그들의 자립을 지원하는 한편, 그들과 교류, 연대, 호혜를 함께하는 민중교역을 실현한다. 끝으로 이웃과 협동하는 공동체문화를 형성하여 더불어 사는 사회를 만들고 있다.

설립연도 1997년

조합원 수 150,084명 2013년 5월 기준

가입 및 이용 방법 두레생협 홈페이지 www.dure.coop와 전화회원 생협, 매장 방문을 통해 가입 신청이 가능하다. 가입 시에는 가입신청서 작성과 함께 출자금 2∼3만 원 회원 생협마다 조금씩 다르다 을 내면 조합원으로 등록할 수 있다. 쇼핑몰과 모바일을 통해 주문하거나 매장에 직접 방문하여 생활재를 구입할 수 있다.

문의 1661-5110

육아 고민도
협동조합으로 풀다

해와달 어린이집 공동육아협동조합

"애 키우기 힘든데 공동육아협동조합 해요!"

서울시 협동조합 포스터에 나온 기린 엄마의 말이다. 기린도 한다는 공동육아협동조합, 요즘 어린 자녀를 둔 부모들에게는 상당히 공감이 가는 이야기일 것이다. 실제 공동육아협동조합 어린이집의 경우에는 10년이 넘은 곳이 많다. 그만큼 새로운 어린이집에 대한 요구가 절실하다는 것이 아닐까? 그렇다면 협동조합 어린이집은 왜, 어떻게 만들어지고 운영되는 것일까? 그 해답을 찾기 위해 동작구에 위치한 해와달 어린이집을 찾아보았다.

함께 어울리며 자라는 건강한 아이들

산자락 한편에 있는 '해와달 어린이집'은 아이들이 자연과 더불어 뛰어놀기에 충분한 공간이었다. 뒷마당과 이어진 산자락을 오가며 아이들은 나름의 방식으로 놀이에 빠져 있다. 흙과 물과 공기와 햇살만으로도 행복한 아이들 모습. 이들 뒤로는 마치 기린 엄마처럼 따사로운 눈길로 지켜보는 선생님이 보인다.

"아이가 어린 시절만큼은 충분히 놀아야 하지 않나 생각해요. 어릴 때부터 영어, 한글, 숫자 공부에 치이는 게 싫었어요. 이런 거 가르치지 않는 어린이집이나 유치원을 찾았는데 없더라고요. 혹여 있다고 해도 엄마들의 성화 때문에 어쩔 수 없이 최소한이라도 교육할 수밖에 없다고 하더군요."

"요즘 보면 '어떻게 엘리트로 키울 것인가'가 아니면, '자유롭게 키울 것인가'를 고민하는 분들로 확연하게 나뉘는 듯싶어요. 여긴 아이가 자연 속에서 자유롭게 놀며 친구들과 더불어 생활하는 곳입니다."

해와달 어린이집에서 만난 학부모 고영주, 박신영 씨는 자녀가 행복한 유년기를 보낼 수 있도록 하기 위해 이곳 협동조합 어린이집을 선택하게 되었다고 한다.

이곳 어린이집에서는 이들을 이름 대신 '홍시', '롤라'라는 별명으로 부르고 있었다. 어린이집에서는 모두 이름 대신 별명을 부른다고 한다. 부르기도 편하고 보다 친근하니 아이들이나 어른들도 좀 더 자유로운 분위기에서 스스럼없이 생활하게 되는 듯싶다. 이들과 이런저런 이야기를 나누다 보니 문득 조기교육 열풍이 거센 우리 사회에서 아이들을 마음 편히 놀 수 있도록 하는 게 가능할까 궁금해진다.

"뭐, 집에서 따로 아이에게 학습을 시켜야겠다고 생각하시는 분들도 있

을 수 있겠지요. 하지만 생활하다 보면 실제로 그렇게 할 수가 없어요. 아이들도 하루 종일 뛰노느라 지쳐 집에 가면 쉬어야 하고…. 여긴 부모 활동도 많거든요. 집에서 따로 학습을 시킨다거나 할 여력이 없지요."

"한글이나 숫자를 따로 가르치지 않아도 빠르면 네 살부터 늦어도 일곱 살이 지날 때까지는 다들 저절로 알게 되는 것 같아요. 학교 들어간 아이들도 다들 잘 적응한다고 해요. 한 학기만 지나면 일찌감치 이것저것 배우고 온 아이들과 별반 차이가 없다고 하더라고요."

사실 내 경우도 아이에게 따로 숫자나 한글 공부를 시키지 않고 초등학교에 입학시켰다. 주위에서 상당히 겁을 주긴 했지만, 막상 입학해보니 큰 무리 없이 적응할 수 있었다. 일반적으로 3개월만 지나면 일찍 배우고 온 아이들과 학습 면에서도 엇비슷해진다. 요즘 영유아 조기교육의 문제들이 현실에서 하나둘 드러나고 있는 것을 볼 때, 이제는 과도한 조기교육에서 방향을 전환할 때가 아닌가 생각된다. 이들 공동육아 어린이집의 부모들처럼 말이다.

부모들의 참여로 운영되는 공동육아 어린이집

공동육아 어린이집은 부모들의 적극적인 참여가 필요하다. 부모들의 활동이나 조합 내의 행사도 많다. 이곳 해와달 어린이집의 경우, 1년에 두 번씩 총회가 열리고, 연석회의, 엠티, 대청소, 중청소 등이 있다. 조합원 교육도 1년에 여섯 번 정도 진행된다. 동지제, 김장, 지역 주민과 함께하는 단오행사 등 다양한 행사도 열린다. 그 밖의 모임이나 비정기적인 행사들도 많다. 비누, 걸레, 모기퇴치제 등도 부모들이 함께 모여 직접 만든다고 한다. 발도르프 인형 만들기, 우쿨렐레 등 다양한 악기를 배우는 모임, 공동체 부모교육 모임 등 다양한 소모임도 진행되고 있다. 우쿨렐레 연주 모임은 어린이집에서 공연을 하다 반응이 좋아 이젠 행사 때마다 단골로 공연에 참여하고 있다. 아빠들도 축구모임 같은 걸 꾸려 함께 모인다.

또한 이곳 해와달 어린이집에서는 1년에 네 번 꼴로 부모가 직접 일일교사로 참여하고 있다. 이러한 '아마' 활동은 되도록이면 부부가 함께할 수 있도록 권장하고 있다. '아마'는 공동육아 어린이집에서 사용하는 일종의 신조어다. 아빠와 엄마를 줄여 만든 말이라고

하는데, 대게 이러한 부모 일일교사 활동을 일컫는 말이다.

"아마 활동을 한 번 하고 나면 애들 보는 눈이 달라집니다. 첨엔 자기 아이만 보일 수 있지만, 지내다 보면 다른 애들이 눈에 들어오거든요. 일반 어린이집에서는 엄마들도 어린이집 아이들 이름을 다 알 수는 없을 텐데, 이곳에선 엄마들은 물론이고 아빠들까지 아이들 이름이며 활동하는 모습을 잘 알고 있죠. 그래서 아빠와 아이들과의 대화도 잘 통하고 서로 공감하는 부분이 많아지게 되죠. 당연히 부부 사이에 대화도 더 많아지고, 공동육아하면서 공통의 관심사가 만들어지는 것 같아요."

공동육아 어린이집은 아이들은 물론, 부모들도 어린이집을 중심으로 생활하는 것 같다. 굳이 어린이집 행사가 없어도 함께 어울리다 보니 이제는 한 식구 같다고 한다. 네 집 내 집 할 것 없이 생활하다 보니 이제는 어느 집 주방 살림살이가 어디 있는지 훤히 알고 있을 정도다. 함께 어울려 이웃 간에 정을 나누는 모습을 보니 우리 아이들에게 이보다 좋은 교육은 없다는 생각이 들었다.

"공동육아하면서 가장 좋은 점은 아빠들의 육아 참여가 늘어났다는 것이죠. 아빠들의 육아관도 많이 달라졌어요. 처음엔 어쩔 수 없이 끌려오던 아빠들도 이젠 되레 더 적극적으로 어울리죠. 아무 이해관계 없이 만나는 이런 관계가 너무 좋다며…. 어린이집을 졸업하면 아빠들이 되레 더

★ 어린이집에서 엄마들이 함께 모여 김장을 하는 모습이 무척 즐거워 보인다.

마음이 허하다고 하더라고요. 독거노인이 된 기분이라고 얘기한데요."

"저희 애 아빠도 처음엔 출자금을 내는 것조차 이해하지 못했었죠. 하지만 아마 활동이나 다양한 행사에 참여하고 다른 아빠들을 만나면서 많이 달라졌어요. 요즘은 애보다 자신이 많이 성장한 것 같다고, 자식 낳고 인간이 되가는 거 같다고 하더라고요."

이러한 공동육아 어린이집은 여느 협동조합처럼 조합원의 출자로 설립 운영된다. 어린이집 공간에서부터 시설 설비까지 모두 출자금으로 마련된 것이다. 조합원 수가 한정적인 어린이집 특성상 출자금의 규모는 클 수밖에 없다. 해와달 어린이집의 경우, 출자금이 1인당 팔백만 원 정도 된다. 여기에 입학금과 매달 보육료도 조합원의 몫이다. 출자금은 탈퇴 시 돌려받을 수 있는 금액이지만, 졸업 할 때 백만 원 정도는 기부한다고 한다.

공동육아 어린이집의 부모들은 어린이집이라는 보육시설을 설립하고 운영하는 주체다. 이사회를 통해 어린이집 운영에 적극적으로 참여할 뿐만 아니라 부모 일일교사 활동이나 청소, 시설 개보수 등 다양한 지원 활동도 하고 있다.

"저희 어린이집에서는 청소도 부모가 직접 해요. 한 달에 한 번꼴로 돌아오는데, 남편과 둘이 3층 건물을 청소하다보면 공간에 대한 애착도 더 생기고, 내 집 같이 생각이 되요. 이젠 이곳 어린이집 살림이 다 내 살림 같아요."

처음엔 일반 어린이집과 큰 차이를 못 느끼며 다니던 이들도 1년쯤 생활하다보면 자연스럽게 애착이 생기고 마음가짐도 달라진다고 한다. 생활 속에서 서서히 조합의 진정한 주인으로 거듭나게 되는 자연스런 과정인 듯싶다.

면접과 교육을 통해 생각 나누기

"요즘 어린이집 사고도 많고 좋지 않은 소식이 잦으니, 좀 안전하지 않을까 하는 생각으로 오시는 분들도 많긴 하죠. 부모 시야에서 벗어나는 게 불안해서 이곳 어린이집은 일일이 간섭할 수 있겠거니 생각하고 오시는 분들도 계신데…. 협동조합 방식으로 운영한다고 해서 교육 운영까지 부모 개개인이 간섭할 수는 없습니다."

공동육아 어린이집은 여느 협동조합처럼 이사회가 중심이 되어 조합을 운영하긴 하지만, 어린이집의 교육 운영은 전적으로 교사의 전문적인 영역으로 교사회에 일임하고 있다. 조합원이 주인인 어린이집이라고 해서, 조합원이 어린이집 운영에 개인적으로 간섭할 수 없다는 얘기다.

물론 교사들이 교육을 전담한다고 해서 막무가내로 끌고 가는 방

★ 모든 아이와 부모들이 함께하는 운동회는 즐거울 수밖에 없다.

식은 아니다. 모임을 통해 조합원 학부모들의 의사를 수렴하고, 교육연석회의 등을 통해 의견을 함께 조율한다. 이곳 해와달 어린이집의 교사들은 부모들과 소통이 잘 이루어지는 편이다. 주말 행사에도 참여하고, 뒤풀이도 함께하며 부모들과 어울리는 시간도 많이 갖고 있다. 다른 어린이집이 부러워할 정도로 좋은 관계를 유지하는 데는 교사들의 참여와 교사회를 후원해주려는 부모 조합원들의 노력이 한데 모였기 때문이다.

이곳 해와달 어린이집에서는 매달 한 번씩 이사회가 열린다. 여섯 명의 학부모 대표 이사와 함께 어린이집 원장이 교사 대표로 참석하여 어린이집 운영 전반에 관해 논의하고 결정한다. 이때 어린이집 교육 내용에 대한 조합원의 의견을 조율한다. 교사회와 부모 조합원 간의 신뢰가 바탕이 되어 소통이 잘 이루어지는 것이다. 이와 같은 어린이집은 부모들이 공동육아 협동조합의 철학과 생각에 동의하고 공감하는 것이 무엇보다 중요하다. 부모들의 가치관이 잘 맞아야 삐걱거리지 않고 원활하게 꾸려나갈 수 있기 때문이다. 이를 위해 대부분의 공동육아 협동조합에서는 조합원 모집 시 설명회나 어린이집 참관 후 면접을 통해 가입할 수 있도록 하고 있다. 가입 후에도 신입 조합원 교육 등 수시로 부모 교육이 진행된다.

"면접을 보는 입장에서 조금 미안하죠. 저흰 환경이 너무 좋다 보니 대기자가 좀 많은 편이에요. 어떻게 하면 편안한 분위기를 만들까 늘 고민하지만 여건상 쉽진 않네요. 아무래도 들어오려는 분들이 많다 보니…. 그렇다고 면접을 안 할 수도 없어요. 공동육아 협동조합은 부모의 역할이 워낙 크기 때문에, 부모가 해야 할 일도 많거든요."

면접에서는 일반 어린이집과 다른 공동육아 어린이집의 가치와 철학을 충분히 공유하기 위해 노력한다. 아무래도 공동육아에 대한 가치관이나 공동체에 대한 질문을 주로 하게 된다고 한다. '서로 갈등이 생겼을 때 어떻게 푸는지', '생각이 다른 사람들과의 의견은 어떻게 조율하는지' 등의 질문들이 면접 당시에는 뜬금없이 느껴질지 모르겠지만, 어린이집 생활을 하다보면 피부에 와 닿는 내용들이다. 이렇게 대기자 접수를 받고 신입 조합원을 모집하는 모든 과정을 조합원들이 직접 하고 있다.

"다른 어린이집에서는 우리 아이가 불이익을 받았다는 생각이 들면 바로 항의하는 게 일반적이지만, 여기는 쉽게 툭 던질 수 있는 말도 한 번 더 생각해서 얘기하게 되요. 다들 서로 배려해야 한다는 의무감을 갖고 있죠. 그런 것들이 잘 지켜지니 더 오래 탄탄하게 조합이 유지될 수 있는 것 같아요."

공동육아 어린이집은 공동체라는 인식이 강하다. 아무래도 가족 같은 끈끈한 관계와 이런 관계를 탄탄하게 이어가길 원하는 마음이 크기 때문일 것이다.

"공동육아 어린이집을 하면 부모의 생각이 커지는 것 같아요. 아이들은 노느라 바쁘고요."

★ 아침 체조로 시작하는 하루 일과, 마치 엄마 품을 찾듯 꼭 붙어 앉은 아이의 모습과 선생님의 따스한 시선이 인상적이었다.

"좋은 공동체를 유지하려면 개인의 이익이나 안위보다는 서로를 배려하는 맘이 먼저여야 하지 않을까요? 좀 피곤하고 귀찮더라도 모임에 자주 나와 서로 소통하는 게 중요하겠지요. 조합원끼리 분위기도 좋아야 어린이집 분위기도 좋고 잘 굴러가게 되거든요."

일반적으로 공동육아 어린이집은 돈독함이 돋보이는 협동조합이다.

적잖이 부대끼고 소통하며 공동체 생활의 소소한 즐거움을 함께 누리는 이상적인 협동조합의 모습을 찾아볼 수 있다. 제법 알려진 마을 공동체의 면면을 살펴보면, 공동육아 어린이집에서 시작된 경우가 많다. 필요에 의해 시작한 부모들이 또 다른 필요에 의해 새로운 공동체를 꾸리고 그렇게 마을 공동체로 진화를 거듭하고 있는 것이다. 이들 공동체의 원동력은 어린이집이라는 작은 공동체에서 맛본 크고 작은 기쁨이 아니었을까? 협동조합에 대한 어떠한 이론보다 이처럼 작은 협동의 경험들이 더 값진 것이 아닐까 생각해본다.

해와달 어린이집 공동육아협동조합

부모가 직접 설립하고 운영하는 어린이집이다. 자연친화적이고, 공동체적이며, 체험 중심의 교육 활동 위주로 진행된다. 또한 친환경 먹거리 등으로 보다 안전하고 믿을 수 있는 환경을 조성하고 있다. 가까운 지역의 공동육아 어린이집은 '공동육아와 공동체교육' 홈페이지 www.gongdong.or.kr에서 찾아볼 수 있다. 또한 공동육아 어린이집 협동조합의 설립과 운영 지원에 대한 안내도 받을 수 있다.

신뢰와 참여를 통해
함께 만들어가는 건강공동체

서울의료복지 사회적협동조합구 서울의료생협

환자의 입장에서 최선을 다해 진료하는 양심적인 의사는 어느덧 드라마에서도 흔치 않은 존재가 되었다. 그래서일까? 과도한 검사와 수술, 비급여 진료건강보험이 적용되지 않는 진료로 환자 본인이 진료비를 부담해야 한다, 항생제 남용에 과잉 진료까지, 환자들은 늘 불안하다. 물어물어 용하다는 소문만 믿고 병원을 찾아갔지만, 담당 의사는 예약이 많아 바쁘다는 이유로 들어도 모를 얘기만 쉼 없이 쏟아낼 뿐이다. 이것저것 물어보고 자세한 설명을 듣고 싶지만 마냥 의사를 붙들고 있을 수만도 없다. 우리 국민들이 체감하는 의료 서비스의 현실이다.

하지만 병원 이용자가 주인인 협동조합이라면 사정은 좀 달라지지 않을까? 당연한 얘기지만 환자 우선의 의료 진료와 문턱 낮은 병원을 실천해온 서울의료복지 사회적협동조합을 찾아가보았다.

과잉 진료 없는 병원, 환자가 우선인 병원

"친절하고 설명도 자세히 해주시고, 무엇보다 환자의 입장에서 이해하고 배려하는 게 좋아요. 성북구에 사는데, 친구 소개로 다니고 있습니다."

서울의료생협 우리네 한의원에서 만난 김정순 씨는 1년 넘게 서울
의료생협을 이용하며 무척 만족스러웠다고 말한다. 이날 병원에서
만난 조합원들은 환자의 입장을 배려하는 병원을 만나는 게 결코
쉽지 않다는 얘기며, 의료생협 의사들의 세심한 인간적인 모습에
대해 아낌없이 칭찬했다.

서울의료생협은 동작구, 영등포구, 구로구, 관악구가 만나는 대림
사거리 근방에 위치해 있다. 조합원으로 가입하면 우리네 한의원과
우리네 치과, 두 곳의 병원에서 진료를 받을 수 있다. 주로 인근 지
역구 주민들이 많지만, 조합원의 절반 이상은 서울 전지역, 경기도
고양시 등 타 지역 주민들이다. 멀리 지방에서도 먼 거리를 마다 않
고 오는 이들도 있다고 한다. 서울의 서남권 중심에 있어 교통이 편
리한 탓도 있지만, 서울지역 의료생협 중 맏형격인 생협이다 보니
멀리서 찾아 가입한 이들도 꽤 된다.

"협동조합 관련 기사를 보고, 의료생협을 찾아 가입했어요. 이곳 서울의
료생협은 치과 진료도 한다고 해서 다니고 있죠. 협동조합이라고 하니
믿을 수 있을 것 같아 가입했는데, 이렇게 신뢰할 수 있는 의료생협이 많
아졌으면 좋겠네요."

고척동에서 왔다는 임지은 씨의 이야기처럼 협동조합에 대한 믿음

우 리 네 치 과 는
지 역 주 민 이 출 자 · 이 용 · 운 영 합 니 다.

환 자 권 리 장 전

의료생협의 환자의 권리장전은 조합원 자신의 생명을 보호 발전시키고 소중히 하기 위하여, 자신을 위해 정해놓은 규칙입니다. 동시에 조합원 · 지역주민 모두의 생명을 소중히 하며, 서로 보살펴 주며, 의료에 있어서의 민주주의와 주민 참가를 보장하는 의료에 대한 인권 선언입니다.

알권리
병명, 병의 상태, 병의 예후, 치료계획, 치료 내용과 수술 선택의 자유, 약의 작용과 부작용, 비용 등에 대해 납득할 때까지 설명을 받을권리

자기 결정권
납득될 때까지 설명을 들은 뒤 의료인이 제안하는 검사 및 치료방법 등을 스스로 결정 할 권리

사생활에 관한 권리
개인의 비밀이 지켜질 권리 및 사적인 일에 간섭 받지 않을 권리

교육 받을 권리
병과 그 요양방법 및 보건 · 예방 등에 대해 교육 받을 권리

의료에 대한 권리
언제든지 필요 충분한 의료서비스를 알맞은 방법으로 받을 권리, 의료보장의 개선을 국가에 요구할 권리

참가와 활동의 권리
환자 스스로가 의료종사자와 함께 힘을 합쳐 이들 권리를 지키고 발전시켜 나갈 권리

서 울 의 료 생 활 협 동 조 합

때문에 일부러 찾아 가입한 조합원들도 제법 된다.

그렇다면 의료생협에 대한 조합원들의 신뢰는 어디서 비롯된 것일까? 서울의료생협의 각 병원에 들어서면 '환자 권리 장전'이 먼저 눈에 띈다. 의료생협에서는 '환자 권리 장전'을 통해 병에 대해 충분히 설명을 듣는 것은 물론이고, 치료 방식에 대한 다양한 설명과 함께 상황에 맞는 치료를 환자 스스로 선택할 수 있는 권리를 누릴 수 있도록 보장하고 있다.

의료생협은 기본적으로 이윤 추구가 목적이 아닌 지역 주민의 건강 증진을 위해 노력하는 비영리 법인이다. 따라서 과잉 진료가 아닌 양심적인 소신 진료가 원칙이다. 서울의료생협의 우리네 한의원은 값비싼 한약을 권하지 않는 것으로도 유명하다. 경영에 도움이 되는 탓에 대부분의 한의원에서 권하는 보약도 불필요하게 권하지 않는다. 설사 환자가 원한다 해도 생활개선 등 근본 해결책을 찾아 실천하도록 알려준다. 의료생협의 궁극적인 목적은 주민 스스로 자신의 건강을 지킬 수 있도록 하는 것이다. 이를 위해 의료생협에서는 지역 모임 등에서 혈압과 혈당 체크 방법을 알려주고, 다양한 건강 정보를 공유하며, 건강 실천 활동을 함께하는 등 사전 예방활동에 주력하고 있다.
또한 지역 주민들의 소득 수준을 떠나 누구나 건강을 유지할 수 있

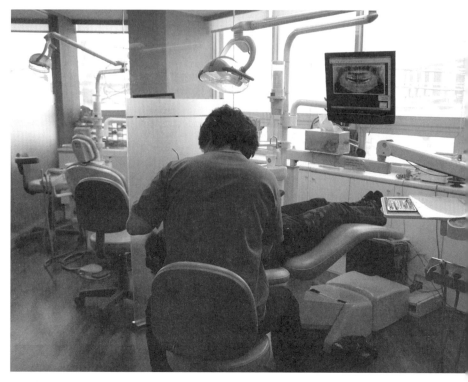

★ 우리네 치과에서는 넓고 쾌적한 환경에서 편안하게 치과 치료를 받을 수 있다.

도록 다양한 보건 활동과 건강 증진교육, 경제적 취약계층을 위한 복지 교육을 시행하고 있다. 무료 거리 건강체크, 장애인 사랑 나눔의 집이나 영등포구 노인복지센터를 후원하고, 노인요양센터 무료 방문치료 등 다양한 사회 기여 활동을 하고 있다. 서울의료생협은 의료기관 중 취약계층의 진료 비율이 평균 20~30퍼센트 이상으로 여타 병원에 비해 상당히 높은 편이다. 그리고 의료생협에 소속

된 재가 장기요양기관에서는 방문 요양, 방문 목욕, 방문 간호 사업
도 진행하고 있다. 이러한 활동의 결과, 지난 2008년 서울의료생협
의 병원 두 곳과 재가 장기요양기관은 일자리 창출과 사회적 활동
을 인정받아 노동부로부터 사회적 기업으로 지정되었다. 서울의료
생협은 지난 3월 총회를 통해 '서울의료복지 사회적협동조합'으로
전환하였다.

환자가 주인인 병원, 의료생협

지난해 소비자시민모임의 조사 결과에 따르면 국민 네 명 중 세 명
은 병원이나 의원의 의료비가 부적절하다고 생각하는 것으로 나타
났다. 또한 부당한 의료비가 지불되었음을 눈치채도 그냥 넘어가는
경우가 많았다. 아무래도 전문적인 영역이다 보니 의사의 말이라면
무조건 믿고 따를 수밖에 없는 현실을 반영한 결과일 것이다.
이렇듯 상업화된 의료 서비스 문제는 어제 오늘의 얘기가 아니다.
서울의료생협은 이와 같은 불합리한 문제를 풀기 위해 2002년 설
립된 협동조합이다. 지금껏 의료진 고유의 영역으로 인식되어, 제
목소리조차 낼 수 없었던 일반인들이 모여 만든 조합이다.

이렇듯 의료생협은 지금껏 그 운영에 있어 철저히 배제되어 왔던
이용자들이 운영의 주체로 참여하는 협동조합이다. 여느 협동조합

★ 금천 지역(위)과 영등포 지역의 모임에 모인 조합원들이 환하게 웃고 있다.

과 마찬가지로 조합원이 자발적으로 참여할 수 있는 지역모임, 소모임, 위원회 등 다양한 조합원 모임이 진행되며, 이를 통해 조합원의 의견을 수렴하여 민주적으로 운영되고 있다. 서울의료생협에서는 현재 고양, 관악, 구로, 금천, 대림, 동작, 부천, 서대문, 은평, 신길, 신대방, 양천, 영등포, 하안동, 한신대 직장 등의 여러 지역모임과 요가, 영화, 태극권, 댄스, 걷기, 배드민턴, 예쁜 글씨, 기타 배우기, 천연 화장품이나 비누 등을 만드는 만들기 모임, 산행 모임 등 다양한 소모임이 진행되고 있다. 또한 이용위원회, 교육위원회, 보건위원회, 조직위원회, 홍보위원회, 경영위원회를 통해 조합원들이 적극적으로 조합 운영에 참여할 수 있도록 하고 있다.

서울의료생협에서는 매월 정기 이사회나 연 1회 개최하는 대의원총회를 통해 조합 운영을 평가하고, 사업 시행을 결정하며, 관련 내용은 조합원들에게 홈페이지나 소식지 등을 통해 알리고 있다.

"사업계획도 결정한 뒤 통보하는 것이 아니라 미리 설명회에서 의견을 받고 적절한 요구는 반영하여 계획을 세웁니다. 특별한 경우가 아니면 거의 매년 설명회를 거쳐 총회를 개최했습니다. 또한 저희 조합에서는 항시적으로 조합원과 일대일 만남의 기회를 가지려고 노력합니다. 편의성 때문에 만남이 줄어들면, 조합의 활동도 줄어들지 않을까요?"

★ 사회적협동조합으로의 전환을 위한 설명회에 모인 서울의료생협 조합원들.

서울의료생협의 상임이사인 신민욱 씨의 설명을 듣자니, 조합원의
민주적인 참여를 위해 깊이 고민하는 모습이 엿보였다. 그래서일
까? 이곳 의료생협에서는 조합의 크고 작은 문제들도 조합원들이
서로 이해하고 인정하며 조절한다고 한다.

"일반 병원처럼 보상을 바라는 클레임은 없어요. 다른 병원과는 다르다
고 생각들을 하시니, 조합원 입장에서 책임지고 풀어가려는 자세를 갖고
계십니다. 단순히 의료 서비스를 받는 환자가 아닌 이용의 주체가 되어

야 진정한 협동조합의 주인이라 할 수 있겠죠. 협동조합에서 매우 중요한 부분이라고 생각합니다."

의료생협도 조합원 가입과 탈퇴가 자유로운 협동조합이며, 모든 조합원은 출자금을 납부해야 한다. 그러나 사회적협동조합은 일반 협동조합에 비해 설립 규정이 까다롭다. 서울의료생협도 그 규정에 따라 1인당 1구좌 5만 원 이상의 출자금을 납부해야 조합원이 될 수 있다.

조합원의 참여와 이용으로 성장하는 협동조합

현재 서울의료생협의 조합원 세대수는 약 2,700세대다. 지금은 어느 정도 안정적인 기반을 갖춘 듯 보이는 서울의료생협도 한때 어려운 고비가 있었다.

"10년 동안 경영이 어려웠을 때도 있었죠. 하지만 정부 등의 보조를 받으려고 하지는 않았어요. 저희 자체적으로 경영도 개선하고, 조합원들의 꾸준한 신뢰를 바탕으로 이용과 출자가 끊이지 않았기에 극복할 수 있었던 것이죠."

지난해 12월 협동조합기본법이 시행된 이후, 많은 협동조합이 생겨났고 설립을 준비 중인 곳도 많다. 이들 가운데는 정부나 자치단체 등의 지원을 바라는 경우가 생각보다 많다. 하지만 이러한 지원은 협동조합에 있어 독이 될 수도 있다.

"협동조합도 망합니다. 협동조합의 존폐 여부는 실제 조합원의 이용과 참여 여부에 달려 있습니다. 조합원 활동에 근거하지 않을 경우 위기의 순간을 넘길 수 없을 것입니다."

비록 협동조합이 일반적인 기업에 비해 생존율이 2배 이상 높은 것으로 알려져 있지만, 협동조합도 폐업하는 경우가 많다. 결코 불패

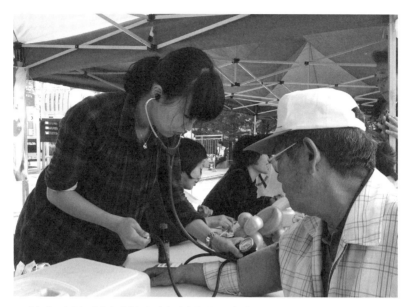

★ 서울의료생협은 지역의 취약층을 위한 다양한 의료봉사 활동을 실시하고 있다. 사진은 무료 거리 건강체크 활동 모습.

의 신화를 가진 해결사는 아니란 얘기다. 협동조합기본법이 시행된 후 사회적 관심이 커지면서 지난 10여 년 동안 묵묵히 협동조합을 일구던 이들은 내심 걱정과 우려가 앞선다고 한다.

"협동조합은 단기간 안에 콩나물 키우듯이 되는 게 아닙니다. 시간과 노력이 많이 들어가야 가능한 것이죠. 기간 안에 성과가 나오길 바라는 행정편의적인 발상도 있는 것 같아요."

서울의료생협의 신민욱 상임이사의 말처럼 협동조합에 대한 인식은 넓어졌을지 모르나 내용을 적절히 담아내려는 노력은 아직 부족한 것이 아닐까 생각해본다. 새롭게 협동조합을 시작하고자 한다면, 조합원의 신뢰를 바탕으로 협동조합의 원칙을 지키며 뿌리를 탄탄하게 내릴 수 있도록 하는데 보다 많은 노력을 기울여야 할 것이다. 협동조합의 성공 신화란 만만한 것이 아님을 잊지 말자.

서울의료복지 사회적협동조합

서울의료복지 사회적협동조합은 보건의료와 관련된 문제를 지역 주민과 의료인이 함께 해결하고자 만든 협동조합이다. 조합원들이 출자하여 의료기관을 설립하고 운영하며 건강증진활동, 건강소모임 등을 통해 건강을 지키는 의료공동체를 지향한다. 우리네 한의원, 우리네 치과, 우리네 노인복지센터를 운영 중에 있으며, 건강한 지역사회를 만들기 위한 예방활동 중심의 건강실천단 활동도 활발히 진행하고 있다.

설립연도 2002년 6월 29일
조합원 수 2,719세대
가입 및 이용 방법 가입원서를 작성하여 5만 원 이상의 출자금과 천 원의 가입비를 제출하면 평생 조합원이 될 수 있다. 조합원뿐만 아니라 비조합원도 한의원, 치과, 노인복지센터를 이용할 수 있다. 단, 조합원이 되면 예약진료와 비보험 비용에 대해 10퍼센트의 할인 혜택을 받을 수 있다.
홈페이지 www.medcoop.org에서 보다 자세한 정보를 얻을 수 있다.
문의 조합사무국 02-848-2150

의료생협의 건강은
과연 누가 지킬까

한국의료복지 사회적협동조합연합회구 한국의료생협연합회

무늬만 의료생협, 사무장 병원 등으로 불리는 유사 의료생협의 문제가 심각하다. 흔히 유사 의료생협과 달리 협동조합 원칙을 제대로 지키고 있는 건강한 의료생협을 구별하는 가장 쉬운 방법은 '한국의료복지 사회적협동조합연합회구 한국의료생협연합회'의 가입 여부라고 한다. 한국의료복지 사회적협동조합연합회에 가입된 스무 곳의 의료생활협동조합이하 의료생협은 협동조합의 원칙을 바탕으로 지역 안에서 주민들을 위한 다양한 건강 예방·증진 활동을 하며, 건강한 마을 만들기에 기여하고 있다. 그렇다면 의료생협연합회는 왜 만드는 것이고, 어떤 역할을 하는 것일까? 그리고 유사 의료생협과 다른 건강한 의료생협은 어떻게 구별할 수 있을까? 그에 대한 해답을 찾기 위해 한국의료복지 사회적협동조합연합회를 찾아갔다.

교육과 협력을 통해 전문성을 키우다

붉은 벽돌 건물을 배경으로 하얗게 날리는 4월의 마지막 벚꽃이 발걸음까지 설레게 한다. 불광역 인근에 위치한 옛 질병관리본부 터는 또 다른 봄을 맞고 있다. 사회적 경제를 모색하는 다양한 사람들이 어울리는 공간으로 자리매김하고 있는 것. 햇살마저 눈부신 토요일이지만, 새롭게 리모델링한 건물 곳곳에서는 다양한 모임들이 진행되고 있었다. 이곳 교육장과 회의실을 찾은 이들 중에는 한국의료복지 사회적협동조합연합회의 회원 생협 임원들과 의사들도 눈에 띈다.

"이용은 하지 않고 회의만 참석하는 이사, 띄엄띄엄 참여하는 이사. 떠넘기기 이사, 이런 사람들은 이사가 되어선 안 되겠죠?"

한국의료복지 사회적협동조합연합회 신입임원 교육이 진행되는 교육실에선 한국농어촌사회연구소 권영근 소장의 강의가 한창 진행 중이었다. 한바탕 웃고 넘기긴 했지만, 내심 허를 찌르는 말들이 이어진다.

"조합원으로부터 의결권과 선거권을 위임 받은 대의원은 총회에 반드시 참여해야 합니다. 위임 받은 권리는 다른 사람에게 다시 위임할 수 없는 것입니다. 이사들 또한 조합원을 대표하여 회의에 참여하는 것입니다. 적극적으로 조합원의 의사를 대변하려 노력해야 할 것입니다."

협동조합은 설립 취지에 동의한 이들이 자발적으로 가입해 만들어가는 곳이다. 협동조합의 조합원은 스스로의 필요와 요구에 의해

★ 차분함 속에 느껴지는 협동의 즐거움, 협동조합이 있어 행복한 양방 의사들의 연수회 모습.

출자도 하고, 적극적으로 이용하며, 조합의 사업 방향을 결정하고 운영하는 데도 참여해야 한다. 출자, 이용, 참여는 조합원의 권리이자 의무인 동시에 협동조합의 성패를 좌우하는 중요한 열쇠이기도 하다. 그러므로 조합원을 대표하여 선출된 이사가 이용과 참여에 있어 보다 모범이 되어야 하는 것은 따로 언급할 필요도 없는 당연한 얘기일 것이다.

이날 교육은 회원 의료생협에서 새롭게 선출된 이사들을 위해 마련된 자리였다. 협동조합의 정의와 가치, 원칙에 대한 강의와 함께 의료생협의 역사와 활동에 대한 강의가 이어졌다. 또한 신입임원의 책임과 역할 등 임원의 자세를 가다듬는 워크숍이 진행되었다.

"신입임원 교육이라 해서 기대 많이 하고 왔습니다. 제가 임원으로서 자질이 있나 궁금하기도 하고, 다른 지역의 의료생협은 어떻게 활동하는지 들어보고 싶고, 많이 배워가려고 왔습니다."

교육에 참여한 안산 의료생협의 신입이사인 고환순 씨의 바람처럼, 여러 생협들과 자연스런 교류의 장이 되는 동시에 신입임원들에게 꼭 필요한 맞춤 교육의 장이었다. 다른 쪽 회의실에서는 한국의료복지 사회적협동조합연합회 소속의 회원 생협 양방의사들의 상반기 연수회가 진행되고 있었다. 전국에서 온 의료생협 의사들이 한자리에 모여 의료기술이나 치료 사례 등의 활동 경험을 나누며 전문성을 높이기 위해 주기적으로 진행하는 연수다.

건강한 의료생협들의 자발적 모임

한국의료복지 사회적협동조합연합회는 전국의 건강한 의료생협들이 모여 만든 협동조합연합회다. 협동조합은 공동의 이익을 도모하기 위해 연합회를 꾸리기도 한다. 이들 협동조합연합회도 협동조합 원칙을 지키며 협동조합 방식으로 운영하고 있다. 회원 협동조합들의 필요와 요구에 의해 자발적으로 모여 만든 조직으로, 회원 조합의 활성화와 발전을 위해 다양한 교육사업 및 홍보, 신규 조합 지원 등의 활동을 하고 있다.

한국의료복지 사회적협동조합연합회도 건강한 의료생협들을 지원하고 확산하기 위해 다양한 활동을 진행하고 있다. 앞서 살펴본 바와 같이 회원 생협 임원이나 직원을 대상으로 한 교육, 의사 연수 등도 함께 진행하고 있으며, 회원 생협에서 필요로 하는 다양한 조합원 교육도 지원하고 있다. 뿐만 아니라 의료생협 전반에 대한 연구조사를 통해 회원 생협이 필요로 하는 의료생협 정책이나 비전을 제시하고 있다. 의료생협을 안정적으로 운영하기 위해 의료인 양성 및 사업 모델 개발 등의 활동도 하고 있으며, 건강한 의료생협을 준비하는 조합을 위해 신규 의료생협의 설립을 지원하고 있다. 아울러 다양한 홍보와 연대 활동을 통해 의료생협에 대한 사회적 인식을 확산시키는 데도 기여하고 있다.

"의료생협은 조합원의 필요와 요구에 의해 병원이나 요양병원 등을 운영할 수 있습니다. 하지만 의료생협이 가지고 있는 주요 기능의 첫 번째는 보건예방 활동을 중심으로 한 조합원들의 건강증진에 있습니다. 또한 지역사회 내에서 의료와 보건, 복지를 네트워크화하여 건강한 마을을 만드는 것을 목적으로 하고 있습니다."

한국의료복지 사회적협동조합연합회 최봉섭 이사의 설명이다.

"실제로 동네에 들어가 보면 고령화가 피부로 느껴집니다. 부부가 함께 살고 있는 경우도 있지만, 혼자 사시는 어르신도 꽤 많습니다. 그런 분들은 대부분 밥도 제대로 챙겨 드시지 못할 것이고, 집도 엉망이고 지저분하죠. 그러니 영양 상태는 물론이고, 건강 상태도 좋지 않겠죠. 그러한 분들께는 의료, 복지, 보건을 아우르는 종합적인 관리가 필요합니다. 의료생협은 전문적인 의료와 지역에 기여할 수 있는 활동가들이 결합해 있어, 이렇게 고령화되고 있는 지역사회의 변화에 맞춰 적합하게 활동할 수 있는 곳이죠. 건강과 관련된 방문 관리도 하고, 집도 청소하고 말벗도 되어드리는 그런 활동을 함께할 수 있습니다."

실제 대부분의 의료생협들은 재가 장기요양기관이라든지, 가정간호, 검진센터 등을 운영하고 있다. 안산의료생협은 요양원도 운영하고 있다고 한다. 문득 신입이사 교육에서 만난 어느 지역생협 이사의 얘기가 떠올랐다. 그는 '나를 설레게 하는 꿈'이란 주제로 얘기를 나누던 가운데 쑥스러운 듯 자신의 꿈은 우리 조합에 요양원이나 요양병원을 개설하는 것이라고 말했다. 지역과 함께하는 마음이 조합의 꿈이 되고, 조합원의 꿈이 되는, 이것이 바로 협동조합의 힘이자 희망이 아닐까 싶다.

공익을 위한 의료생협의 고민

하지만 의료생협의 길은 그리 녹록지만은 않다. 실제 적지 않은 지역 의료생협이 경영 적자의 문제를 풀기 위해 고심하고 있다.

"우리나라의 수가체계는 정책적으로 보험 급여와 관련된 것은 병원에서 받는 금액을 낮춘 것이죠. 병원 입장에서는 환자를 많이 보거나 검사와 같이 보험 적용이 되지 않는 것을 따로 해야 수익을 많이 낼 수 있는 구조입니다. 하지만 의료생협은 정직한 진료를 원칙으로, 불필요한 진료를 하지 않고 있습니다. 또한 환자 1인당 충분한 진료 시간을 지키고 있어 환자 수를 많이 볼 수도 없죠. 당연히 일반 병원에 비해 진료 수입이 낮을 수밖에 없습니다. 반면 조합원 활동이나 지역사회에 기여하는 여러 활동들을 함께 하기 때문에 상대적으로 지출이 많은 편입니다. 의료생협은 태생적으로 수익을 많이 볼 수 있는 구조가 아닙니다."

현재 우리의 의료 시스템은 치료 중심으로 되어 있다. 의료 수가체계 또한 치료 행위 자체에만 돈을 받을 수 있도록 되어 있다 보니 예방보건 활동은 아무래도 뒷전일 수밖에 없다. 하지만 고령화 사회로 빠르게 진입하고 있는 우리 사회에서 더욱 필요로 하는 것은 예방보건 활동이나 건강증진 교육이다. 이렇게 사전에 건강을 관리하는 것이 비용 면에서도 보다 효율적이라 할 수 있다. 병원에 가는 비용을 줄여 국민도 편하고 보험관리공단에서도 비용을 줄일 수 있기 때문이다. 왕진이라든지 교육 및 예방보건 활동 등을 수가화한다거나, 공익적 사업으로 인정하여 지원하는 방법도 필요하지 않을까 싶다. 또한 함께할 의사를 찾는 일이 쉽지 않다는 것도 의료생협들이 처한 고민 중에 하나다. 현재 한국의료복지 사회적협동조합연합회 소속 의료생협 중 마포, 시흥, 안양 등의 생협에서는 함께할 의사를 찾는다고 한다.

어찌 보면 사람의 목숨을 좌우하는 의료사업이야말로 개인의 이익에 앞서 공익을 우선해야 한다고 할 수 있다. 하지만 경제적 논리가 우선시되는 사회에서 돈과 명예를 떠나 보람을 찾는 의사를 만난다는 건 쉽지 않은 일이 되었다. 환자의 아픔을 나누고 걱정하는 의사,

약물과 수술 등의 치료 이외에도 건강한 식단과 운동 등의 생활 개선을 통해 근본적으로 병을 치료할 수 있도록 도와주는 의사, 환자가 자신의 몸 상태를 정확히 이해할 수 있도록 세심하게 알려주는 의사, 건강한 삶을 위한 지혜를 미리 알려주고 실천하도록 권하는 의사, 환자를 두고 이익을 계산하는 것이 아니라 보람 하나로 의료생협과 함께할 의사가 아직도 부족한 실정이다.

의료복지 사회적협동조합으로의 새로운 도약

현재 한국의료복지 사회적협동조합연합회에는 전국적으로 20여 곳의 의료생협이 소속되어 있다. 서울에서 우리네 한의원, 우리네 치과, 재가 장기요양기관을 운영하는 서울의료복지 사회적협동조합, 은평구에서 살림의원을 운영하고 있는 살림의료생협, 노원구에서 함께걸음 한의원과 요양센터를 운영하는 함께걸음 의료생협 등이 있으며, 현재 병원 개설을 준비 중인 마포의료생협 등도 있다. 하지만 전국적으로 등록된 의료생협은 300여 곳이 넘는다. 대부분 영리를 목적으로 만든 유사 의료생협들이다. 의료법상으론 의사나 의료법인, 국가, 지방자치단체만이 의료기관을 설립할 수 있으나, 의료생협을 통하면 비의료인도 병원을 개설할 수 있다는 것을 악용해 의료생협을 설립하는 것이다. 이들은 설립 허가를 받을 수 있도록 서류상의 조건만 맞추거나 허위로 조작하는 등 온갖 편법을 동원해

의료생협으로 등록하고 있다. 실제 주민이 만들고 참여하는 협동조합이라기보다는 설립자가 사무장직을 맡아 이윤을 추구하는 이른바 '사무장 병원'이 많다. 이렇게 무늬만 의료생협인 곳들은 과잉이나 불법 진료, 진료비 과다 청구 등으로 사회문제가 되고 있어 보건당국에서 골머리를 앓고 있다. 하지만 정작 더 큰 문제는 건강한 의료생협들이 고스란히 그 피해를 떠안고 있다는 것이다.

"그간 지역 주민과 신뢰를 쌓고 만든 조합들이 이러한 유사 의료생협 때문에 싸잡아 욕을 먹는 게 가장 큰 문제입니다. 의료생협이 왜곡되어 알려질 우려도 크고, 의료생협에 대한 신뢰도 무너지고 있습니다."

특히 의사들이 의료생협을 더욱 꺼리게 되었다는 것이 가장 큰 피해 중에 하나라 할 수 있겠다. 현재 한국의료생협연합회 소속의 회원 생협들은 '의료복지 사회적협동조합'으로 전환하는 데 박차를 가하고 있다. '의료복지 사회적협동조합'을 브랜드화해서 유사 의료생협과 차별화하고, 보다 건강한 의료생협의 길을 가고자 함이다. 서울 의료생협을 비롯해 그간 사회적 기여를 인정받은 의료생협들은 조합원 총회를 거쳐 의료복지 사회적협동조합으로 거듭나고 있다.

'우리 마을, 우리 병원, 우리 주치의'는 어찌 보면 의료복지 사회적 협동조합을 지향하는 조합원들의 요구이자, 우리네 소시민들의 바람일지 모른다. 지역 주민들의 크고 작은 병력까지 꿰고 있는 우리 동네 의사를 상상하는 일은 영화 같은 일일까. 동네 의사와의 기분 좋은 만남을 통해 나와 내 가족의 건강을 지키고, 건강한 마을을 만드는 일, 의료복지 사회적협동조합이라면 함께 꿈꿀 수 있지 않을까 생각한다.

척하면 알 수 있는, 유사 의료생협 구별법

건전한 의료생협과는 달라도 너무 다른 유사 의료생협, 조금만 관심을 기울이면 쉽게 구별할 수 있다. 유사 의료생협을 구별하는 확실한 방법을 알아보자.

간판 등에 의료생협 표시가 눈에 잘 띄도록 되어 있나?

유사 의료생협들은 이윤이 목적이므로, 의료생협이란 명칭을 사용하지 않고 일반 병원인 것처럼 보이도록 하고 있다. 그러므로 간판이나 서류 등에서 의료생협 명칭을 쉽게 찾아볼 수 없다면, 일단 유사 의료생협임을 의심해보자.

조합원 가입 안내를 제대로 하고 있나?

영리를 목적으로 하는 의료생협들은 조합원이 늘어나는 것을 바라지 않는다. 더군다나 운영에 참여하는 것은 당연히 꺼릴 수밖에 없다. 조합에 대한 안내도 하지 않고, 가입 권유도 하지 않는다면 일단 의심해보아야 한다. 어떻게 가입하는지 알 수 없으며, 제대로 된 안내조차 받을 수 없다면 유사 의료생협일 확률이 높다.

반면에 건강한 의료생협들은 조합원의 출자, 이용, 참여로 꾸려나가는 협동조합의 원칙을 확실히 지키고 있다. 조합 안내와 출자, 참여 등에 대해 자세히 설명한다. 또한 조합을 알리는 게시물이나, 모임 안내, 조합 소식지와 같은 홍보물 등을 쉽게 찾아볼 수 있다.

조합원 명부나 회계 장부 등을 비치해두고 조합원들이 원할 경우 열람할 수 있도록 하고 있나?

협동조합의 경우, 조합원 명부, 회계장부 등 조합 운영 자료를 조합원들이 늘 볼수 있도록 비치해두는 것이 원칙이다. 하지만 유사 의료생협은 이러한 운영 자료를 쉽게 공개하지 않는다.

각종 모임이 활성화되어 있나?

유사 의료생협은 경영에 도움이 되지 않는 소모임이나 지역 모임을 활성화하는 일에는 관심이 없다. 어떤 모임이 있는지, 모임에 참여하고 싶어도 어떻게 참여해야 하는지 알 수 없다면, 일단 유사 의료생협이 아닐까 의심해봐야 한다.

건강 강좌나 건강 체크 등 지역 예방보건 활동을 하고 있나?

협동조합의 사회적 기여는 마땅히 지켜야 할 운영원칙이다. 하지만 유사 의료생협은 취약계층을 위한 보건활동 등 사회적 기여 활동을 하지 않는다.

이 밖에도 조합원에 대한 교육이 없고, 총회 진행 여부 등도 알려주지 않는다면 유사 의료생협일 확률이 높다. 또한 유사 의료생협은 출자 구조가 몇 사람에게 편중되어 있으며, 탈퇴 시 조합비를 돌려주는 등의 조합원 권리를 준수하지 않는 경우가 많다. 그래도 구별이 모호하다면 '한국의료복지 사회적협동조합연합회www.medcoop.or.kr'에 문의하는 것도 좋은 방법이 될 것이다.

이러한 유사 의료생협의 문제는 비단 의료생협의 문제만은 아닐 것이다. 협동조합기본법 시행 이후 봇물 터지듯 만들어지는 협동조합 가운데 몇몇 곳은 무늬만 협동조합이라는 지적도 조심스럽게 제기되고 있는 실정이다. 유사 의료생협들의 경우에도 실제 경영상의 문제로 문을 닫는 곳이 많아 자연스럽게 도태되고 있다. 협동조합의 원칙과 기본을 지키지 않고 시장경제의 논리에 따라 운영한다면 폐업은 예고된 일일 수밖에 없다. 무늬만 협동조합이 되지 않도록 조합원의 적극적인 참여가 더욱 절실하다.

협동조합은 세계적인 금융위기 속에서도 성공한 기업 사례로 회자

되고 있다. 고용 불안이 없는 안정적인 기업으로, 오늘날 빈곤과 사회 격차를 해소할 수 있는 대안으로 떠오르고 있다. 옛 속담에 "벼룩 잡으려다 초가삼간 태운다."라는 말이 있다. 좋은 법을 악용해 잇속을 채우는 이들은 어디에나 있기 마련이다. 협동조합이 문제가 있다고 해서 태워 없애서는 안 될 일이다. 이를 악용하는 경우가 있다면, 원칙에 입각해 제대로 운영할 수 있도록 가다듬어가는 노력이 필요하다.

한국의료복지 사회적협동조합연합회 소속 회원 생협 현황

비교기준	안성의료복지 사회적협동조합	인천평화의료생협	안산의료복지 사회적협동조합	원주의료생협
주소	안성시 인지동	인천시 부평구 부개1동	안산시 월피동	원주시 중앙동
연락처	031-672-6121	032-524-6911	031-401-2208	033-744-7572
홈페이지	asmedcoop.or.kr	icmedcoop.or.kr	asmedcoop.org	wjmedcoop.org

비교기준	대전민들레건강 사회적협동조합	서울의료복지 사회적협동조합	전주의료생협	함께걸음의료복지 사회적협동조합
주소	대전시 대덕구 법1동	서울 영등포구 대림1동	전주시 평화동 1가	서울 노원구 상계5동
연락처	042-638-9042	02-848-2150	063-221-0525	02-937-5368
홈페이지	mindlle.org	medcoop.org	cafe.daum.net/jmed-coop	healthcoop.or.kr

비교기준	용인해바라기 의료생협	성남의료생협	수원새날의료복지 사회적협동조합	시흥희망의료복지 사회적협동조합
주소	용인시 기흥구 신갈동	성남시 수정구 신흥3동	수원시 영통구 매탄동	시흥시 대야동
연락처	031-282-0791	031-742-9753	031-213-8843	031-311-6655
홈페이지	cafe.daum.net /ymedcoop	cafe.daum.net /snhealth	cafe.daum.net /swhcf	cafe.daum.net /shmedcoop

비교기준	살림의료생협	마포의료생협	올바른의료생협	수원한겨레 두레의료생협
주소	서울 은평구 역촌동	서울 마포구 서교동	의정부시 호원2동	수원시 팔달구 매교동
연락처	02-6014-9949	070-8889-0006	031-873-8441	031-234-9517
홈페이지	salimhealthcoop. or.kr	mapomedcoop.net	healthcoop.kr	cafe.daum.net /handuraesh

비교기준	행복한마을의료복지 사회적협동조합	순천의료생협	대구시민의료생협	느티나무의료복지 사회적협동조합 발기인회
주소	안양시 동안구 호계동	순천	대구	구리시 벌말로
연락처	031-397-8540	061-725-3875	-	031-555-8004
홈페이지	cafe.daum.net /happymedcoop	cafe.daum.net /medcoopS	-	cafe.daum.net /gn-medcoop

한국의료복지 사회적협동조합

한국의료복지 사회적협동조합은 지역 주민과 조합원, 의료인이 협동하여 공익을 위한 목적으로 의료기관 운영, 건강증진 활동 등을 통해 건강한 공동체를 만들어가는 사회적협동조합이다. 의료복지 사회적협동조합의 활동이념을 제시하고 비전과 정책적 대안을 준비한다. 회원 의료복지 사회적협동조합에 대한 교육, 컨설팅 및 신규 의료사협 설립을 지원하며, 예비 의료사협 의료인을 양성하는 데 힘쓰고 있다. 매뉴얼 및 각 지역 의료사협 활동 사례들을 자료집으로 발간하여 알리는 활동을 하며, 국내의 다른 협동조합과 시민사회를 비롯하여 일본 의료부회와 교류, 협력하고 있다.

설립연도 2003년 '한국의료생협연대'라는 이름으로 설립
조합원 수 36,699세대
가입 및 이용 방법 가까운 지역의 의료복지 사회적협동조합에 전화 또는 방문을 통해 가입 신청이 가능하다. 가입 시에는 가입신청서 작성과 함께 출자금을 내면 조합원으로 등록된다. 한국의료복지 사회적협동조합연합회는 각 의료복지 사회적협동조합이 회원으로 가입할 수 있다.
문의 02-835-5412, medcoops@daum.net

서민을 위한 은행, 신용협동조합

논골신용협동조합

신용협동조합을 두고 서민금융의 파수꾼, 상부상조의 정신으로 가난한 이들의 자립을 돕는 경제공동체라 한다. 건강한 협동조합의 든든한 맏형이라는 얘기도 들린다. 하지만 오늘 우리네 신용협동조합은 제2금융권이란 용어에 발이 묶인 채 서민금융으로서의 위상조차 흔들리고 있다. 협동조합의 시대, 논골신용협동조합을 통해 신용협동조합의 어제와 오늘 그리고 내일을 생각해보았다.

철거민들의 희망의 중심에 서다

아파트 단지로 말끔하게 정돈된 동네는 이젠 언덕을 가파르게 오르내리며 이어진 길만이 그 옛날 산동네의 추억을 간직하고 있다. 이곳 금호동과 행당동 지역은 미아1동, 삼양동, 봉천동과 함께 서울의 대표적인 산동네였다. 이 지역은 1970년대부터 주민들을 위한 복지 활동이 조금씩 이루어지고 있었다. 아이들을 위한 탁아방이나

공부방이 운영되었고, 단오맞이 주민 한마당이나 어머니 학교 등의
행사도 열렸다.

"그때 가장 많이 했던 게 폐식용유를 이용한 비누 만들기였어요. 자연스
럽게 공부방이나 탁아방의 아이와 어머니들을 중심으로 모임이 구성되
었고, 그 사람들을 중심으로 어머니 학교 같은 걸 시작해서 자연스럽게
주민들이 서로 소통하는 기회를 만들었던 거죠."

그러던 중 이곳 금호동과 행당동 지역에도 1993년부터 본격적으로
재개발 바람이 불었다. 주민들이 세입자 대책위원회를 만들면서 철
거 투쟁이 시작되었다. 급박하게 돌아가는 상황에서 자신들의 문제
라고 생각한 주민들이 많이 모이게 되었고, 주민자치 활동도 활성
화되었다.

"신뢰를 쌓기 위해 다양한 프로그램들을 진행했어요. 설날이면 어르신
들 모셔놓고 세배 드리고, 추석 땐 다 같이 모여 음식도 나눠 먹고, 통별
로 송별 모임도 하고 그랬죠. 특히나 통별로 밥상공동체 모임이라고 해
서 회원들 집집마다 돌아가며 일주일에 한 번씩 모여 식사를 했는데, 반
응이 무척 좋았어요. 같이 술도 한 잔씩 하고, 단합대회 같은 것도 하면
서 자연스럽게 친해졌어요. 정말 이웃사촌이 된 거죠. 용역 깡패들한테
두드려 맞기도 하고 힘들었지만, 서로 격려하고 위로하는 과정에서 자연

★ 1996년 협동조합 설립을 준비한 주민들과 발기인 교육을 마치고.

스럽게 마을공동체가 형성된 거죠. 피를 나눈 형제보다 더 가까운 이웃이라는 게 이런 거 같아요."

논골신용협동조합의 유영우 이사장은 그 시절의 이야기를 술술 풀어놓았다. 돌아보면 힘든 시절이었지만, 이웃 간의 돈독한 정이 있어 마음만은 따뜻했다고 한다. 하지만 머리띠 두르고 민중가요를 부르며 전쟁터처럼 시끌시끌한 모습을 바라보는 주변의 시선은 그다지 좋지 않았다. "게을러서 가난한 거지, 열심히 살았으면 왜 가난하겠냐?"와 같은 얘기에 상처도 많이 받았다고 한다.

"실은 산동네에 사는 사람들은 다 가난하거든요. 집주인이건 세입자건 모두 가난해요. 그런데 재개발이 시작되면 땅 투기 때문에 집값이 막 오르거든요. 갑자기 백 원 하던 게 천 원하고 이천 원하니까 집주인들이 붕 떠가지고 재개발을 찬성하는 거죠. 하지만 재개발이 돼도 아파트에 들어가기 힘듭니다. 토지나 건물의 감정평가가 분양가에 훨씬 못 미치거든요. 나머지 차액을 내고 들어가야 하는데, 사실 그걸 낼 능력이 있는 사람들은 없어요. 대부분 소득이 일정치 않은 건설 노동자들이기 때문이죠. 결국에는 외지 사람들이 들어오게 되는 것이죠. 기존에 집주인들은 다 팔고 외곽에 허름한 연립주택 하나 사든지, 전세로 가든지 그런 것 밖에 안 되는 거죠. 원주민이 재정착하는 경우가 10퍼센트도 안 되는 이유가 그거예요. 그래서 그런 본질적인 문제를 해결하려고 고민을 시작한 거죠."

당시 이들에겐 철거 문제와 함께 그들의 미래에 대한 고민도 컸다. '어찌어찌해서 주거 문제가 잘 해결된다 하더라도 가난한 이들의 근본적인 문제는 남을 텐데, 어떻게 할 것인가?' 하는 생각이 깊어만 갔다.

"1993년에 누가 '몬드라곤에서 배우자'라는 책을 줬어요. 두꺼운데 번역도 제대로 안 돼 있어 무척 어려웠죠. 한 세 번 정도 읽고 나서 깜짝 놀랐죠. '이런 세상도 있구나' 하고. 그러면서 우리가 이런 걸 해야겠다는 생각이 들더군요. 그런데 마침 또 그걸 벤치마킹할 곳이 있었어요. 경기도 시흥의 보금자리. 그곳이 철거민들이 이주해 가서 협동공동체 운동을 한 것이니까, 그곳을 모델로 생각했죠. 그래서 낮에는 철거 투쟁, 밤에는 주민들과 공부하며 준비를 했던 거예요."

'스스로 우리 삶을 바꾸자, 삶의 질을 높이자, 외부의 그 어떤 누구도 도와주지 않을 테니 우리끼리 서로 돕는 상부상조의 정신으로 우리의 근본적인 문제를 해결해보자.' 하는 마음으로 협동조합에 대해 공부하기 시작했다고 한다. 그렇게 몇 해를 준비한 끝에 1995년에 '금호, 행당, 하왕 지역 주민협동공동체 실현을 위한 기획단'을 꾸렸다. 경제협동공동체, 생산자협동공동체, 소비자생활협동공동체, 사회복지공동체까지 네 개의 분과를 두고 본격적인 협동조합 준비에 들어갔다. 이때 꾸려진 경제협동공동체 분과에서 나온 것이 바로 논골신용협동조합이다.

당시 담보로 내세울 부동산이나 재산이 없는 가난한 사람들에게 은행은 그야말로 그림의 떡과 같은 곳이었다. 비록 모두 가난한 시절이었지만 그나마 애도 봐주고 음식도 나눠 먹던 이웃사촌 공동체라는 의식이 남아 있을 때라 적은 금액 정도는 이웃에서 빌릴 수 있었다. 하지만 급하게 목돈이 필요할 땐 사채를 쓰는 것 말고는 별다른 수가 없었다.

★ 1997년 논골신용협동조합의 창립총회 모습.

"고리대금 쓰고 소득이 적으니 목돈 필요할 때마다 곤란한 거예요. 그래서 그런 고리를 끊어야겠다고 생각했죠. 그럼 차라리 '우리가 스스로 돈을 모아서 필요할 때 서로 꿔주자'라고 생각한 것이, 마침 신협이라는 것이 있으니까 설립해보자 했던 거죠."

다행히 철거 투쟁도 1995년 10월에 성공적으로 마무리되어 임대 아파트에 들어가기 전까지 임시 거주시설에서 살 수 있게 되었다. 거주시설 안에는 주민회관, 공부방, 독서실, 탁아방, 어린이 놀이터, 공동작업장이 만들어져 어려움 없이 협동 공동체를 꾸릴 수 있었다고 한다. 하지만 신협을 설립하기 위해서는 최소 3억 원의 출자금을 모아야 했다. 각 마을마다 출자위원을 뽑아 주민들 스스로 천원, 이천 원씩 모으기 시작했다. 출자위원들은 비가 오나 눈이 오나 매일 출자금을 걷으러 다녔고, 주민들도 매일같이 꼬박꼬박 참여했다. 혹여 하루라도 거르게 되면 길을 가다가도 출자위원을 찾아 밀린 출자금을 빠짐없이 챙겼다. 아이들도 백 원 이백 원씩 거들었다. 그렇게 철거민들은 새로운 희망의 씨앗을 뿌리듯 각자 수기 통장에 출자금을 차곡차곡 적어나갔다. 그렇게 3년 동안 모아 조합원 300명, 3억 원의 출자금으로 신용협동조합법의 인가 조건을 갖추고, 마침내 1997년 11월 28일에 정식 인가를 받아 신협으로 출발하게 되었다.

"그 녀석들은 지금 다 컸죠. 20대 중반에서 30대 초반이 됐으니…. 그때 바구니 속에 사탕 들고 다니면서 출자하는 애들에게 사탕을 줬는데. 그때 전통이 아직도 우리 신협에 남아 있어요. 여전히 사탕바구니를 놓아두고 있습니다."

덕분에 요즘도 간간히 동네 꼬맹이들이 스스럼없이 들어와 사탕 한 움큼씩 집어 들고 간다고 한다.

지역과 함께 성장하는 신협

"이건 우리 것만이 아니라 지역사회 주민들의 것이고, 주민들과 함께 해야 하는 것이란 생각을 늘 갖고 있었어요. '가진 사람들이 가난한 사람들에게 함께하자 하지 않더라도, 우리는 지역사회와 함께 지역사회의 다양한 사람들에게 손을 내밀자.' 하는 그런 목표가 있었죠."

그렇게 해서 지역 내에 열다섯 평짜리 사무실을 얻어 본격적인 신협 활동을 시작했다. 우리 문제는 우리 스스로 해결하자는 목표를 갖고 시작한 협동공동체는 지역사회 안에서 당당한 일원으로 함께하기 위한 발돋움을 시작한 것이었다. 하지만 이곳 논골신용협동조합의 길은 순탄치만은 않았다. 인가를 받자마자 곧바로 아이엠에프 IMF가 터진 것이다.

"은행도 구조조정하고, 전반적인 금융 구조를 조정해야 했죠. 그땐 금융 부실이었으니까…. 신협도 마찬가지였죠. 그동안 방만하게 운영되었던 신협들이 청산되거나 통폐합되면서 당시에 대략 1,500곳이 500곳으로 줄었죠. 경기도 안 좋은데다가 인가를 받자마자 신문이나 방송에서는 연일 그런 얘기만 들리니 힘들었죠. 게다가 저희를 더욱 어렵게 했던 건 저희를 보는 곱지 않은 시선이었어요. '열심히 철거 투쟁을 하던 빨갱이 같은 놈들이 은행 같은 비스름한 걸 만들어서 사무실을 냈다는데, 조합원으로 가입해야 은행 거래를 할 수 있다니 저걸 믿을 수 있나' 이런 거죠.

★ 2011년 조합원들과 함께한 농촌체험행사.

그렇게 왜곡된 시선으로 보게 되니 믿을 수 없는 거예요. 이상한 루머들이 생겨나기도 했고, 그야말로 이중고를 겪은 것이죠."

절체절명의 위기였지만 지역사회와 소통하는 것 말고는 방법이 없다는 생각에서 지역 주민들에게 더욱 열심히 다가가는 활동을 했다고 한다. 조합원 행사도 하고, 어르신들을 위한 나들이도 하고, 단오 한마당 같은 화합의 자리도 만들고, 그렇게 지역과 함께하며 신뢰를 쌓아갔다.

"지금 생각해보면 그게 약일 수도 있었겠다 싶어요. 상황이 어려우니 성장 위주의 경영이 아니라 조합원들의 참여를 이끌어내는 그야말로 내실을 다지는 활동들을 할 수 있었으니까요."

특히나 경영 전반을 투명하게 공개하다 보니 매년 조합원 총회에 참여하신 분들을 중심으로 신뢰가 쌓이고 주변으로 확산되어 이젠 제법 믿을 만하다는 인식이 생겼다고 한다. 지난 2007년에는 지금의 3층 건물을 구입해 이사도 했다.

"힘든 여건에서도 처음에 함께했던 분들의 절박함과 애정이 있었기에 지금까지 존재할 수 있었던 거죠."

논골신용협동조합은 현재 조합원 4천 명에 250억 자산의 튼실한 신협으로 자리를 잡아가고 있다.

"여전히 꼬맹이 신협이죠. 역사가 가장 짧으니까요. 어떤 곳은 50년이 넘은 곳도 있어요. 자산 규모가 500억에서 천억 원이 되는 곳도 많아요. 하지만 저희처럼 가난한 사람들이 자발적으로 모여 만든 신협은 많지 않습니다."

신협 가운데 가장 막내격인 논골신용협동조합은 가난한 사람들이 서로 돕기 위해 설립한 신협 본연의 가치에 걸맞은 곳이다. 근래에 유일무이한 곳이라 그 의미가 더욱 남다르다고 할 수 있다.

신협의 정체성 찾기

신용협동조합은 여느 협동조합과 같이 공동의 필요와 요구를 충족 시키고자 하는 사람들이 자발적으로 모여 만든 협동조합이다. 단지 이들이 하는 일이 금융 사업이라는 것만 다를 뿐이다. 같은 지역 사람들끼리, 혹은 같은 직장 동료들끼리, 같은 종교의 신도들끼리 한 푼 두 푼 모은 돈으로 서로의 은행을 만든 것이다. 목돈이 필요할 때 서로 빌려주고, 적정한 이자를 성실하게 갚아나가고, 또다시 목돈이 필요한 다른 이웃을 돕는, 가난한 이들이 스스로의 힘으

★ 편안함이 매력인 논골신용협동조합. 유영우 이사장과 가족 같은 직원들의 모습이 친근하다.

로 만든 금융협동조합인 것이다. 담보가 없는 조합원들에게 신용으로 금융을 제공하고, 협동조합이나 사회적 기업처럼 사회적 경제 영역 안에 있는 이들을 지원하는 것은 신협 본연의 임무라 할 수 있다. 하지만 아이엠에프 이후 부실 신협들이 공적 자금을 지원 받게 되고, 그로 인해 금융 규제가 이어지면서 현재 신협의 본연의 역할은 더 이상 할 수 없게 되었다.

"지금은 신협이 시스템상 자체적으로 신용대출을 할 수 없어요. 90퍼센트 가까이가 담보대출입니다. 나머지 10퍼센트 중에서도 햇살론 같은 것이 주를 이루고 있죠. 신용 등급이 높은 사람들은 제1금융권으로 가고, 신협에 오는 사람들은 신용 등급이 굉장히 낮은 사람들이 대부분이에요. 담보대출도 그렇고 신용대출도 마찬가지죠. 그래서 신협은 주로 서민금융 역할을 해야 하는데, 워낙 경기 침체가 장기화되는데다 소득이 불안정한 사람들이 대출을 받으면 항상 대출 리스크가 있어서 어려움을 겪는 거죠. 그러니 자꾸 담보대출 중심으로 갈 수 밖에 없는 거예요."

문제는 담보로 내세울 자산이 없는 서민들이나 영세 자영업자들은 결국 카드론 대부업체로 발길을 돌릴 수밖에 없다는 것이다. 그렇다고 정부가 퍼주기식 정책으로 해결책을 마련하는 것은 오히려 더 큰 문제를 낳을 수 있다.

"서민금융을 위한 기금을 만들어서 대출해주되 철저하게 관리되도록 하는 시스템을 만들어야 합니다. 대출해주고 계속 모니터링을 하는 거죠. 전반적으로 가정경제에 대한 설계도 해주고, 상담을 통해 조언도 해주려고 합니다. 저희도 자체적으로 가정살림 지원센터를 만들려고 해요. 경제 교육, 재무 상담, 재무 설계 같은 걸 한번 해보려고 합니다. 빚은 많고 갚을 능력은 안 되는 그런 사람들은 개인회생이나 국민행복기금 등으로 해결될 문제가 아니거든요. 본질적으로 가정경제의 재무 설계를 다시 해야 합니다. 돈 씀씀이의 패턴이나 문화도 바뀌어야 해요. 그런 걸 설계해주고 자연스레 밀린 대출도 갚을 수 있게 해야지요. 그런 분들이 정말 슬기롭게 어려움을 헤쳐 나가도록 하는 게 신협의 정체성에 맞는 역할이기도 하죠."

신협 초기에 매일 천 원 이천 원씩 모아 출자금을 마련하던 철거민들 중에는 이미 내 집 마련의 꿈을 이룬 이들도 제법 된다고 한다. 논골신용협동조합은 당시의 경험을 살려 서민금융의 파수꾼으로 다시금 우뚝 설 준비를 시작하고 있다.

"현재로서는 일반 법인한테 대출을 못해요. 기업 대출이란 게, 특허 받은 기술 같은 걸 담보로도 대출해줄 수 있어야 하는 건데 일체 못하게 되어 있죠. 어떠한 경우든 담보 물건이 없으면 대출은 불가능해요. 협동조합도 같은 협동조합끼리 연대하면서 출자도 하고 금융 지원도 할 수 있어야 하는데, 현재로서는 여러 규제 때문에 불가능합니다."

하지만 최근 신협도 서민금융협동조합으로 사회적 책임을 수행하며 본연의 방식에 따라 운영하겠다는 의지를 밝히고 있다. 지난 4월엔 서울시와 사회적 경제조직에 대한 융자·홍보·교육 활성화 등을 내용으로 하는 '협동조합 활성화를 위한 상호 협약MOU'을 체결하는 등 발 빠른 행보를 보이고 있다.

"아직까지도 많은 단위의 신협에서 나서고 있진 않지만, 분위기가 많이 바뀌었습니다. 서울시와 협동조합 활성화를 위한 상호협약도 맺고, 협동

조합들과 함께 가야하는 거 아니냐는 분위기가 확산되고 있죠. 신협 중
앙회에 전담부서도 만들었고요. 하지만 아직은 법과 제도 차원에서 걸
리는 문제가 많죠. 당장 협동하고 연대하는 것은 힘들겠지만, 나아지리
라 생각합니다."

협동조합의 시대, 신협도 협동조합의 맏형으로 새내기 협동조합을
끌어주고 지원해주는 본연의 역할을 잊지 않고 충실히 수행하리라
기대한다.

논골신용협동조합

서울 성동구 금호동, 행당동 산동네 주민들이 중심이 되어 스스로 가난의 어려움을 이겨내고, 지역사회 내에서 경제협동공동체를 건설하기 위하여 설립하였으며, 주민자치공동체를 만드는 데 많은 노력을 하고 있다.

설립연도 1997년 11월 28일
조합원 수 3,924명 2013년 5월 기준
가입 및 이용 방법 성동구 내에 거주하거나, 생업에 종사하는 주민으로서 1구좌 만 원 이상의 출자금을 납입하면 된다.
문의 02-2294-7203

꽃잎들 꺼리 늘에 맞아

아따... 꽃잎들도 지들꺼리

봄이긴 봄인가 보다...

그찌부렁 같은

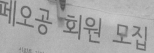

2
협동조합의 미래를 만나다

상조 서비스의 폐해,
협동조합으로 해결하다

한겨레두레협동조합

상조 서비스 피해가 해마다 급증하고 있다. 환급금을 지연하거나 거부하는 업체에서부터 인수합병이나 폐업으로 인한 피해, 심지어는 연락 두절되는 일명 '먹튀' 상조회사까지 등장했다. 이미 폐업한 상조회사만해도 100여 곳. 서비스 만족도도 현저히 낮다. 사정이 이렇다보니 초상난 집 등쳐 먹는 상조회사란 말까지 나오고 있는 실정이다. 이렇듯 불신의 골이 깊은 장례 문화를 바꾸기 위해 시민들이 직접 나섰다고 한다. 시민들의 협동으로 상조 서비스와 장례용품을 직거래 공동구매하고 투명하게 공개하는 협동조합을 창립한 것이다. 그렇다면 협동조합이 하는 상조 서비스는 일반 상조회사와 달리 정말 믿을 수 있을까? 그 해답을 찾기 위해 서울시 협동조합 2호인 한겨레두레협동조합을 찾아가보았다.

뒷돈이나 바가지 걱정 끝, 협동조합의 상조 서비스

"지켜본 가족들이 모두 참 정성스럽게 한다고 얘기들을 하더군요. 염습할 때도 그렇고, 절차 설명하는 것 하며 모두 만족스러웠어요. 게다가 리무진도 저렴하고, 나중에 생화제단 비용의 30퍼센트 정도는 리베이트 비용으로 나온 것이라며 돌려주더군요. 음식도 저렴한데 맛도 좋고, 의자에 천막에 술까지 제공하는데, 가족들 모두 감동 받았죠."

지난 3월 한겨레두레협동조합을 통해 모친상을 치른 조합원 허필두 씨의 소감이다.

실제 많은 상조회사들은 장례용품과 서비스를 소개하는 대가로 상조업체들로부터 일정한 금액의 뒷돈을 받고 있다. 하지만 한겨레두레협동조합은 업체에서 의례적으로 지급하는 리베이트 비용조차 고스란히 조합원에게 돌려준다. 이는 상조 서비스를 상품으로 보지 않고 조합원 사이의 인간관계로 생각하는 협동조합이기에 가능한 것이다.

"장례 치르기 위해 출발하면서 장례비를 최소화하고 조합원의 부담을 덜수 있는 방안을 먼저 생각합니다. 일반 상조회사에서 일을 할 때와는 정반대로 일을 하고 있는 셈이죠. 덕분에 맘도 편하고 보람도 큽니다."

현재 한겨레두레협동조합에서 장례지도사로 활동하고 있는 박태호씨의 설명이다.

일반 상조회사의 장례지도사들은 대부분 열악한 여건에서 일하고

있다. 보통 24시간 대기하며 밤낮없이 일하는데, 정식 월급은 150만 원에서 200만 원 선이다. 사정이 이렇다 보니 뒷돈이나 수고비 등은 이미 관행처럼 되었다. 덕분에 이들의 실수입은 뒷거래 능력에 따라 500만 원에서 700만 원 선이 된다. 수의를 예로 들면, 실제로 값싼 수의를 구입하는 상주는 거의 없다. 상조회사나 장례식장에서 최하 50만 원에서 몇 백만 원을 호가하는 수의를 추천하기 때문이다. 하지만 수의의 품질은 거의 비슷하다는 게 중론이다. 더욱 놀라운 건 이들의 원가가 십만 원 미만이라는 것이다. 좀 더 좋은 품질이라며 추천한 물품의 추가 금액이 바로 상조회사나 장례지도사의 급여 외 수입이 되는 것이다.

"상조회사 일은 안하려고 했어요. 뒷거래 관행이 너무 싫어서…. 그냥 평범한 회사에 다니려고 했었죠."

박태호 씨도 한때는 상조회사에서 장례지도사로 일을 했었다. 하지만 온갖 리베이트와 불법, 탈법, 바가지 상흔이 난무하는 현실에 회의를 느껴 다른 일을 찾던 중에 이곳 한겨레두레협동조합에서 함께 일하게 되었다고 한다.

시민들의 협동으로 장례 문화를 바꾸다

2009년, 이미 사회문제로 대두되고 있던 상조업체들의 문제를 극복하기 위해 여러 시민단체 활동가들이 모였다. 본격적인 조사와 연구를 시작으로 뜻을 모아 준비한 것이 '한겨레두레협동조합'이다. 뒷돈과 폭리 구조를 근절한 장례용품과 상조 서비스의 직거래 공동구매 시스템을 구축하고 2010년 10월 말부터 조합원 모집을 시작하였다고 한다. 그간 임의단체로 있던 한겨레두레협동조합은 지난 12월 협동조합기본법이 새롭게 시행되며 협동조합으로 등록하였다.

한겨레두레협동조합은 매장과 화장납골당, 장례식장, 음식, 그리고 염습과 수의, 관 등 장례식 전체 진행에 들어가는 장례용품을 직거래 공동구매를 통해 원가 그대로 조합원에게 제공한다. 수의의 경우, 대략 5만에서 7만 원 정도하는 도매가로 받고 있다. 일반적으로 장례업체의 수의 가격이 50만 원에서 몇 백만 원에 이른다는 것을 감안하면 비교조차 할 수 없는 금액이다. 이곳 한겨레두레협동조합에서는 모든 물품과 서비스를 직거래의 원가 그대로 제공하는 대신 24퍼센트 정도를 조합운영비로 책정한다. 전체 장례비를 계산해보니, 조합운영비를 포함해도 최소한 200만 원에서 300만 원 이상의 장례비를 절약할 수 있다고 한다. 게다가 모든 상품과 상조 서비스는 조합원의 처지와 조건에 맞게 맞춤형으로 선택할 수 있다고 하니 적잖은 비용을 더 절감할 수 있다.

반면 일반 상조회사의 경우에는 일체의 의전용품과 버스, 리무진, 상복, 수의, 관, 제단, 접객용품, 도우미까지 모두 포함된 묶음형으로 제공하고 있다. 알뜰형이나 고급형으로 차이를 두긴 하지만 대부분 묶음형 상품으로 선택하게끔 되어 있다. 이렇게 묶음형으로 제공하다 보니 필요 없는 물품도 울며 겨자 먹기로 구입해야 하는 경우가 많다. 미리 준비해둔 수의가 있어도 어쩔 수 없이 상조회사에서 또다시 구입해야 한다는 얘기다. 하지만 한겨레두레협동조합 소속 장례지도사는 상주의 처지와 여건에 맞게 장례용품을 구입하고 서비스를 받을 수 있도록 하나하나 따져 알뜰살뜰하게 도와주고 있었다. 미리 준비해둔 장례용품이 있는지 확인한 후, 필요한 물품도 거

★ 한겨레두레협동조합은 같은 조합원인 장례지도사가 알뜰살뜰 살펴주니 더욱 믿음이 간다.

품을 뺀 실속 있는 제품으로 추천하여 상주가 직접 선택할 수 있도록 하고 있다.

"얼마 전 상을 당했다는 연락을 받고 부랴부랴 가보니 형편이 넉넉지 못한 조합원이셨어요. 좀 더 신경 써서 굉장히 저렴하게 장례를 치러드렸죠. 많이 고마워하시면서, 선물을 준비하셨더라고요. 저희가 수고비나 선물을 받지 않는 걸 아시고는, 얼마 안 되는 거라며 한사코 건네 주셨는데, 나중에 보니 생각보다 값이 비싼 제품이었어요."

한겨레두레협동조합은 상주와의 관계가 좋다. 특히 상이 끝나고 난 후 상주와 상주 가족들의 반응이 좋다고 한다. 상을 치른 후에 식사

초대를 하는 조합원도 있다. 또한 상을 다 치른 후에도 탈퇴하지 않고 꾸준히 매달 조합비를 납부하는 경우도 많다. 그리고 문상을 왔다가 양심적인 상조 서비스를 보고는 조합원으로 새로 가입하는 경우도 많다고 한다.

상포계의 전통을 되살리다

예로부터 우리 조상들은 집안 대소사를 치를 때 이웃들과 서로서로 돕기 위해 다양한 계를 조직해왔다. 갑작스레 목돈이 필요할 때를 대비해 틈틈이 푼돈을 모아 두거나, 혼인이나 장례와 같이 품이 많이 드는 일을 함께 도와 치르기도 했다. 그중 하나가 장례를 서로 돕는 상포계였다. 물품 준비에서부터 음식 장만, 봉분 조성까지 모두 상포계 이웃들과 함께 치러냈다. 지금의 상조회사가 하는 모든 일을 상포계를 꾸려 진행했던 것이다. 한겨레두레협동조합은 이러한 상포계 전통을 되살려 조합원 간의 신뢰를 바탕으로 장례를 치르고 공동체를 복원하고자 노력하고 있다.

한겨레두레협동조합에 가입하려면 1구좌 만 원 이상의 출자금을 내고, 달마다 곗돈조합비을 내야 한다. 매달 납부한 곗돈은 차곡차곡 적립이 되어 조합원이 상을 당했을 때 각종 장례용품 구입과 서비스 비용으로 사용한다. 그리고 모자란 금액만큼만 추가로 납부하는 것

이다. 또한 한겨레두레협동조합에서 장례식을 진행하는 전문 장례
지도사나 장례 도우미는 모두 같은 조합원이다. 협동조합 정신에 충
실한 보다 양심적인 조합원들이란 얘기다. 이렇듯 조합원과 조합원
이 인간적인 관계로 어우러진 협동조합이다 보니 장례식 분위기도
남다르다. 상주 조합원들의 이야기를 들어보니 직원이라는 느낌보
다는 때론 친정오빠 같고 때론 든든한 동생같이 느껴진다고 한다.

사실 1990년대 중반까지만 해도 90퍼센트 이상이 일반 가정에서
장례를 치렀다. 장례식장에서 장례를 치르는 것이 일반화된 것은
불과 10년도 채 안 된 일이다.

"병원에 장례식장이 있는 나라는 전 세계에서 대한민국이 유일합니다.
병원에 장례식장을 두면, 병원에 와 죽으라는 뜻으로 읽힐 수 있기에 금
기시하는 것이 일반적인 상식인 거죠."

지난 3월 25일 서울 한겨레두레협동조합 정기총회에서 만난 최재
호 이사장의 얘기를 듣자니, 병원에서 태어나 병원에서 죽는 우리
네 일생이 모순덩어리가 아닌가 생각했다. 결국 공동체의 붕괴가
장례문화의 상업화를 가속화한 꼴이 되고 만 것이다.

이렇듯 한겨레두레협동조합은 공동구매를 통해 비용을 줄이고, 뒷
돈 리베이트를 없애 신뢰를 바탕으로 장례를 치르고 있다. 또한 옛
상포계의 전통을 되살려 상부상조의 정신을 실현하는 장례문화로

바꿔나가고 있다. 우리네 선조들이 마을 주민과 함께 계를 조직해 서로 상부상조해 상을 치른 것처럼 사람 냄새나는 상부상조의 공동 체를 만들어가고자 한다. 한겨레두레협동조합은 이와 같은 상포계 사업을 시작으로 돌잔치계, 팔순잔치계, 혼인계, 여행계 등 다양한 사업을 펼칠 예정이라고 한다. 옛 조상들의 전통이었던 계가 복원 되어 공동체 문화도 되살아나길 기대해본다.

신뢰가 무너진 곳에서 협동조합은 더욱 빛난다. 생협이나 공동육아 협동조합이나 이곳 한겨레두레협동조합도 모두 먹거리, 어린이집,

상조 서비스 등 이미 불신의 골이 깊은 곳에서 시작되었다. 그리고 조합원 간의 신뢰를 바탕으로 경쟁력을 키우며 성장하고 있다. 지금 이 순간 새롭게 협동조합을 시작하고자 한다면, 이렇게 신뢰가 무너진 곳을 찾아보는 것이 좋겠다. 아울러 협동조합의 출발이자 최고의 경쟁력은 신뢰에서 비롯됨을 유념하고, 새롭게 신뢰는 쌓아가는 사업으로 진행해야 할 것이다.

한겨레두레협동조합

장례용품과 상조 서비스 등 장례식 전 영역을 직거래 공동구매 방식으로 바꾸어 비용을 대폭 낮추고, 마을공동체의 장례문화를 복원하여 신뢰와 상호부조의 새로운 인간관계를 만들어가고 있다. 일반 상조회사와 달리 패키지 상품을 만들지 않고 뒷돈과 폭리 구조를 근절하였다. 또한 한두레 만장 협동조합과 함께 화환 대신 만장으로 장례문화를 바꿔나가기 위한 사업과 홀로 죽음을 맞은 이들을 마을장례로 치르는 상호부조 사업도 진행하고 있다. 설립 후 지금까지 리영희 선생, 허병섭 목사, 김근태 장관, 장준하 선생 겨레장 등 170여 건의 장례식을 맡아 진행하였다.

설립연도 2010년 10월
조합원 수 서울, 부산, 광주 등 전국 3천여 명
가입 및 이용 방법 홈페이지 www.handurae.org나 문의 전화를 이용해 지역 조합에 가입신청서를 제출하고, 1구좌 만 원 이상의 출자금과 매달 조합비 3만 원을 납부해야 한다. 지역 조합에서 출자금증서를 직접 수령하고, 조합원 교육을 받으면 정식 조합원 자격을 얻을 수 있다.
문의 02-720-9517

원전 대신 햇빛발전소, 협동조합으로 청정하게

우리동네햇빛발전협동조합

잦은 원전 사고에 이어 납품 비리까지, 연이어 터지는 원전 사건 소식에 국민들은 불안하다. 원전 부품의 납품업체와 성능 시험기관의 성적 위조까지 그 모든 과정에서 끈끈한 유착관계가 형성되어 있다는 소식엔 할 말을 잃었다. 도통 알 수 없는 그들만의 리그에서 우리 같은 소시민이 할 수 있는 것이란 무엇이란 말인가? 하지만 일본 후쿠시마 원전 사고 이후 핵발전소가 가져온 재앙을 생각하면 그저 두고 볼 수만은 없는 노릇이다.

그렇다면 생활 속에 꼭 필요한 전기, 이젠 시민이 직접 만들어보는 건 어떨까? 이미 그 안전성에 대한 신뢰가 완전히 무너진 원전을 대체할 수 있는 보다 안전한 방식의 발전소를 시민의 힘으로 만든다고 한다. 시민햇빛발전협동조합을 통해 발전소의 주인이 되고자하는 시민들의 이야기를 들어보았다.

해를 품은 학교, 시민들과 함께 착한 에너지를 만들다

삼각산 아래, 아파트 숲으로 둘러싸인 학교 옥상엔 햇빛을 전기로 바꿔주는 태양광 모듈이 비스듬히 세워져 있다.

'삼각산고 햇빛발전소', 서울 강북구에 위치한 삼각산고등학교 옥상에 들어선 우리동네햇빛발전협동조합의 첫 번째 햇빛발전소다. 입구에 걸린 현판에는 차례로 새겨진 225명의 이름이 눈길을 끈다. 이곳 햇빛발전소 건립을 위해 참여한 조합원 명단이다. 삼각산고 햇빛발전소는 이렇게 뜻을 함께하는 삼각산고등학교 학생과 교사, 지역 주민과 시민들이 십시일반 출자를 해 만든 발전소다.

"핵발전소를 없애는 것이 우리 어른 세대가 시급하게 해야 할 일이라고 생각했습니다. 핵발전소 없이도 충분히 에너지를 자급할 수 있다는 것을 보여주면, 외치며 싸우지 않고도 핵발전소를 없앨 수 있는 계기가 될 것이라 생각해서 참여하게 되었습니다."

지난 6월 15일 삼각산고 햇빛발전소 준공식 현장에서 만난 도상록 씨는 충남 서산에서 왔다고 한다. 우연히 잡지에서 햇빛발전 건립 소식을 접하고 기쁜 마음에 조합원으로 참여했다는데, 우리동네햇빛발전협동조합이 초기 조합원 모집에 어려움을 겪고 있을 당시 선뜻 천만 원을 출자해 큰 힘이 되어주었다.
이날 준공식에 참여한 조합원들을 보니 가족단위의 참가자가 많아 보였다. 물론 삼각산고 교사와 학부모, 학생들도 눈에 띄었다.

"협동조합은 선생님께 얘기를 듣고 참여하게 되었어요. 이사로 선출되어 함께하고 있는데, 사실 처음에는 무슨 소린지 잘 몰랐어요. 모르는 게

함께 만들어요! 우리동네 햇빛발전소

우리동네햇빛발전협동조합 창립총회

2012년 12월 15일 오후 3-5시, 삼각산고등학교

"저는
우리동네 햇빛발전소
소장입니다"

조합원이 햇빛발전소 주인입니다

우리동네햇빛발전협동조합

★ 햇빛발전협동조합의 조합원들은 늘 햇살처럼 맑은 미소를 머금고 있다.
원전을 대신할 수 있는 햇빛발전소를 함께 만들었다는 기쁨 때문일까?

많은 제 의견도 꼬박꼬박 물어봐주시고, 아이디어도 들어주시고…. 함께 만들어가는 것을 보면서 민주주의의 원칙이 어떤 것인지 자연스럽게 배운 것 같아요. 매달 있는 회의에 참여하며 이렇게 만들어지고 있구나 느끼면서 참여하길 정말 잘한 것 같아요."

현재 우리동네햇빛발전협동조합의 이사로 참여하고 있는 손정은삼각산고 3학년 양의 얘기를 듣고 있자니, 햇빛발전과 협동조합이 학교와 만나 교육적 효과도 크다는 생각이 들었다. 학교 안 햇빛발전소에서 대기오염 물질이나 온실가스 배출이 거의 없는 청정에너지 생산에 대한 공부도 하고, 새로운 경제모델로 주목받고 있는 협동조합에도 참여해 몸으로 익힐 수 있으니 이보다 좋은 교육이 또 있을까 싶다.

사전행사로 선보인 협동조합 영화 '위 캔 두 댓We Can Do That, 2008' 상영 후 시작된 삼각산고 햇빛발전소 준공기념식은 우리동네햇빛발전협동조합 청소년 이사인 손정은 양의 사회로 진행되었다. 손이사의 깔끔하고 당찬 진행 솜씨를 보니 협동조합의 밝은 미래가 그려지는 것 같아 흐뭇했다.

후쿠시마를 딛고 다시 햇빛발전으로

"가까운 일본에서 일어난 3.11 도쿄전력 핵발전소 폭발 사고는 모든 시민사회단체와 시민들에게 핵발전소의 위험성에 대해 무감각했던 우리의 사고를 깨우는 큰 계기가 되었다고 생각합니다. 이는 전 세계적으로도 핵발전소 중단과 재생가능에너지로 완전한 전환을 선언하게 하는 위력적인 사고였는데요. 핵발전소는 어쩔 수 없는 선택이라는 논리로는 이제 더 이상 핵발전소의 위험성을 덮을 수 없을 것입니다."

우리동네햇빛발전협동조합 사무국장 강병식 씨의 설명을 듣자니, 원자력 중심의 에너지 정책을 신재생에너지로 바꾸려는 노력이 더욱 절실하다는 생각이 들었다. 아직도 끝나지 않은 후쿠시마 원전 사고 처리는 여전히 많은 논란 속에 불안만 쌓고 있는 꼴이고, 게다가 끊이지 않는 우리나라 원전 고장 사고와 연이어 터지는 원전 비리 소식까지 안팎으로 정말이지 불안하기 짝이 없다. 이렇게 말도 많고, 탈도 많은 핵발전소를 굳이 꼭 끌어안고 살아야 하는 건지 이해할 수가 없다.

"이 모든 문제의 원인을 제공하고 있는 도시 중에 하나가 바로 우리가 살고 있는 서울입니다. 전체 에너지 사용량의 97퍼센트 이상을 타 지역에 의존하고 있고, 그중 30퍼센트를 핵발전소에서 생산되는 전기로 사용하고 있기 때문입니다."

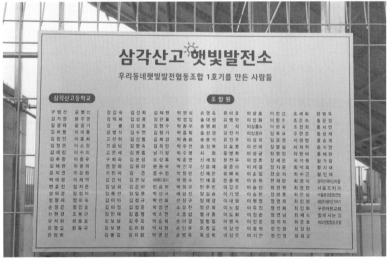

★ 삼각산고등학교 옥상에 설치된 햇빛발전소. 함께 만든 조합원 이름이 새겨진 현판을 보니 새삼 가슴이 뭉클해진다.

물 쓰듯 에너지를 쓰면서 생산은 겨우 2퍼센트에 그치는 서울. 이에 대한 반성으로 서울 시민들이 원전 하나를 줄이기 위한 다양한 실천을 시작했다. 에너지 절약 차원을 넘어 최소한 우리가 쓰는 전기는 우리가 생산하자는 에너지 자립을 모색하고 있는 것이다. 현재 서울 곳곳에서 설립되고 있는 시민햇빛발전협동조합이 바로 이러한 노력 가운데 하나다.

시민햇빛발전소는 이미 2005년부터 시작되었다. 서울 부암동의 에너지전환 사무실, 파주의 창비출판사, 전북 부안의 생명평화마중물 사무실, 원불교 부안교당, 부안 성당, 충북 괴산의 흙살림 연구소, 서울 화곡동의 요안원불교 외국인센터, 부천 지평교회, 서울 신문로의 일조각출판사, 서울 용산의 청파교회 등 전국 각지에 시민햇빛발전소를 건설하였다. 다양한 시민들의 참여로 건설되던 것이 협동조합 기본법이 시행된 후 협동조합이라는 법인 체제를 갖추고 속속 선보이고 있는 것이다. 서울에서만 이곳 우리동네햇빛발전협동조합을 비롯하여 서울시민햇빛발전협동조합, 강남햇빛발전협동조합, 금천햇빛발전협동조합 등 여러 곳에서 시민햇빛발전소를 추진하고 있으며, 경기 시흥, 안산, 수원, 고양, 성남, 부천, 경남, 인천, 아산, 대구 등 여러 지역에서 시민햇빛발전소가 만들어지고 있다. 원전 하나를 줄이기 위해서는 '절약도 필수, 생산도 필수'라는 생각으로 보다 많은 시민들이 햇빛발전소 건립에 적극적으로 참여하고 있다.

좌충우돌 햇빛발전소 건립기

하지만 실제로 시민햇빛발전소를 설치하는 일은 부지 선정에서부터 어려움이 많다. 우리동네햇빛발전협동조합도 2012년부터 시민단체와 기업, 학교 등에 사업 추진을 제안하고, 여러 차례 설명회를 여는 등 다각도로 노력한 끝에 지난해 10월 삼각산고등학교 측으로부터 함께 하자는 연락을 받았다고 한다.

"부지가 선정된 뒤에도 그야말로 산 너머 산이었어요. 공유재산 조례에 따른 비싼 임대료나 생산된 전기를 보낼 계통연계선 유무에 따른 비용, 그리고 시민들의 소중한 출자금으로 건립되는 만큼 믿을 수 있는 시공업체를 선정하는 것도 중요한 문제였죠. 또 상업용 발전 사업의 절차를 잘 몰라 준공 일정을 몇 번이나 수정하기도 했습니다. 아무래도 발전 사업을 하는 전문가들이 아닌 시민들이 모여 만든 협동조합이었기에 좌충우돌은 계속될 수밖에 없었겠죠. 가장 안타깝고 마음 아팠던 일은 처음 삼각산고등학교 시민햇빛발전소 사업 진행을 결정하셨던 교장선생님이 올해 1월에 암으로 돌아가신 일이었어요."

도심에 햇빛발전소를 설치하는 데는 걸림돌이 되는 여러 문제들이 산재해 있다. 그동안 서울을 비롯한 여러 자치단체에서는 시민햇빛발전소 설치에 걸림돌이 되는 제도나 조례 등을 손질했고, 일반시민들이 보다 쉽게 햇빛발전소를 설치할 수 있도록 개선안을 마련했

다. 서울의 경우에는 '서울형 발전차액 지원제도'를 도입하고, 공공
건물의 비싼 임대료 문제를 해결할 수 있도록 기존 공시지가에서
발전용량에 따른 방식으로 바꾸는 개선안도 마련하였다. 하지만 이
러한 자치단체의 노력과 함께 중앙정부 차원의 제도 개선도 시급하
다는 생각이다. 시민들이 참여할 수 있는 소형발전소 건립에 부담
이 되는 현행 신재생에너지 공급의무화 제도RPS, Renewable Portfolio
Standard를 보완하고 소형발전소에 한해 발전차액지원제도FIT, Feed
in Tariff를 병행하여 실시하는 방안 등 제도 개선이 함께 이루어져야
할 것이다.

2012년 12월 우리동네햇빛발전협동조합 창립총회 당시 설립동의
자로 참여한 조합원은 62명. 6월 준공식까지 225명의 조합원이 참
여했다. 삼각산고 19.11kw 햇빛발전소 건립을 위한 시공비 5,200
만 원을 이미 훌쩍 넘긴 출자금도 모아졌다. 햇빛발전소에 대한 시
민들의 뜨거운 반응을 알 수 있는 대목이 아닐까 싶다.

"에너지 문제와 협동조합 모두 생소한 것이어서, 일단 환경에 관심이 많
은 분들을 대상으로 홍보를 시작했습니다. 저희 환경연합 회원과 녹색평
론 구독자, 발전소가 세워지는 지역의 시민사회단체와 지역 주민들을 대
상으로 했죠."

여느 협동조합이 그렇듯 이곳 우리동네햇빛발전협동조합도 초기 조합원 모집이 쉽진 않았다. 하지만 간간히 가입하는 조합원들의 크고 작은 사연은 또 다른 희망이 되었다고 한다. 특히 협동조합을 준비하던 초창기부터 작은 일에서 큰일까지, 회의, 단체 방문, 출자금 현황 등 모든 활동을 공개한 자료를 보면서 신뢰를 갖고 가입하게 된 이들도 많다고 한다.

우리동네햇빛발전협동조합은 시민햇빛발전사업에 동의하고, 5구좌 이상1구좌 만 원을 출좌하면 누구나 조합원으로 참여할 수 있다. 태양광 발전소는 건립비용이 많이 들기 때문에 조합원의 출자금은 대부분 발전소 시공비로 사용된다. 이렇게 발전소를 설치하고 생산된 전기는 한국전력공사에 판매하고, 재생가능에너지 생산을 인증하는 증서를 발전사업자에게 판매하여 수익을 낸다. 수익금 중 정관에 의해 법적 적립금과 임의 적립금을 제외한 잉여금은 배당을 원칙으로 하고 있지만, 자세한 사항은 조합원들이 모두 모이는 조합원 총회에서 결정한다고 한다.

"현재까지는 여전히 임대료가 비싸지만, 앞으로 법적인 제도가 개선되기를 기대해야죠. 3월 7일에는 삼각산고등학교 교장선생님과 운영위원의 사용허가를 받아, 4월 1일자로 서울시 발전사업자 허가증을 받았습니다. 그리고 5월 7일 시공업체와 계약을 체결하여 6월 15일 준공하게 된 것입니다."

우리동네햇빛발전협동조합 강병식 사무국장에 따르면, 앞으로 태양광 발전소를 더욱 확대하기 위해 강북구청과 2, 3호의 발전소 부지 선정과 조례 개정 등을 폭넓게 협력할 예정이라고 한다.

"우리 협동조합은 직접 생산에 참여하는 생산자형이나 생산된 재화를 소비하는 소비자형이 아니라, 출자금으로 발전소를 설치하고 생산된 전기를 판매하여 수익을 내는 사업자형입니다. 그래서 조합원에게 돌아가는 직접적인 혜택은 배당뿐입니다. 그러다 보니 조합원들의 지속적인 참여를 어떻게 만들어 나갈 것인지가 우리 조합의 숙제 중에 하나입니다. 얼마 전 '지구의 날'을 기념하여 〈0.23µSV-후쿠시마의 미래〉라는 다큐 영화를 보면서 인사를 나누는 시간을 가졌는데, 영화 관람 소감을 나누며 화석연료에 의존하지 않고 대안을 만들어가는 시민햇빛발전소의 중요성을 느끼는 소중한 자리였습니다."

우리동네햇빛발전협동조합에서는 현재 조합원을 대상으로 '우리 집의 세는 에너지를 찾아주는 주치의 상담'을 하며, 실생활에서 에너지 절약을 실천할 수 있도록 돕고 있다. 또한 분기별로 조합원 교육도 진행하고 있다. 조합에 대한 소개, 앞으로의 계획, 발전 사업에 대한 운영 원리, 참여하고 싶은 조합원 모임 등의 내용으로 시교 소

★ 우리동네햇빛발전소의 청소년 조합원들. 이들의 환한 미소를 보니 협동조합의 미래가 밝다는 생각이다.

통하는 자리를 만들어가고 있다.

준공식을 마친 후, 삼각산고 햇빛발전소 앞에 모인 조합원들의 햇살처럼 맑은 미소를 보니 덩달아 기분이 좋아진다. 조만간 불안한 원전을 대신할 시민햇빛발전소들이 마을 주민들의 참여로 온 나라를 밝게 물들이길 기대해본다.

우리동네햇빛발전협동조합

3.11 도쿄전력 핵발전소 폭발 사고 이후, '에너지 소비 공룡'인 서울에서 핵발전 등 화석연료 중심의 전력을 재생에너지 중심의 전력으로 바꾸고자 하는 사람들이 만든 협동조합이다. 시민들의 자발적인 출자로 우리 동네에 태양광 등 재생에너지 발전소를 세우고, 공동으로 소유하며, 안전한 에너지를 공급하는 지속가능한 지역경제 수익 모델을 만들고자 한다.

설립연도 2012년 12월 15일창립총회
조합원 수 225명
가입 및 이용 방법 인터넷 www.ecoseoul.or.kr/sunsation과 전화를 통해 조합원 가입 신청을 한 후, 5구좌 이상1구좌 만 원을 출자하면 조합원으로 가입할 수 있다.
문의 사무국 02-735-8018, 페이스북 www.facebook.com/sunsationcoop

협동조합의 희망 멘토를
찾아서 1

한겨레두레와 햇빛발전협동조합의 대표 일꾼 박승옥 씨

'이제껏 쌓아온 좋은 사람들과의 인연까지도 끊어지게 될까 두렵습니다.'

지난 12월 이후 새롭게 선보인 어느 협동조합 임원의 고민을 들으며, 그들이 이 길을 쉽게
포기하게 될까 두려웠다. 문득 협동조합에도 멘토가 있으면 어떨까 생각해보았다. 사람이
자산이요 원동력인 협동조합은 참여하는 조합원의 수만큼이나 다양한 의견과 상황에 맞닥
뜨린다.

협동조합 사람들에겐 절실한 문제지만, 교육이나 딱딱한 책 한 권으로는 풀어낼 수 없는 얘
기도 있다. 새롭게 협동조합을 시작하는 이들에게 멘토가 있다면, 이러한 고민을 함께 나눌
수 있지 않을까?

협동조합의 시대, 협동조합의 희망 멘토를 찾아서, 이제 걸음마를 시작하는 협동조합들의
고민도 함께 나누고, 조언도 들어보았다.

새롭게 협동조합을 시작하는 이들에겐 10년, 20년 된 만형격인 선
배보다는 바로 윗선배가 더 친근할 것 같다. 협동조합을 한 발 먼저
준비하고 조합원 천 명 돌파라는 첫 번째 고비를 넘긴 한겨레두레

협동조합연합회 대표 박승옥 씨를 만나보았다. 처음 만나는 협동조합의 희망 멘토로 협동조합을 준비하는 이들과 따끈따끈한 정보를 나눌 수 있을 것이다.

'협동조합 전도사' 박승옥 씨는 현재 한겨레두레협동조합 대표와 서울시민햇빛발전협동조합 이사장을 맡고 있다. 이들 협동조합은 몇 해 전부터 이미 사업을 준비하고 진행해오던 곳이다. 서울시민햇빛발전협동조합은 2005년부터 유한회사로 시민들이 만드는 햇빛발전소 사업을 추진해오고 있었고, 한겨레두레협동조합은 2010년부터 상포계 사업을 준비해오고 있었다. 이미 협동조합 사업 방식으로 진행해 오던 것을 지난해 12월 협동조합기본법이 시행되면서 제대로 협동조합의 형식을 갖춰 출발하게 된 것이다. 이들 협동조합에서 설립 이전부터 주도적으로 조합을 준비해온 박승옥 씨를 만나 협동조합을 처음 시작하는 이들이 참고할 만한 이야기를 부탁해 들어보았다.

철저한 시장조사부터 시작하자

"다양한 분야에서 협동조합 창업을 준비하시는데, 90퍼센트 이상이 2~3년 후에 망할 가능성이 많습니다. 협동조합 창업하시는 분들도 시장조사 당연히 해야 합니다. 주식회사 보다 더 철저하게 시장조사를 해야 합니다. 그런데 다들 출자금을 어떻게 모을까만 관심이 있어요. 협동조합은 출자금을 모으는 게 아닙니다. 사람을 모으는 거예요. 그러니까 자본을 가지고 사업을 하는 게 아니라, 인적 결사를 가지고 사업을 하는 게 협동조합 사업이에요."

박승옥 대표도 사업을 시작하기에 앞서 제법 오랜 시간을 두고 시장조사를 다니며 준비했다고 한다. 2009년 한겨레두레 공제조합을 준비하며 물어물어 공원묘지, 유골함, 납골당 등 관련된 곳을 찾아다니며 얘기도 듣고, 수의업자와 장례 지도사들도 모두 만나보았다고 한다. 6개월 동안을 그렇게 쫓아다니며, 반듯하고 단정한 사업자로 보이던 이들 중에 조폭이 있다는 것도 알게 되었다. 뿐만 아니라 상조 서비스 분야에 만연한 리베이트나 폭리 구조도 파악할 수 있었다고 한다. 그리고 바로 직거래 공동구매를 준비할 수 있었다.

"기본적으로 협동조합은 원가에서 사업적 경쟁력을 갖는 겁니다. 일반적으로 영리를 추구하는 주식회사 같은 경우는 거칠게 얘기하면 이런 거예요. 제품이나 서비스 가격에서 대략 재료비, 인건비가 각각 3분의 1 정도를 차지하게 됩니다. 나머지 3분의 1 정도가 영리회사의 이윤이 되는 것이죠. 대략적인 구조가 이렇습니다. 그런데 협동조합은 직거래 공동구매로 재료비를 낮춥니다. 인건비도 합리적입니다. 이윤이 없이 적립한 후에 배당하는 방식으로 나눕니다. 당연히 이윤이 3분의 1이 안 되기 때문에 낮죠. 그래서 경쟁력을 가지는 것입니다."

또한 상포계 사업이 전국적 사업이어야
한다는 것을 깨닫고 지역을 돌아다니며
사업을 할 준비위원도 조직했다고 한다.

"사람 모으는 게 쉽지 않습니다. 결혼하셨어
요? 부부싸움은? 안 해요?"

갑작스런 질문에 살짝 당황스럽기도 했
지만, 마치 협동조합에 대한 일대일 강의
를 듣는 기분이었다. 일대일 명품 강의에
푹 빠져 듣고 있노라니, 살짝 미안한 마
음도 앞선다. 이렇게 좋은 강의를 혼자만
들어도 되나 싶었다.

★
한겨레두레와 햇빛발전협동조
합의 대표 일꾼, 박승옥 씨.

"부부싸움 안 하는 부부는 이상한 부부예요. 그것도 애정이 식으면 못합
니다. 당연히 부부싸움 해야 해요. 다만 슬기롭게 싸움의 갈등을 잘 관리
해야 합니다. 평화라는 것은 전쟁이 없는 상태가 아닙니다. 갈등을 잘 조
정하고 관리하는 게 평화 상태입니다. 인류 역사에 전쟁과 갈등이 없을
수가 있나요?"

그야말로 무릎을 탁 치게 하는 얘기가 아닐 수 없다. 개인적인 생각일지 모르겠지만, 그동안 협동조합 운영에서 가장 어려운 것이 바로 사람 사이의 미묘한 갈등에 관한 문제라 생각했었다. 어느 책에도 어떤 교육에서도 들을 수 없는 얘기였지만, 경험상 결과적으론 대게 사람 사이의 문제였다. 인간사 갈등이란 게 극히 당연한 것이라는 박승옥 대표의 이 얘기를 당시에 들었더라면, 자연스럽게 받아들이고 보다 너그럽게 문제를 풀어갈 수 있지 않았을까 생각해본다.

사람을 모으는 조직화 전략을 세우자

"사람 모으는 거, 무지하게 어려운 겁니다. 협동조합 사업을 하려면 그게 생산자협동조합이건 소비자협동조합이건, 어떤 협동조합이건 사람을 어떻게 모을까부터 생각해야 합니다. 사람을 모으는 조직화 전략이 협동조합 전략의 핵심입니다. 그래서 협동조합 사업이 초기가 어려운 겁니다."

한겨레두레협동조합의 경우, 2010년 11월에 있었던 발기인 대회에 참여했던 조합원은 60여 명이었다고 한다. 이들 한 사람 한 사람이 몇 달간 선후배 지인들에게 몇 십 통씩 전화를 돌려가며 조합원을 모집해 이듬해 5월에는 350여 명으로 창립총회를 성사시켰다. 물론 쉽지만은 않은 일이었다. 상조사업을 협동조합으로 한다지만 만에 하나 망할 수도 있는 게 사업인데 마냥 믿고 가입할 사람이 많지는 않았을 것이다. 단지 사람에 대한 신뢰 하나로 가입하는 경우가 대부분이었을 것이다. 지금이야 이곳 한겨레두레협동조합이 제법 알려져 먼저 알고 찾아 가입하는 이들도 많아졌지만, 초기에는 발기인 한 사람 한 사람이 발로 뛰며 사람을 모아야 할 만큼 힘든 일이었다.

"그렇게 처음이 어려운 거예요. 조직화 전략이 없는 협동조합 사업은 성공하기 어렵습니다. 초기 발기인들이 자기 주변에서부터 조합원을 확보할 수밖에 없는 거예요. 자기의 가족이나 친척, 친구, 친지, 동네 잘 아는 사람처럼 주변에서부터 조직할 수밖에 없는 겁니다. 시민햇빛발전협동조합의 경우도 그동안 에너지 전환 활동을 함께 했던 초록교육연구회, 환경단체, 생협에서부터 조합원을 모집했습니다. 생협도 에너지 교육을 많이 하니까요."

박승옥 대표는 협동조합을 창업하는 사람들이 가장 먼저 주의를 기울여야 할 것은 '어떻게 하면 주민을 조직할까' 하는 것이라고 한다. 사람이 모이는 곳이 지역인 만큼, 지역에서 일자리를 만들고 지역 내에서 협동조합 간의 네트워크를 만들어 조합원을 확대해야 한다는 것이다. 이는 소비자협동조합 뿐만 아니라 모든 협동조합에 해당하는 얘기다. 생산자협동조합의 경우도 생산된 제품을 이용하는 이런 조합원을 어떻게 조직할까를 반드시 염두에 두고 사업을 계획해야 한다.

조직화의 기본은 신뢰에서부터

"몬드라곤 얘기 많이 하잖아요. 몬드라곤에서 제일 먼저 만든 협동조합이 1956년에 만든 '울고ULGOR'라는 노동자 생산협동조합입니다. 여기서 만든 게 석유곤로였어요. 그때 막 유럽에서 석유곤로가 나왔을 때입니다. '울고'에서 처음에 석유곤로를 만들었는데, 거기서 소비자 조합원 출자자를 모으는데 한 1년이 걸렸다고 하죠. 동네 지역의 선후배나 지역민들이었어요. 그렇게 소비자 조합원을 모으고, 협동조합에서 생산을 시작했어요. 그런데 이게 형편없는 무인지경이었던 겁니다. 심지를 돌리면 뚝 부러집니다. 성냥불을 긋는데 불이 안 켜집니다. 일반 영리 주식회사였으면, 그 날로 문 닫아야 됩니다. 그런데 그 지역에서 조합원들과 지역민들이 그 하자 있는 제품을 사준 겁니다. 조건이 있었죠. '우리가 너를 아니까 그리고 너를 믿으니까 한 번은 사주겠다. 하지만 두 번은 못 봐준다.' 하고 사준 겁니다. 그래서 울고 생산자들이 밤낮을 가리지 않고 개량해서 보다 나은 제품을 만든 것이죠. 이렇게 해서 1956년에 시작한 협동조합 사업이 1960년대 초반에는 스페인 100대 기업으로 성장합니다. 초고속 성장을 한 것이죠.

신뢰를 밑바탕으로 해야 협동조합 사업이 성공할 수 있습니다. 우리나라는 생협이 대표적이죠. 유기농 먹거리에 대한 신뢰를 가지고 한 것이니까요. 한살림의 성장 비결도 신뢰입니다. 초기 한살림의 가장 큰 특징이 뭐냐면 말이죠. 여기 한살림생협의 생산자 조합원과 소비자 조합원이 있는데, 가을에 물품 가격을 정해요. 쌀 가격 같은 것을 정할 때, 생산자 조합원은 유기농 쌀 가격을 낮추려고 합니다. 소비자 조합원은 높이려고 하죠. 일반 주식회사에서는 전혀 있을 수 없는 일이 벌어지는 것이죠. 그게 협동조합의 특징입니다."

박승옥 대표의 얘기를 듣고 보니 협동조합이라서 더더욱 신뢰가 중요한 것이 아닐까 생각된다. 한겨레두레협동조합이 장례 서비스 분야와 같이 우리 사회에서 신뢰가 무너진 곳을 찾아 사업을 계획하고, 지역 조합원들의 인간적 믿음과 신뢰를 바탕으로 성장하는 것처럼…. 든든한 자본도 백도 없는 협동조합의 성장 비결은 바로 여기서 찾을 수 있는 것이다.

"신뢰가 무너진 장례사업과 예식사업에서 협동조합이 사업적으로 가능한 건데, 그것도 이렇게 어려운 줄 알았으면 안 했죠. 진짜 고생했습니다. 한살림 박재일 선배나 한살림 초기 사람들과 친분이 있으니 고생한 거 알거든요. 그래서 얕은 수로 한겨레신문사와 함께하면 시간을 단축할 수 있겠다는 확신을 가지고 하긴 했는데…. 웬걸, 그래도 걸리는 시간은 걸립니다. 사람 사업이기 때문에, 이게 그런 거예요."

한겨레두레협동조합의 경우 2010년 준비 단계에서 한겨레신문사와 함께 진행을 했다고 한다. 결과적으로 지금은 한겨레신문사와 전혀 관련이 없는 협동조합이 되었지만, 시작단계에선 공동사업으로 진행하려 했었다.

"소비자협동조합은 조합원이 한 천 명이 되어야 조금 숨통이 트입니다. 한살림의 경우, 조합원이 천 명 되는데 한 3년 걸렸죠. 한겨레두레공제조합 상포계도 천 명이 되기까지 힘든 걸 아니까 그래서 처음 한겨레신문사와 함께했던 거예요. 그래도 천 명 되는데 1년 넘게 걸렸습니다."

현재 한겨레두레협동조합연합회의 총 조합원 수는 2,500명이다. 서울지역 조합원 수만 천여 명이라 하니, 올 한해 조합원이 꾸준히 증가할 것으로 보인다. 이어 박승옥 대표는 신규 협동조합들이 생협 같은 기존 협동조합들과 충분히 교류하며 성장할 수 있는 환경이 무엇보다 중요할 것이라고 내다봤다.

"협동조합의 원칙 중에 협동조합 간 협동의 원칙이 있잖아요. 현재 여러 지역에서 지역 네트워크들이 속속 준비되고 있습니다. 이러한 지역 네트워크들이 정착되면, 그 안에서 신규 협동조합들이 기존의 협동조합과 충분히 교류하면서 성장할 수 있는 환경이 조성되겠지요. 기존 협동조합들은 신규 협동조합들을 지원할 수도 있고요. 그런데 아무나 지원할 수 있습니까? 이 사업이 과연 협동조합 사업으로 타당성이 있는지, 신뢰를 바탕으로 하는 건지 뭐 이런 것을 보고 지원을 해야 되는 것이지요. 그래서 협동조합 사업을 새로 시작하는 분들이 사업 아이템을 정하는 것부터 시장조사까지, 그리고 어떻게 신뢰를 얻을 수 있는가, 어떻게 사람을 조직할 수 있는가 하는 그런 사업 전략이 있어야 되요. 그렇지 않으면 반드시 망합니다. 장담합니다. 출자금 많이 모아도 망해요."

박승옥 대표의 얘기처럼 지역 내 네트워크들이 하루속히 자리 잡아, 새롭게 선보이는 건강한 협동조합들이 지역 내에서 굳건히 뿌리를 내리며 함께할 수 있는 토대가 되길 바란다.

"한겨레두레, 가입하셨어요?"

인터뷰를 마치고 박승옥 대표의 권유로 한겨레두레협동조합에 가입했다. 조합의 대표인 그도 상조문화를 바꿀 수 있다는 신념으로 만나는 이들에게 조합 가입을 권유한다. 신뢰를 바탕으로 상부상조하는 협동조합이 우리 사회의 대안이라는 확신으로 협동조합을 알리고 안내하는 일을 게을리 하지 않는다. 이 순간 협동조합을 계획하고 설립하고자 하는 이들이 있다면, 스스로 협동조합에 대한 신뢰와 확신을 갖고 있는지 생각해봐야 할 것이다. 협동조합은 신뢰를 바탕으로 사람을 모으는 사업임을 잊지 말아야 한다.

구두 장인들의
협동조합 만들기

한국성수동수제화협동조합

지난해 12월 협동조합기본법 시행 이후 올 6월 말까지 7개월 간 전국적으로 1,461개의 협동조합이 설립되었다. 이를 유형별로 분석해보면 사업자협동조합 유형이 가장 많이 설립되었음을 알 수 있다. 서울시의 경우, 설립신고한 500여 개의 협동조합 중 절반이 넘는 270여 개가 사업자협동조합이다. 울산은 설립신고한 30여 곳의 협동조합이 모두 사업자협동조합이었다. 이처럼 가장 많은 수를 차지하는 사업자협동조합, 그 유형적 특징과 운영에 대해 알아보기 위해 한국성수동수제화협동조합을 찾아가보았다. 협동조합 설립과 지난 몇 달간 어떻게 운영했는지 이야기도 들어보고, 사업자협동조합의 설립을 위해 어떤 준비를 하고 어떻게 운영하는 것이 좋을지 생각해보는 시간을 가졌다.

2호선 성수역 1번 출구를 빠져나오니, 낯익은 거리의 모습이 눈에 들어온다. 세월이 비껴간 것일까? 이십여 년 전이나 별반 다르지 않은 모습이다. 옛 기억을 더듬으며 찬찬히 거닐어보았다. 이내, 최근 십 년 사이에 많은 공장들이 자취를 감추고 그 자리를 대신해 거대한 빌딩들이 들어섰음을 눈치챌 수 있었다. 남겨진 옛 모습 사이로 새로운 변화가 조금씩 진행되어 왔음을 짐작할 수 있었다.

오늘 이곳 성수동을 찾은 건 한국성수동수제화협동조합 이야기를 듣기 위해서다. 성수동은 우리나라 수제화의 80퍼센트가 만들어지는 곳이다. 수제화의 메카, 성수동. 실은 이곳에 발을 디딜 때까지, 머릿속으론 골목골목 장인의 숨결이 느껴지는 감성적인 공간을 상상했었다. 수제라는 단어가 주는 감성 때문이었을까? 작은 수제화 가게들이 이어진 골목 사이사이, 미닫이 유리창 너머로 수제화 장인들이 전통을 고수하며 작업을 하고 있는 그런 공간을 말이다.
하지만 이곳 성수동 거리에는 예스런 수제화 가게는커녕, 공장의 흔적도 쉽게 찾아볼 수 없었다. 사실 우리네 수제화 장인들이 일하는 곳은 영세한 공장들이다. 제법 오래돼 보이는 낮은 건물 안쪽에 간신히 자리 잡은 작은 공간들이다. 2층이나 3층 한편을 차지하면 좋을 텐데, 그나마도 여의치 않아 지하에 자리 잡은 공장도 있다.

"여기 ○○빌딩 앞인데요. 이 건물이 맞나요?"

한국성수동수제화협동조합이 있는 건물까지는 한걸음에 찾아갈 수 있었다. 하지만 건물 앞에서 그만 길을 잃고 말았다. 십여 년 세월의 흔적을 고스란히 담고 있는 건물 입구 어디에도 조합 사무실이 있다는 표시를 쉽게 찾아볼 수 없었다. 기사에 자주 오르내리던 협동조합이라 그럴 듯하게 꾸며놓고 있을 것이라고 생각했었나보다. 건물 4층까지 올라가 고만고만한 사무실들이 이어진 좁은 통로를 따라 안쪽 조합 사무실로 들어설 때까지 몇 번이나 잘못 찾아온 것은 아닐까 하고 생각했는지 모른다. 가만히 생각해보면, 지금의 제법 잘나가는 생협들도 처음 시작은 매우 단출했다. 지금이야 전국에 근사한 매장과 사무실에 모임방까지 갖추고 있지만, 시작은 엇비슷했다. 마땅한 공간도 없이 그저 시민단체의 사업 가운데 하나로 시작한 곳도 있고, 작은 동네 쌀집에서 시작한 곳도 있다. 변변한 사무실이 없어, 이웃 단체의 사무실에서 시작한 곳도 있었다. 때론 존폐위기에 몰리며 지금까지 조금씩 성장해 오늘날의 안정적인 모습을 갖추게 된 것이다.

효율적인 구성과 합리적인 경영으로 안정적인 조합을 설계하다

"처음부터 협동조합을 만들어야겠다고 시작한 것은 아니었어요. 일을 하다 보니 혼자서 마케팅이나 제작 일을 다 소화하기가 벅차더라고요. 아무래도 영세한 곳들이다 보니…. 그래서 각자 역할을 분담해 힘을 합쳐보면 어떻겠냐는 말이 나왔죠. 때마침 협동조합 기사를 우연히 보게 되었는데, 자세히 보니 우리들의 취지에도 잘 맞고 틀을 갖출 수 있을 것 같아 시작하게 된 거예요."

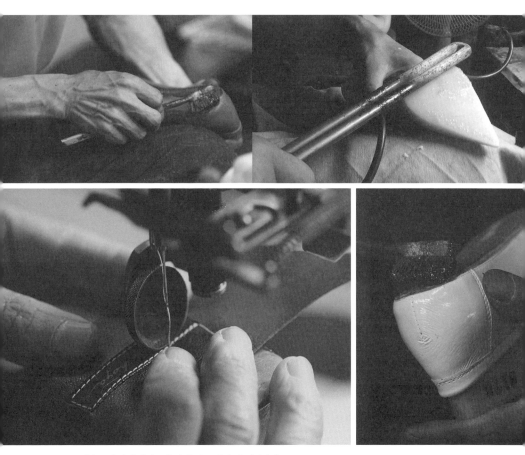

★ 성수동 수제화 장인들의 거친 듯 무딘 손이 애잔하다.

조합의 이사장인 박경진 씨의 설명을 듣자니, 성수동 수제화 업계의 어려운 현실을 알리는 신문기사들이 머릿속을 스쳐 지나간다. 저가의 중국 제품에 밀려 자체 판로를 잃고 하청업체로 전락한 영세한 공장들 얘기며, 유명 브랜드 회사의 납품 단가 후려치기 등으로 경영난이 심각하다는 기사며, 한때 잘 나가던 구두공들의 일거리도 되레 예전만 못해졌다는 기사까지….

백화점에서 몇십만 원씩 하는 유명 브랜드 구두의 납품 가격은 대략 4만 원에서 5만 원 선이다. 나머지 판매액은 백화점과 브랜드 회사의 차지란 얘기다. 하지만 이들 영세한 공장은 뚜렷한 판로가 없는 탓에 계속되는 제 살 깎아먹는 식의 경쟁에 내몰릴 수밖에 없었다. 아마도 이러한 영세한 공장들의 활로를 모색하기 위한 다양한 시도 가운데 하나가 바로 협동조합이 아닐까 생각된다.

한국성수동수제화협동조합의 조합원은 모두 일곱 명. 적은 인원이지만, 수제화 제조공장의 사장은 물론이고, 내피나 원단 등의 원부자재 수입자나, MD와 디자이너 등이 함께하고 있다. 제품 기획과 디자인, 자재 수입에서 생산까지 완제품을 생산하는데 필요한 전문 인력이 모두 포함되어 있어 효율적인 구성이다.

"생산이든, 디자인이든 한 분야의 인원만 모이게 되면 다른 쪽은 따로 섭외를 해야 해서 그에 대한 비용이 들게 되죠. 이렇게 구성되어 있으니 예

★ '손, 작은 마을의 희망 수제화 장인들의 사진전'에서 박경진 이사장(왼쪽)이 환하게 웃
고 있다.

산도 절감할 수 있고, 각자의 역할을 하며 서로 보완할 수 있어 시너지 효과가 큽니다. 제조 부문에선 상당히 이상적인 구성이라고 하더군요."

협동조합은 조합의 설립 목적에 동의하고 원칙과 가치를 지키려는 사람들이 만들고 함께 꾸려나가는 공동체이자 사업체다. 조합원의 의사를 반영한 민주적인 운영과 참여도 중요하지만, 경영에 대한 철저한 준비도 필요한 것이다. 또한 협동조합은 안정적인 자금력을 보유한 큰 기업들과 달리, 조합원들이 십시일반 모은 출자금으로 운영되는 곳이다. 신생 협동조합의 경우, 사업이 안정되기까지 세월 아 네월아 하며 마냥 버텨낼 막강한 자금을 확보하기 어렵다는 얘기다. 모든 사업이 그렇듯, 협동조합도 어느 정도 안정될 때까지는 초기 출자금으로 버텨야 하는 경우가 많다. 그러므로 최소한의 경비를 가지고 합리적으로 경영하기 위해 한국성수동수제화협동조합과 같이 사업계획 단계부터 성공 가능한 구조에 대한 고민도 반드시 필요하다.

"저흰 따로 매장을 내진 않기로 했어요. 매장을 운영하는 데 상당히 많은 부대비용이 들어가는데, 결국 동네 장사거든요. 게다가 이런 부대비용은 결과적으로 제품의 가격을 오르게 할 테고…. 그래서 저흰 매장보다는 리스크가 적은 온라인 쇼핑몰과 수출을 선택했습니다."

들리는 얘기로는 신생 협동조합 중에도 지난 몇 달 사이 개설 당시에 확보한 종자돈이 소진되어 앞으로 어떻게 운영해야 할지 고민에 빠진 곳도 있다고 한다. 이곳 한국성수동수제화협동조합의 상황은 어떤지 궁금했다.

"저흰 조합을 운영하는 이사 실무진이 별도의 임금을 받지 않고 조합을 꾸려나가고 있어 현재까진 큰 문제없이 유지할 수 있었죠. 하반기에 수입이 많아지게 되면, 적은 금액이라도 이들에 대한 임금을 지급할 생각입니다."

조합 이사진에게 임금을 지불하게 되면 적자 폭이 커져서 어쩔 수 없는 선택이었다고 한다. 그렇다면 이에 대한 이사진의 불만은 없을까?

"불만 같은 건 없어요. 문제없이 조합이 오래도록 잘 유지만 되어도 좋겠다 싶거든요. 그래도 생활을 유지하려면 따로 일을 해야 하니, 육체적으로 힘들긴 하죠."

박경진 씨는 현재 조합에서 구두 디자이너의 역할도 겸하고 있다. 뿐만 아니라 웹 디자인이나 패키지 디자인까지 모두 해내고 있다. 조합의 비용 절감에 일등공신이 아닐까 싶다.

문득 제법 안정적으로 운영되고 있는 생협들의 초창기 모습이 떠오른다. 공급 후 남은 유정란이나 채소 등을 머리에 이고 다니며 길에서 팔던 한살림 초창기 활동가의 이야기며, 공급차가 없어 생산지에서 보낸 물건을 터미널에서 화물로 받아 지하철을 타고 공급하던 여성민우회 행복중심생협 이야기까지…. 초기 활동가들의 헌신적인 노력이 없었다면, 이들 생협들도 지금의 탄탄한 모습을 갖출 순 없었을 것이다.

돈보다는 사람이 먼저

"이제껏 예쁘고 좋은 디자인만 생각했는데, 협동조합에서 여러 분야의 사람들과 함께 일하다 보니 수제화를 만드는 전 공정을 이해할 수 있어서 생각이 좀 더 넓어진 것 같아요. 여러 조합원분들이 디자인에 대한 조언도 해주시고, 직접적으로 많이 도와주세요."

박경진 이사장은 슈즈 디자이너 '크리스진'으로도 알려져 있다. 생각보다 길어진 인터뷰 내내 차분하게 대화를 이어가는 온화함 속에서 그녀의 신념과 의지를 읽을 수 있었다. 이쯤 되니 조광수 감사를 비롯한 조합원들이 이사장 자랑을 늘어놓는다.

"영국 쪽에서 온라인 런칭 제안도 들어오고, 며칠 전에는 중국에서 다섯 손가락 안에 든다는 회사에서 바이어가 직접 다녀갔어요. 크리스진 홈페이지를 관심 있게 지켜보다가 한국에 올 기회가 있어 방문하게 되었다고 하더군요."

사정이 이렇다 보니 처음 이사장 자리를 살짝 욕심내던 이들도 이제는 이사장의 전문성을 인정하고 기꺼이 함께하고 있다. 사실 수제화 업계의 정서상 젊은 여성 디자이너가 대표가 되는 경우는 흔한 일이 아니라고 한다. 그러함에도 불구하고 박경진 이사장을 중심으로 어우러진 모습이 무척 인상적이었다.

어느 정도 대화가 무르익을 무렵, 협동조합 관계자들에게 늘 하곤 하는 질문을 했다.

"국가나 지방자치단체의 경제적인 지원을 받는 것에 대해 어떻게 생각하세요?"

협동조합을 취재하며 이런 질문을 할 때마다 스스로 참 엉큼하다는 생각을 한다. 대략의 모범답안을 생각해두고 있으면서 나는 왜 굳이 이 질문을 빠뜨리지 않고 하고 싶은 걸까?

"지원에 대한 관심은 열어놓고 있지만, 지원을 받기 위해 뭔가를 억지로 만들어낼 생각은 없습니다. 장기적으로 자체적인 계획에 따라 하나씩 해 나가는 방향으로 협동조합을 운영하고 싶거든요. 지원에 초점을 맞추다 보면 계획이 흔들릴 수도 있을 거라고 생각해요. 혹시라도 지원을 받고 사용하는 과정에서 내분이 생길 수도 있고요. 그래서 두려움도 있고, 조심스러운 편입니다. 저희는 조합을 장기적으로 오래 유지하는 게 더 중요하다고 생각하거든요."

참으로 똑 부러진 대답이다. 이제 몇 개월 되지 않은 협동조합의 생각이라니 내심 놀라기도 했다. 지금까지 외부의 지원을 바라고 협동조합을 설립하려는 이들을 너무 많이 보아온 탓일까?

"돈을 최우선으로 생각하는 건 위험한 것 같아요. 설립의 목적이 지원을 받는 게 돼선 안 되겠죠."

'돈보다는 사람이 먼저'라는 한국성수동수제화협동조합 식구들의 이야기를 듣다 보니 협동조합의 가치와 원칙에 탄탄히 뿌리내리려는 건강함이 느껴졌다.

항시적으로 교육에 참여하려는 노력이 필요

"4~5년 전부터 함께하는 방식을 고민하다 보니 관심을 갖고 공부했습니다. 자료조사도 많이 하고, 상담센터에서 상담을 하며 받은 자료도 다시 보고…. 특별히 이론 교육을 따로 잡아서 하고 있지는 않지만, 늘 회의를 하면서 얘기하는 편입니다."

한국성수동수제화협동조합은 일곱 명의 조합원이 워낙 자주 만나 회의를 진행하다 보니 현재로서는 별도의 교육 시간을 따로 마련하고 있지는 않다고 한다. 협동조합 설립 전부터 지금까지, 운영 방향을 결정하는 과정에서 자연스럽게 협동조합의 원칙이나 가치 등에 관련된 얘기를 나눴다는 것이다.

"따로 날을 잡아 교육하기보다는 실제로 운영하면서 자연스럽게 배우게 됩니다. 스스로 알게 하고 찾아보도록 하죠."

새롭게 시작하는 협동조합의 경우에 항시적인 교육은 무엇보다 중요하다. 협동조합에 대한 신념과 확신, 그리고 이를 실천하기 위한 자기 노력이 협동조합의 성패를 좌우하기 때문이다. 협동조합은 가입과 탈퇴가 자유로운 곳이다 보니 어려움에 봉착했을 때 책임을 회피하고 조합을 탈퇴하는 조합원도 있을 수 있다. 아이엠에프를 겪으며 경제적 어려움으로 조합원이 탈퇴하여 경영난을 겪었던 공동육아 어린이집의 사례가 떠오른다. 공동육아협동조합의 경우, 부모들의 출자금만으로 터전을 마련하기 때문에 일인당 몇 백만 원이

★ 제1회 협동조합의 날 기념 박람회에서 만난 한국성수동수제화협동조합의 부스. 반가운 마음에 조합원들의 환한 얼굴을 사진에 담았다.

들 정도로 출자금의 규모가 크다. 이들 중 서너 명만 탈퇴해도 돌려줘야 할 출자금이 천만 원을 훌쩍 넘게 된다. 자본금이 많지 않은 협동조합의 특성상 곧바로 어려움에 처할 수 있다. 결과적으로 헌신적인 조합원의 출자와 참여로 위기를 모면하여 자리를 잡았다고는 하지만, 협동조합은 늘 이와 같은 문제를 안고 있다. 위기의 순간을 함께 헤쳐나갈 책임 있는 조합원은 교육을 통해 만들어지는 것이다. 협동조합은 늘 협동조합의 가치와 원칙을 공유함으로써 조합이 제대로 운영될 수 있도록 하고, 신뢰를 바탕으로 조합원의 보다 적극적인 참여를 이끌어내야 하는 것이다.

"관련 분야의 전문가들이나 협동조합에서 명망이 있는 분들의 강의를 들을 수 있는 기회가 많아졌으면 합니다. 저희끼리 얘기하는 것도 중요하지만, 아무래도 그런 분들의 오랜 경험에서 나온 이야기들은 더욱 신뢰할 수 있을 것 같아요."

협동조합에 대한 사회적 관심이 높아지면서, 이제는 관련 단체나 자치단체에서 하는 협동조합 관련 교육도 제법 많아졌다. 이곳 한국성수동수제화협동조합에서도 이러한 교육은 놓치지 않고 꼭 찾아 듣는다고 한다. 여건상 한 사람씩 돌아가며 교육에 참여하고 돌아와 자료를 돌려보며 얘기를 나누는 정도지만, 늘 잊지 않고 참가하고 있다.

신생 협동조합의 고민

"협동조합을 설립하고 난 뒤, 운영에 대한 교육이 없다는 게 아쉬워요. 설립 절차에 대한 건 교육이나 상담 받을 곳이 많은데, 설립 후의 절차 등에 대한 내용은 부족한 것 같아요. 실제로 협동조합으로 인가가 나오면 기간 안에 법인 등록까지 마쳐야 하는데, 그것조차 모르는 경우도 많거든요. 게다가 법인등기를 해주는 등기사도 협동조합에 대해서는 잘 모르겠다고 하는 경우도 있어요."

"저희 같은 영세 사업자들은 대부분 개인 단위의 사업자다 보니 법인을 운영해 본 경험이 없습니다. 개인이 할 때는 사장 마음대로 돈을 융통할 수 있었는데, 법인 통장으로 결제하며 일정한 절차를 거쳐야 하니, 왜 맘대로 못 쓰냐며 이해를 못하는 경우도 있어요. 부과세가 일반 사업자보다 싸다는 것만 생각한 채, 법인 사업자와 개인 사업자의 차이를 잘 모르고 있었던 것이죠. 저희 같은 영세업자들에겐 법인에 대한 교육도 절실합니다."

설립 후에도 상담을 받을 곳이 마땅히 없다 보니 지식경제부에서 나온 2백 페이지 이상 되는 지침서를 교재 삼아 공부하고 자체적으로 해결해왔다고 한다. 그나마 이곳의 경우는 다양한 분야의 사람들이 모여 있다 보니 다방면의 정보를 나눌 수 있어 그나마 수월하게 해결한 편이다. 하지만 이와 같은 어려움을 호소하는 신생 협동조합은 결코 적지 않다.

"세무서나 법무사 협동조합 같은 것들도 만들어지면 정말 대박 날 것 같은데 말이죠."

농담 반 진담 반으로 재미삼아 얘기하긴 했지만, 도움도 받고 협동조합끼리 실질적인 연대도 가능한 이와 같은 협동조합도 하루속히 만들어지길 기대해본다.

다행스럽게도 올 7월부터는 이미 설립된 협동조합들이 필요로 하는 교육의 장이 열릴 것이라고 한다. 서울시 사회적경제과에서는 이와 같이 설립 후 협동조합에 대한 실질적인 교육과 함께 협동조합 상담센터를 '상담 지원센터'로 확대 개편할 마무리 준비에 박차를 가하고 있다.

"교육 잘 받고 일단 협동조합만 만들면 알아서 잘될 줄 알았죠. 신발이야 만날 만들어 팔던 것이니 자신감도 있었고요."

조합의 지난 몇 달을 되짚어보며, 설립 후 조합 운영이나 사업 경영에 필요한 일들이 무척 많다는 걸 실감했다고 한다.

사실 이들 신생 협동조합이 직면한 어려움과 변수는 곳곳에 있다. 최근 하루가 멀다 하고 나오는 협동조합 관련 기사나 카더라 통신 중에는 협동조합에 대해 다소 부풀려진 내용도 많다. 마치 몇몇 협동조합이 생각하고 있는 계획이 지금의 모습인양 비춰지기도 하고, 협동조합에 대해 막연한 환상을 갖게 하는 내용도 보인다. 때로는 협동조합을 마치 노동조합과 비슷한 단체쯤으로 생각하는 경우도 있다. 실제와 다소 차이가 나는 이런 얘기들은 조합원 사이에 오해를 불러일으킬 수도 있다.

★ 서울 시민청 다누리 매장에서 만난 한국성수동수제화협동조합의 수제화들.

"저흰 오해의 소지가 있는 것들은 그때그때 바로 해결합니다. 부풀려진 내용은 정확히 다시 짚어보며, 계획하고 있는 것과 진행 중에 있는 것을 확실히 구별해서 설명하고 있어요."

한국성수동수제화협동조합 조합원들은 지난 몇 달간 운영해오며 조합원들끼리 생각을 공유하는 것이 무엇보다 중요하다는 것을 깨달았다고 한다. 좋건 나쁘건 혼자만 생각할 것이 아니라 자주 만나 소통하려고 노력해야 한다는 것이다.

일에 대한 자부심으로 더 나은 품질을 꿈꾸다

지난 4월 성수아트홀에서는 '손, 작은 마을의 희망 수제화 장인들의 사진전'이 열렸다. 한국성수동수제화협동조합 조합원들이 십시일반 돈을 모아 개최한 것으로, 성수동 수제화를 알리기 위해 마련된 사진전이었다. 성수동 수제화 장인들의 작업 모습을 담은 흑백사진들은 모두 박경진 이사장이 디자인 연구를 위해 틈틈이 찍어둔 사진이라고 한다.

"공장에 가면, 폐쇄되어 있는 한정된 공간에서 자기 일에 몰두하고 있는 모습을 볼 수 있어요. 오늘 몇 개를 만드느냐에 따라 수익이 달라지는 분들인데, 사진전을 통해 이분들의 자존감을 높여드리고 싶었어요."

박경진 이사장의 이야기를 듣자니, 웃음이나 대화 없이 이어지는 구두공들의 익숙한 손놀림이 떠오른다. 본드 냄새가 진동하는 수제화 공장 안엔 구두망치 소리와 태커 소리만 연이어 들린다. 칸칸이 이어진 작업대 앞 한 뼘 공간에는 수제화 장인들이 있다. 묵묵히 자신의 소임을 다하는 듯 보이던 이들의 기계적인 손놀림에는 실상 희망을 잃은 먹먹함을 담고 있었나보다.

이곳 성수동 수제화 공장에는 외국인근로자가 없다고 한다. 수제화 기술이라는 게 최소 3년은 배워야 밥벌이를 할 수 있는 일이다 보니 외국인근로자들도 기피하는 어렵고 힘든 일이란 얘기다. 이곳에서 일하는 사람들은 대부분 30여 년 이상 경력의 베테랑 수제화 장인들이다. 50대 이상의 장노년층이고, 젊은 사람은 찾아볼 수 없다. 이대로 가다간 조만간 수제화의 맥이 끊길 판이다.

"전시된 자신의 모습이나 관람객의 반응을 보며, 우리들이 하는 일이 가치 있게 평가되고 있다는 것도 느끼고, 자기 일에 대한 자부심도 높일 수 있는 계기가 되었지요. 그리고 결과적으로 더 좋은 제품을 만들어야겠다는 마음가짐을 갖게 되었을 거라고 생각합니다."

한국성수동수제화협동조합은 이번 사진전 개최 후, 성수아트홀 상주 예술단체인 공연예술제작소 '비상'이 준비 중인 연극에도 참여하게 되었다고 한다. '수제화 장인들, 문화를 신다'라는 문화활동 프로젝트에 참여하여 수제화 장인들의 이야기를 알리고 직접 무대에 설 기회를 갖게 되었다고 한다. 2014년 2월 성수아트홀에서 공연될 예정이라니 벌써부터 기대가 된다.
이곳에서 만든 구두는 현재 조합사무실이나 홈페이지는 물론이고, 서울시청 지하의 시민청에 있는 다누리샵에서도 구입할 수 있다. 또한 전국 곳곳의 구두 매장에서 한국성수동수제화협동조합에 러

★ 성수동의 수제화 공장에서는 젊은이들은 찾아보기 힘들다. 이대로 가면 언제 국내 수제화의 명맥이 끊길지 알 수 없다.

브콜을 보내고 있는 상황이라 조만간 보다 쉽게 협동조합표 구두를 만날 수 있게 될 것 같다.

또한 2013년 하반기부터는 '이베이' 쇼핑몰에서도 쉽게 구입할 수 있게 될 전망이다. 현재 한국성수동수제화협동조합은 이베이 수출 지원 사업으로 지원을 받아 세계 곳곳의 소비자들과 만날 준비 작업에 들어갔다고 한다. 이는 2010년부터 꾸준히 크리스진 홈페이지 등을 통해 수출을 준비하고, 수출 바이어와의 만남, 바이어 초청 전시회 등을 개최하며 준비해온 결과일 것이다. 협동조합의 원칙을 지키며 사업적 성공을 위해 이제 막 홀로서기를 시작한 이들의 내일이 더욱 기대된다.

한국성수동수제화협동조합

국내 수제화의 80퍼센트가 생산되는 성수동에서 수제화를 만들고 연구하는 업계 종사자들이 만든 수제화협동조합이다.

한국성수동수제화협동조합의 경영철학은 '굿디자인 & 굿프라이스'이다. 디자이너의 감각과 30년 장인의 기술, 그리고 선별된 좋은 가죽 소재를 사용하여 일관된 품질로 좋은 디자인의 제품을 생산하고, 거품 없는 합리적인 가격으로 대중과 만나고자 한다. 기본 라인에 충실한 구두를 기반으로 하여 흥미로운 디테일과 소재로 디자인의 다양성을 표현하고 있다. 또한 핸드메이드 장식과 디테일이 주는 감성적 매력인 자연스러움, 섬세함, 편안함, 여성적 온화함에 집중하되, 건축과 조형의 영감을 구두에 접목하여 보다 새롭고 진화된 모던 라인을 시도하고 있다.

설립연도 2013년 3월
조합원 수 7명
가입 및 이용 방법 협동조합 사무국에 방문해 출자금 1구좌 20만 원, 조합비 20만 원을 납부하면 가입할 수 있다. 추후 홈페이지를 통하여 가입할 수 있도록 준비 중에 있다.
인터넷 몰 www.krisjin-eshop.com
블로그 coop5.tistory.com
브랜드 홈페이지 www.krisjin.co.kr
문의 02-466-6739, 010-3335-6739

친목 모임에서 협동조합으로, 영세한 봉제공장의 희망 찾기

서울의류봉제협동조합

창신동 돌산 밑 절벽마을로 이어진 골목골목엔 가끔씩 오가는 오토바이와 작은 트럭들이 눈길을 끈다. 낮은 상가 건물 뒤로 다세대 주택들이 촘촘히 들어서 있는 이곳은 그저 평범한 주택가 골목이 아니다. 이들 다세대 주택에는 동네 옷가게보다 작은 봉제공장들이 숨어 있다. 이곳이 바로 동대문시장 의류의 생산 기지, 창신동 봉제골목이다. 2,800여 곳의 영세한 공장들이 밀집해 있는 이곳 창신동 봉제골목에도 협동조합의 바람이 불었다. 봉제공장의 사장들이 모여 서울의류봉제협동조합을 만든 것이다.

창신2동. 종로로 향하는 동대문 큰 길을 오가며 골목골목 돌산 밑 절벽마을로 이어진 그곳이 참 궁금했다. 호기심 어린 눈으로 힐끗 거리긴 했지만, 휘어진 듯 촘촘히 이어진 길은 쉽게 속내를 드러내지 않았다. 그렇다고 성큼 발을 내딛을 용기도 나지 않았다.

낡은 상가건물 사이로 난 길을 오르니 서울 도심에 이런 곳이 아직

까지 남아있었나 싶다. 차 두 대가 간신히 지나가는 좁은 길에는 사람보다 가끔씩 오가는 오토바이나 작은 트럭이 눈길을 끈다. 휙 하고 오토바이 한 대가 빠르게 스쳐 지나갔다. 놀란 마음에 걸음을 멈칫거렸다. 잠시 숨 좀 돌릴까 하고 주변을 둘러 보니 저만치 하늘 아래 다닥다닥 붙은 다세대주택들이 눈에 들어온다.

'이곳이 봉제골목이 맞긴 맞나보네.'

서울에서 나고 자랐지만, 이곳 봉제골목은 내겐 무척 낯선 공간이다. 겉으로는 그저 다세대주택들이 촘촘히 늘어선 주택가로 보이지만, 그저 평범한 주택가 골목이 아니다. 이들 다세대주택에는 작은 봉제공장들이 숨어 있다. 동네 옷가게보다도 작은 봉제공장에서는 주로 동대문시장에서 주문 받은 옷들을 생산하고 있다. 종업원이라고 해봐야 다섯 명 이내이고, 일고여덟 명이면 규모가 큰 편에 속한다. 일반 가정집에서 두 부부끼리 일하는 곳도 많다. 이곳 창신동에만 이런 영세한 공장들이 2,800여 곳이나 된다고 한다.

마주 오던 트럭 두 대가 한참동안 실랑이를 벌이다 가까스로 빠져나간다. 그 뒤로 창신2동 주민센터가 보인다.

'이쯤이라고 했는데….'

고만고만한 작은 가게들이 줄지어 늘어선 상가건물들에 다다다닥 붙은 간판들 사이에서 서울의류봉제협동조합 사무실을 알리는 현판을 찾기란 쉽지 않았다. 다행히 친절한 주민들 몇몇을 거쳐 동네의 실속 정보통인 야쿠르트 아주머니의 안내로 입구를 찾을 수 있었다. 격식을 갖춘 나무 현판에는 '의류봉제사랑회'라는 글씨가 새겨져 있었다.

647골목에서 고기 구워 먹다 협동조합 설립까지

서울의류봉제협동조합은 '647모임'으로 시작해 '의류봉제사랑회'로 발전한 친목모임 회원들이 만든 협동조합이다.

"2008년도인가? 서울시에서 무상으로 컴퓨터를 가르쳐주는 교육이 있었어요. 8주 동안 매번 만나 교육을 받다 보니 자연스레 친해지게 되었죠. 그때 수료한 아홉 명이 계속 만남을 이어갔는데, 주로 요 앞 골목길에서 모여 고기를 구워 먹었지요. 그때 지나가던 주민들도 같이 어울려 먹다 멤버가 되기도 하고 그랬죠."

서울의류봉제협동조합 박귀성 회장은 늘 해오던 얘기인 양 조합의 지난 역사를 술술 풀어간다.

"골목에서 고기를 구워 먹다 보니 민원이 들어와서 인근 식당으로 옮겨 정기적으로 모임을 갖기 시작했죠. 다들 이곳 창신동 647번지에서 공장을 하는 사람들이라 모임 이름도 '647'이라 하고…."

그야말로 단순한 친목이던 647모임은 다달이 사람이 늘어갔다. 열 명이 스무 명이 되고, 그렇게 계속 늘어나 몇 년 새 200명이 되었다고 한다.

"하다 보니 사람 수가 너무 많아져서 조직화할 필요성이 제기된 거예요.

그래서 결국 단체를 만들게 되었지요. 다들 봉제하는 사람들이라 '의류 봉제사랑회'라고 모임 이름을 바꾸고, 봉제를 살려보자는 의도로 일을 해보자 한 것이지요."

빨간 꽃 노란 꽃 꽃밭 가득 피어도, 낙엽은 떨어지고, 흰 눈이 소복이 쌓여도 잘도 돌아간다는 미싱도 이젠 멎어 있는 날이 많다.

꽁꽁 얼어붙은 경기에, 중국과 베트남 등지에서 밀려온 저가 의류와 중저가의 SPA제조 유통 일괄화 의류 브랜드들에 밀려 가쁜 숨을 쉬며 달려왔지만 역부족이었다. 그렇다고 작업 환경이 좋아진 것도 아니다. 아침에 맡긴 옷이 저녁에 나온다는 말은 여전히 이곳 영세한 봉제공장들에겐 유용하다. 동대문 도매상들이 아침에 주문한 옷은 재단 과정과 미싱을 거치며 순식간에 옷으로 만들어진다. 하루에 몇 백 장의 주문량을 채워 동대문으로 보낸다.
이렇듯 대부분의 봉제공장들은 주문이 밀려들 때는 밤낮없이 일을 해야 하지만, 비수기인 1, 2월이나 휴가철이 끼어 있는 여름 시즌에는 일감이 없어 폐업 상태나 다름없는 곳이 많다.

"이곳 창신동 봉제공장에서는 외국인근로자를 찾아보기 힘들어요. 불법 이주노동자 단속도 워낙 심하고, 예전과 달리 고용주도 벌금을 물기 때문이죠. 게다가 젊은 이주 여성들은 아무래도 어린 자녀들이 있으니 이

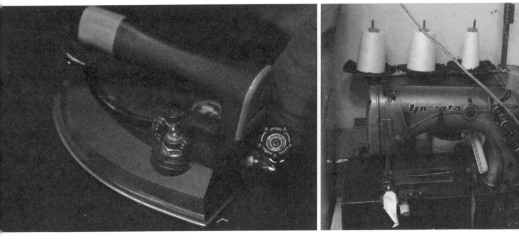

★ 여름과 겨울 기간의 비수기에는 바쁘게 돌아가던 미싱도 멎어 있는 날이 많다.

른 아침부터 늦은 밤까지 일하는 이곳 환경에서 근무하기 힘들죠."

서울의류봉제협동조합 구연희 과장의 설명이다.

현재 이곳 봉제공장 종사자의 평균 연령은 50대로, 젊은 사람들은 찾아볼 수 없다. 설사 젊은 사람들이 온다 해도 이들을 교육시킬 곳이 마땅치 않다는 것도 문제다. 이곳 봉제공장에서 주문 즉시 하루 안에 옷을 뚝딱 만들어내는 구조는 숙련공들이기에 가능한 작업이다. 초보자를 데려다 가르치며 키워낼 만한 여건이 안 된다는 얘기다.

"저 같은 경우는 36년 동안 봉제 일을 해왔는데, 이젠 일감 구하기도 힘들고, 사람 구하기도 힘들고, 배우는 사람은 없고, 그러니 미래가 걱정이죠."

박귀성 회장은 현재 이곳 창신동에서 봉제공장을 운영하고 있다. 서울의류봉제협동조합 조합원의 80퍼센트 이상은 이곳 창신동의 소규모 공장 사장들이다. 주로 서너 명이 일하는 영세한 공장의 사장들이지만, 봉제 경력만 최소 25년 이상인 그야말로 잔뼈가 굵은 이 바닥의 장인들이다. 이들에겐 오늘날 봉제 산업의 문제가 누구보다 피부 깊이 와 닿았을 것이다. 결국 이대로 가다간 봉제 산업의 맥이 끊길지 모른다는 위기의식이 이들을 모이게 했고, 협동조합 설립으로까지 이어진 것이다.

협동조합은 보통 우리 사회의 결핍된 공간에서 시작된다. 내 아이를 믿고 맡길 어린이집을 찾다 못해 결국 뜻 맞는 부모들이 힘을 모아 어린이집 협동조합을 만든 것처럼, 그리고 안전한 친환경 먹거리를 찾아 생활협동조합을 만들었듯이 협동조합은 절박함을 느낀 이들이 협동의 힘으로 문제를 개선하고자 만든 조직이다. '다섯 명이면 누구나 쉽게 만들 수 있다는데, 우리도 한번 만들어볼까?' 하고 가볍게 생각하는 이들도 적지 않다. 협동조합은 임의 단체가 아닌 법인체다. 쉽게 만들고 쉽게 문 닫는 그런 곳이 아니라는 얘기다. 마음과 뜻을 모아 조합원 한 사람 한 사람의 출자로 만든 작은 회사이기에 그 정성만큼이나 큰 책임이 따르는 것이다. 한번 만들어볼까 하고 나섰다면, 우리에게 어떤 절박함이 있는지 다시 한 번 생각해보는 것이 먼저일 것이다.

공동브랜드 개발과 공동구매로 활로를 모색하다

서울의류봉제협동조합에서는 현재 공동브랜드 개발을 목표로 다양한 사업을 준비하고 있다. 이러한 공동브랜드 개발을 통해 오늘 주문 받아 내일 물건을 납품하는 현재의 시스템을 개선할 수 있을 것이라고 기대하고 있다. 여름 상품을 봄부터 준비하는 계획 생산이 가능한 체계로 차츰 변화시켜 가겠다는 것이다. 또한 중간 유통단계를 줄여 소비자와 생산자가 믿고 거래할 수 있도록 하겠다는 생각이다. 아울러 새로운 인력 양성을 위한 교육 사업도 진행하겠다는 포부를 갖고 있다. 지난 6월에는 종로구 '구인구직 만남의 날' 행사에 참여하여 협동조합 사무실에서 채용면접 및 취업 상담과 컨설팅을 제공했다.

현재 서울의류봉제협동조합에서는 원부자재 공동구매 사업도 진행하고 있다. 이들의 공동구매 물품에는 실 같은 원부자재와 함께 커피믹스도 포함되어 있다. 공장 식구들이 많이 마시다 보니 이렇게 공동구매 품목에도 올라온 것이다.

서울의류봉제협동조합은 지난해 7월부터 준비해 12월 창립총회를

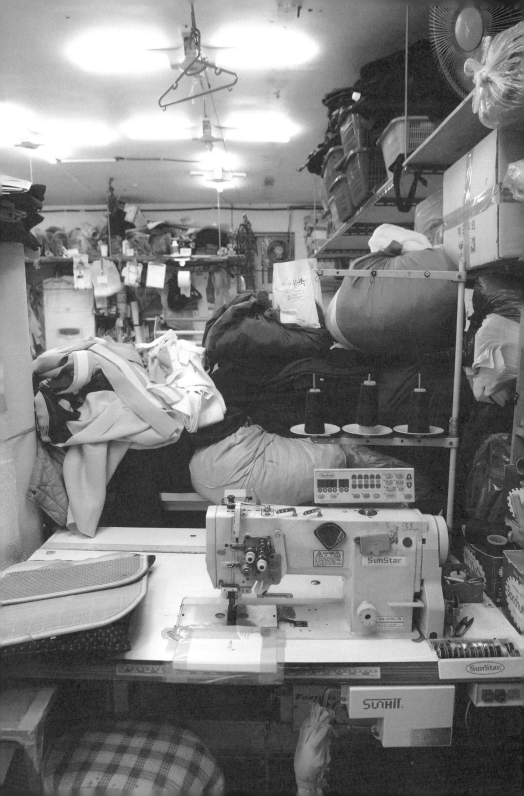

★ 서울의류봉제협동조합의 박귀성 회장(가운데)과 조합원들, 제일 왼쪽에 홍일점 구연회 씨도 보인다.

거쳐 지난 1월에 협동조합으로 정식 수리되었다. 출자금은 한 구좌에 10만 원이다. 마흔여섯 명의 조합원으로 시작하여 2013년 4월에는 약 200여 명이 되었다. 게다가 조합원은 더욱 꾸준히 늘고 있다고 한다. '의류봉제사랑회'의 430명 회원 중 절반 정도가 조합원이 된 것이다.

"물론 사랑회 회원들이 모두 조합원이 되었으면 좋겠지요. 하지만 이곳 봉제골목에서는 10만 원 내기도 벅찬 분들이 있습니다."

현재 협동조합이 설립되었지만, 의류봉제사랑회 모임도 여전히 지속되고 있다. 매달 한 번씩 진행하는 모임은 밤늦게 끝나는 봉제 일과의 특성상 밤 아홉 시에 모인다. 이러저러한 세상살이나 일감 얘기를 나누며 친목을 도모하는 모임이지만, 매월 150명의 회원이 참여할 정도로 그 결속력은 끈끈하다. 의류봉제사랑회는 협동조합 조합원이 아니어도 누구나 참여할 수 있다고 한다.

"처음 사랑회 모임을 시작하며 사무실이 있어야 하니 임원들 중 열 사람만 300만 원씩 걷어보자고 했죠. 그런데 스물한 명이 낸 거예요."

사랑회 모임 때부터 이와 같은 열성적인 임원들이 있었기에 조합 설립도 가능하지 않았나 생각해본다. 이곳 서울의류봉제협동조합은 신설 협동조합 치곤 조합원 수도 많고 임원진도 비교적 탄탄하게 꾸려져 있다. 이는 친목 모임 시절부터 쌓아온 신뢰가 있었기에 가능한 일이었다.

"어서 오십시오. 김 사장님, 오셨으면 악수도 하고⋯."
"워메, 부위원장 와 버렸네."
"아따, 여기서 보니까 반갑소잉."

임시 이사회가 열리는 조합 사무실에 속속 조합 이사들이 모여들기 시작한다.

"3팀 다 왔네, 진짜로."

"시간 됐는디, 시작합시다요."

"아따, 5분만 기다리랑께."

"5분 주세요. 5분."

"빨리 와, 회의를 못하고 있잖아."

"아무개는 시골 갔어. 시골."

반갑게 인사 나누는 소리며, 참가 여부를 확인하는 통화 소리까지 조용했던 사무실이 이내 시끌벅적하다.

"1팀 다 참석했습니다."

"2팀은 오고 있습니다."

"3팀도 방금 다 왔습니다."

"4팀은 참석 못하는 이사들 위임 받았고, 나머지는 모두 참석했습니다."

4개의 팀으로 나눠 조장이 빠르게 출석을 확인하는 모습이 꼭 학창 시절을 연상시켜 인상적이었다. 간간이 섞여 나오는 사투리도 정겨웠다.

이곳 서울의류봉제협동조합은 이사를 포함한 운영위원이 모두 마흔세 명이다. 이날은 워낙 급박하게 잡힌 이사회다 보니 스물다섯 명 정도만 참여했다. 평소에는 마흔 명 가까이 참석하여 출석률도 높은 편이라고 한다. 이날 임시 이사회에서는 공동매장 확보에 따른 이전 문제가 주로 논의되었다.

"솔직히 저흰 협동조합 내용은 잘 몰랐어요. 구 과장이 알아서 했죠. 여기선 알짜형, 척척박사로 통해요."

이들에게 협동조합에 대해 알려주고, 설립에 필요한 제반 서류를 준비하고, 인가에서 법인등록 과정까지 실질적인 일을 도맡아온 이가 구연희 씨다. 50대 아저씨들 틈바구니에서도 똑 부러지게 맡은 일을 처리하는 그녀가 처음부터 예사롭게 보이진 않았다. 협동조합이 민주적으로 운영되는 조직이라 하지만, 이를 실현하는 일은 생각보다 쉽지 않다. 특히나 중

★ 다세대주택 1층의 봉제공장. 창신동 다세대주택의 골목골목에는 이런 작은 봉제공장들이 곳곳에 있다.

장년층 남성들 특유의 권위 의식과 '내 밑에서 일하던 누구'라는 일종의 서열 의식이 남아 있는 제조업 공장들에선 더더욱 쉽지 않다. 이곳도 협동조합을 공부하고 원칙에 맞게 운영해가는 것이 그렇게 쉬운 일은 아니었을 것이다.

"협동조합에 대한 교육 프로그램을 어플리케이션으로 개발했으면 좋겠어요. 애니팡이나 다함께 차차차 같이 게임하다 교육 내용을 꼭 이수해야 다음 단계로 넘어가는 머 그런 거요. 그리고 협동조합 실무를 진행할 수 있는 인력도 양성되었으면 좋겠어요. 경력단절 여성을 위한 일자리로도 괜찮을 것 같은데…."

구연희 씨의 바람처럼 누구나 재미있게 게임하듯 협동조합을 공부하는 환경이 만들어지길 기대해본다. 아울러 정부나 자치단체에서 신설 협동조합에 대한 금전적 지원보다 교육이나 인력 지원 등에 대한 보다 깊은 고민도 필요할 것 같다. 더불어 선배 생협들의 적극적인 연대의 장도 하루빨리 만들어지길 기대해본다. 이들 생산자협동조합에게는 소비자협동조합의 사업적 연대의 손길이 절실하다. 이곳에서 주문생산한 의류를 생협의 공동구매 물품으로 한정 공급해보는 건 어떨까? 그도 아니면 생협의 내년 초 총회 시즌 조합원 선물로 이곳에서 주문제작한 앞치마를 함께 맞춰보는 건 어떨까? 한참 비수기인 이들 봉장공장에 조금이나마 도움이 되지 않을까 생각해봤다.

크고 작은 연대의 흐름 속에서 소비자 조합원의 건강까지 생각해 만든 이들 신생 생산자협동조합의 생산품을 생협 장터에서 만나게 되길, 협동조합이 함께 성장할 수 있는 토양이 만들어지길 기대해본다.

서울의류봉제협동조합

2008년 8월 창신동 647번지 일대의 봉제업주 10여 명이 모여 친목·봉사모임인 '647모임'을 결성하였고, 회원수가 증가하여 2012년에 '의류봉제사랑회'로 이름을 바꾸었다. 공동사업 및 체계적인 관리를 위한 조직화 필요성으로 ㈜서울의류봉제협동조합추진단을 설립하였고, 2013년 1월에 서울의류봉제협동조합으로 조직을 변경하였다.

설립연도 2013년 1월
조합원 수 216명
가입 및 이용 방법 가입신청서를 작성한 후, 1구좌 10만 원 이상 납부하면 가입할 수 있다. 조합원이 되면 매월 만 원의 조합비를 납부하여야 한다.
문의 02-745-0973, SGSC2000@gmail.com

협동조합의 희망 멘토를
찾아서 2

두레생협연합회 이금자 회장

'지역에서 시작하라.'

협동조합을 공부하다 보면 한 번쯤은 들어봤을 얘기다. 지역 안에서 쌓은 신뢰를 바탕으로 사람들을 모으고, 그런 인적 결사가 협동조합의 성공 비결이 된다는 얘기인데, 현실로 돌아오면 참 막막하다. 어디서 어떻게 사람을 모아야 하는지, 지역 안에서 신뢰는 어떻게 쌓아야 하는지, 당최 무슨 뜬구름 잡는 얘기인 것만 같다. 그저 좋은 사업 아이템으로 사업만 잘하면 될 것을 굳이 지역에서 왜 시작하라는 건지 이해가 되질 않는다.

그렇다면 선배 협동조합의 경험과 노하우를 들어보면 어떨까? 지역을 기반으로 성장해 온 지역 생협들의 사례를 통해 협동조합에 대한 이해도 높이고 성공 비결도 알아보자. 이러한 이야기를 듣기 위해 지역을 기반으로 성장한 지역 생협들이 모여 만든 두레생협연합회 이금자 회장을 만나보았다.

협동의 가치와 정신으로 무장하다

두레생협연합회의 회원 생협인 현 경기두레생협의 창립자이기도 한 이금자 회장은 두레생협연합회의 전신이라 할 수 있는 수도권생협연합회의 설립 당시부터 지금까지 두레생협연합회의 활동을 함께해온 두레생협 역사의 산증인이다. 지역 생협 설립 후 상무로 생협 살림을 맡아 사업을 진행해오다 지역 생협 이사장을 거쳐 현재 두레생협연합회 회장을 맡고 있다.

"처음에야 조합원도 많지 않고, 자본금이 없으니, 다른 단체나 교회, 절 같은 종교시설 안에서 시작한 곳이 많았어요. 매장은 물론이고 사무실을 낼 형편도 아니었거든요. 월급 줄 돈도 안 되고, 대부분 자원봉사 활동이었지요."

이금자 회장도 당시 석왕사생협현 경기두레생협 상무로 모든 사업을 맡아 운영했지만, 월급이라 해봤자 20~30만 원이 전부였다고 한다. 초창기 변변한 사무실조차 없던 그 시절 상무라 하면, 상담전화도 받고, 조합원 관리에서부터 물품 주문은 물론이고 공급까지 모든 사업을 맡아 운영해야 했다. 공급차량도 없던 시절이다 보니 생산지에서 오는 물품은 고속버스 화물로 받아야 했다. 때론 그렇게 직접 배달도 다녔다. 당시 개인적으로 구입한 소형차는 폐차할 때까지 생협 배달차와 다름없이 사용했다. 기름 값도 제대로 못 받고 일하는 건 당연지사. 당시 생협의 열혈 조합원 중에 배달 한 번쯤 안 해본 이도 없을 것이다. 주말이면 남편들도 덩달아 배달 일에 투입되기도 했다.

"초기에 기업가나 창업가 정신을 가진 사람이 한둘이라도 있느냐 없느냐에 따라 성패가 좌우된다고 봅니다. 저도 그랬던 거 같아요. 거의 미친 듯이, 누가 봐도 납득이 안 되는데도 그렇게 열심히 하니 사람들이 붙기 시작하더라고요. 대부분 생협들이 그랬을 거라 생각해요. 비록 월급은 못 받고 일하지만, 좋은 일이고 가치 있는 일이라는 것에 큰 의미를 뒀던 거 같아요."

현재 경기두레생협은 만 오천 명의 조합원에 백억 대의 자본금으로 부천 시흥지역에서 가장 규모가 큰 생협으로 성장했다. 이는 이렇듯 초기 창업가 정신으로 무장한 사람들이 있었기에 가능한 일이었다. 10원 한 장 못 받아도 함께하겠다는 정신이 바탕이 되었다는 얘기다.

"물론 그때와 지금은 달라요. 그래도 협동조합이 모두가 주인이란 얘기는 아무도 주인이 아닐 수도 있다는 얘기에요. 그렇기 때문에 주인의식을 갖는 핵심 리더들이 없으면 협동조합은 살아남을 수 없습니다."

그렇게 직원들과 함께 헌신적으로 사업을 일구자, 옆에서 지켜본 이사들도 "나는 좋은 일이고 뭐고 몰라, 근데 내가 너를 보면, 자기 거라도 저렇게 열심히 안 할 텐데. 정말 좋은 일 한다고 저러고 뛰어다니는데, 그래 내 도와줄게!" 하며 적극적으로 움직이게 되었다고 한다.

"저는 그게 바로 '협동'이라고 생각합니다."

이금자 회장의 한마디가 오래도록 머릿속을 맴돌았다. 그렇게 진한 여운과 함께 따뜻한 협동의 신화 한 편을 그려 놓았다. 주인의식이 사업을 일으키고, 그들의 헌식적인 모습이 협동을 이루는….

가치와 사업적 성공을 함께 고민하다

"지역에 매장을 냈는데, 돈이 없으니 골목 구석 그야말로 아무도 찾을 수 없는 곳에다 낼 수밖에 없었지요. 그렇다고 저희가 광고 전단 돌릴 돈이 있었던 것도 아니고, 어차피 우린 입소문 밖에 없다고 생각하고, 모든 조합원이 이곳 매장에서 약속을 잡자 한 거예요. 동네 사람들이 우리 매장을 모르니 지나가는 모든 사람을 불러들이자 했던 것이죠."

당시 그렇게 날이면 날마다 생협에 와서 봉사하는 조합원들을 보며 무슨 다단계 직원이냐는 얘기도 농담 삼아 나눴다.

"어떻게 사람의 마음을 움직이고 모아내느냐가 협동조합을 처음 시작하는 사람에게 가장 중요한 일이라고 생각합니다. 생협이 지향하는 믿을 수 있는 먹거리, 환경, 아이들에게 물려줄 수 있는 미래, 이런 것들이 참으로 중요한 일이라고 생각해요. 우리가 생활 속에서 우리의 삶의 질을 개선하는 일이 더 나은 사회를 만들 수 있다는 저 나름대로의 신념이 있었어요. 그게 있었기 때문에 더 열심히 하게 되고, 제가 열심히 하니까 그 안에 사람들이 모이는 거죠. 초기에는 그게 가장 중요했습니다. 당시 생협들도 다 비슷했을 거라고 봅니다."

두레생협연합회의 성남 지역 생협인 주민두레생협의 경우는 초창기 몇 년 동안 다섯 명의 조합원이 반을 만들어 물건을 공급받았다고 한다. 같은 반 다섯 명의 조합원이 한 집에 모여 함께 물건을 공급 받고 물품을 나눠 가지고 가는 방식이었다. 일주일에 한 번씩 물품을 공급하는 날이면 자연스레 작은 마을 모임이 이뤄졌다. 물품 얘기도 하고, 살아가는 얘기도 하면서 물건을 나눠 가져갔다. 생산자가 직접 물건을 가져오는 날이면 그 자리에서 생산자와의 만남이 이뤄지기도 했다. 그렇게 함께 나누며 이웃도 알게 되고 먹거리와 환경, 우리 농업에 대한 생각도 키우게 된 것이다. 물류비용을 줄이기 위해 선택한 방식이었지만, 자연스레 작은 마을 모임으로 발전하게 되었다. 생협 조합원들은 물건을 산다기보다 나눈다는 생각을 갖고 있다. 공급 받은 물건을 나누던 단순한 행동이 소비자와 생산자가 함께 나누는 건강한 생명공동체로 거듭나게 된 것이다.

두레생협연합회의 단위 생협들은 이렇듯 반 모임을 통해 동네 얘기도 나누고, 먹거리 문제에 대한 공부도 함께했다. 그리고 마음 맞는 조합원끼리 다양한 소모임도 만들어 활동했다. 뿐만 아니라 지역 문제에 관심을 갖고 지역행사에도 적극적으로 참여했다.

"90년대 초반에 부천 지역에서 있었던 담배자판기 철거 활동에도 함께 참여했었죠. 아이들에게 유해한 환경이니 당연히 생협도 함께 참여했었던 것이죠. 덕분에 부천시에서는 지금까지도 담배자판기를 찾아볼 수 없습니다."

1985년 5월 경기도 안양의 '바른생협'을 시작으로 여러 지역에서 생협들이 만들어지기 시작했다. 90년대 중반까지 그야말로 우후죽순처럼 생협들이 생겨났다. 하지만 이들 초기 생협들은 취급 품목도 적고, 가격도 비쌀 뿐더러 수급도 불안정했다. 조합원이라 해봤자 몇 십 명 정도인 지역 조합들이 제각각 생산지로부터 직거래를 하다 보니 물류비용도 많이 들고 효율적이지도 않았던 것이다. 이러한 문제를 해결하기 위해 선택한 방법이 물류 사업의 연합화였다.

"수도권 지역에 있는 일곱 개 생협이 공동으로 생활재와 물류 사업을 해 보자 해서 모였었죠. 96년부터 논의를 시작해 97년도에 아주 작게 물품 몇 가지를 가지고 안내지를 같이 만들고 공동으로 이용하는 것부터 시작 했습니다. 물류와 생활재를 공동으로 하지 않으면 유지 자체가 불가능하니 그 어떤 것보다 절실했던 것이지요."

97년 당시 수도권에 있는 일곱 개의 생협이 모여 만든 조직이 바로 지금의 '두레생협연합회'의 전신인 '수도권사업연합회'다. 당시 이들 생협들은 공동 물류센터를 거점으로 집배송하는 효율적인 물류 시스템을 갖추면서 경영상의 어려움을 상당 부분 해결할 수 있었다고 한다.

그러나 오늘날 제법 안정적인 생협에도 위기의 순간은 있었다. 실제 90년대 중후반으로 넘어오면서 많은 지역 생협들이 적자를 견디지 못하고 문을 닫았다. 전국의 60퍼센트 가량의 생협이 이 시기에 사업을 정리했다.

"협동조합도 사업이라는 생각을 분명히 가지고 있던 곳과 아닌 곳은 확실한 차이가 있었죠. 저희와 같은 생협은 먹거리라는 과제를 사업을 통해 해결하는 곳입니다. 그런데 대부분 활동하는 사람들이 주부이고, 가치 중심의 마음가짐으로 출발하기 때문에 사업을 도외시하는 경우가 많아요. 그런데 우린 시장경제 안에 있어요. 가치만으로는 당연히 오래 갈

★ '지역에서 시작하라.'는 말처럼 협동조합은 지역 내 주민들과의 신뢰를 쌓는 일로부터 시작한다.

수 없죠. 저희가 지속할 수 있었던 것은 가치라는 측면과 사업적 성공이라는 것이 항상 함께 있다는 것을 놓치지 않았기 때문이라 생각합니다. 물론 협동조합이 더 커지면 사실은 가치를 잃어버리거나 조합원들을 잃어버렸을 때 성공할 수 없는 단계가 올 것입니다. 그런데 지금은 그런 단계가 아니라고 생각해요. 협동조합에는 가치와 사업이라고 하는 양 수레바퀴가 있는데, 굉장한 나름대로의 전문화도 필요하고, 연합이라고 하는 조직의 분화도 필요하고, 사업이라고 하는 것에 대한 전략도 필요하다는 것을 처음부터 명확하게 인식하는 게 중요한 거 같아요. 사업을 했으면 사업을 통해서 사회적 가치를 발현해야 합니다. 조합원 숫자가 많아지고, 그래서 사업도 잘되고, 안전한 먹거리를 먹는 사람들이 많아지는 것, 그게 훌륭한 가치 아닙니까?"

협동조합의 희망 멘토, 두레생협연합회 이금자 회장의 이야기를 들으니 지역을 발판으로 성장해온 생협의 지난날이 그려지는 듯싶다. 새롭게 협동조합을 시작하는 새내기 조합 임직원들에게 꼭 필요한 얘기가 아닐까 생각된다.

현재 두레생협연합회는 새로운 도약을 시작하려고 준비 중에 있다. 두레생협이 가지고 있는 가치를 지금 시대의 언어로, 조합원의 활동으로 만들어내는 다양한 사업이 펼쳐질 것이라 생각된다. 아울러 협동조합의 시대, 조금 앞선 선배 협동조합으로 지역 내에서 협동조합 네트워크를 만드는 데도 보다 적극적으로 참여할 듯싶다. 경기두레생협은 '부천협동조합연구회'를 통해 부천 시흥지역 내에서 지역의 새내기 협동조합들을 위한 교육 지원 활동을 진행해왔다고 한다. 지난해 이미 생협의 교육문화센터 두 곳을 거점으로 협동조합에 대한 교육도 진행했는데, 이때 참가했던 이들을 중심으로 부천의료생협 준비위원회도 꾸려졌다고 한다. 이렇듯 지역성이 강한 두레생협의 회원 생협들은 각자의 지역 안에서 다양한 협동조합과 교류할 것이라고 생각된다.

혹시라도 신규 생협을 설립해 지역 활동을 함께하고자 한다면 두레생협연합회로 문을 두드려 봐도 좋을 듯싶다. 소비자생활협동조합법상의 일정한 설립 조건만 갖추면 두레생협연합회와 언제든 함께할 수 있다고 하니 참고하자.

직원이 운영하는
모두가 꿈꾸던 회사,
직원협동조합

한국유지보수협동조합

을의 설움, 갑의 횡포로 떠들썩한 즈음, 서울시 시민참여 게시판에는 홀로 협동조합 설립을 마친 후기 한 편이 눈길을 끌었다. 후배 직원들을 대신해 쓴소리 한 번 했다는 이유로 그 자리에서 퇴사당한 어느 중년 직장인의 아픔과 을의 설움을 딛고 협동조합의 길로 들어선 이들의 이야기가 담겨 있었다.

'한국유지보수협동조합을 마치며'란 후기의 주인공 한국유지보수협동조합 이사장 김희범 씨와 조합원들을 만나보았다.

샐러리맨 을의 설움을 딛고 행복한 회사를 꿈꾸다

김희범 씨가 재직하던 K사는 십억 대의 순수익을 내던 튼실한 중소기업이었다. 문제는 대표이사가 독단적으로 사업을 확장하며 발생했다. 무리한 사업 확장은 결국 재정 악화를 가져오게 되었던 것. 적자가 예상되자 직원들의 휴가 인센티브와 각종 수당 등을 축소하거나 아예 없애버렸다. 물론 대화 없이 일방적인 통보 수준이었다. 직원들은 반발했으나 회사가 어려워진다는 얘기에 참고 넘어가려 했다. 며칠 후 겨울철 무급휴가를 실시한다는 통보가 이어졌다.

잔업을 밥 먹듯이 하고도 대부분의 직원 월급이 200만 원이 넘지 않아 생계에 많은 곤란이 있음을 너무나 잘 알면서도, 그리고 대부분 건설업계 회사가 겨울철 비수기 한철은 교육 정비 휴식 시간으로 보내는 것이 일반 상식화되어 있음에도 불구하고 오너는 겨울철 1/2을 무급휴가를 실시한다고 또 일방적으로 통보했습니다. 당시 저는 실무 부장으로 책임감을 갖고 직원들을 위해 사장님께 직언해야 한다고 생각했습니다.

"회사도 어렵지만 생계가 어려운 직원들에게 무급휴가는 너무나 큰 가정의 아픔"이라는 나의 발언이 끝나기도 전에 오너는 감히 부장사장보다 8살이 많음이란 놈이 사장 말을 거역한다고 전 직원25여 명 앞에서 퇴사 명령을 통보하였고, 49세에 한 집안의 가장은 저항 한 번 못하고 눈물을 머금고 실업의 공포 속으로 들어갈 수밖에 없었습니다.

큰 아들이 대학교에 진학하게 되어 많은 돈이 필요한 저에겐 휴식이나 원망은 사치였기에 다음날부터 새로운 직장을 찾아 나섰습니다. 49세, 반늙은이가 월급 150만 원 이상의 직장에 입사하기란 정말 쉬운 일이 아니었습니다. 열 군데에 이력서를 냈지만 서류전형 합격 통보를 받은 곳은 단 두 군데였고 면접에서 보기 좋게 다 낙방되었습니다.

그날도 지인에게 취업을 부탁하기 위하여 서울 지하철을 타게 되었는데, 우연히 지하철 객실 내 광고판에서 협동조합 설립을 지원한다는 광고를 보게 되었습니다. 협동조합은 조합원들이 공동출자하여 가정에 큰 부담 없이 민주적·자립적·자주적으로 운영하는 회사로 잘하면 21년 직장생활을 하면서 느꼈던 '을'의 서러움, 샐러리맨의 아픔에서 벗어날 수도 있겠다는 생각에 잠을 이룰 수가 없었습니다.

– 서울시 시민참여 게시판에 올린 김희범 씨의
'한국유지보수협동조합 설립을 마치며' 중에서

김희범 씨는 그 뒤로 책도 찾아보고 여러 자료를 참고해 본격적인 협동조합 설립 준비에 들어갔다고 한다.

"사장은 돈만 좇을 뿐이지 직원들을 도구로 여기고 있었어요. 저는 그러지 않겠다고 다짐했죠. 협동조합에는 민주주의 원칙이 있잖아요. 자본에 의해서만 움직이기보다는 사람이 중심이 되는 것 같아요. 일반적인 기업처럼 수직적이지 않고, 1인 1표의 동등한 의결권이 있는 것처럼 수평적이죠. 직원이 곧 대표이고, 대표가 곧 직원이기 때문에 내가 꿈꾸던 이상적인 회사다 싶었습니다."

김희범 씨의 뜻을 알게 된 전 직장 후배들도 너나없이 함께하겠다고 나섰다. 이렇게 똘똘 뭉쳐 그들이 꿈꾸던 모두가 주인인 회사 '한국유지보수협동조합'을 창립한 것이다. 조합원 서로에 대한 믿음과 협동조합에 대한 비전이 있었기에 가능한 일이었다.

한국유지보수협동조합의 조합원은 모두 일곱 명. 이 분야에서는 전문성을 인정받은 팀장급 직원들이다. 이제껏 함께해온 일이다 보니 사업계획은 큰 어려움 없이 세울 수 있었다. 초기 운영자금을 산출해 필요한 출자금도 모았다. 조합 정관상 출자금은 1구좌에 10만 원. 대략 1인당 200구좌 정도를 납부해 총 출자금 1억 2천만 원으로 사업을 시작할 수 있었다. 출자금 규모만 보면 현재까지 설립된 협동조합 중 전국에서 두 번째로 높다. 사업 운영을 위한 집기도 주위에서 협찬 받은 중고품으로 하고, 인맥을 동원해 홈페이지도 저렴하게 만드는 등 초기 설립비용도 간소화했다.

유지보수와 같은 건설 쪽 사업은 큰 자본금 없이 사업을 시작할 수 있다. 발주할 때부터 자재를 가져다 쓰고, 하청업체의 대금 또한 공사 후 지불하는 게 관례인지라 영업 능력만 있으면 큰 자본 없이도 가능하단 얘기다. 하지만 한국유지보수협동조합은 또 다른 을의 눈물을 기반으로 하는 공정하지 않은 방식의 사업은 하지 않겠다는 의지로 스스로의 힘으로 사업할 수 있는 경제력을 갖추기 위해 출자금을 마련한 것이다. 이를 기반으로 모든 공사 진행 시 공사 대금은 공사 전에 지급하고 있다.

갑을 관계가 아닌 모두가 행복한 회사

건설업은 일반적으로 원청업체 혼자가 아닌 여러 하청업체가 힘을 합쳐 공사를 진행한다. 그간 하청에 재하청으로 이어지는 이러한 구조는 건설업의 고질적인 문제를 낳는다고 지적되어 왔다. 공사비를 적정공사비 이하로 책정한다거나, 늦장 지급하는 것도 모자라 떼어먹기도 한다. 대물변제나 어음 돌리기는 일반적인 관행이 되어 버렸다. 이러한 원청업체인 갑의 횡포는 부실 건설로 이어질 수 있기에 더 큰 문제로 지적되어 왔다.

기계설비유지보수업도 특성상 협력업체와 함께 작업을 하는 경우가 많다. 대부분 원청과 하청 관계로 일을 하게 되지만, 이곳 한국유지보수협동조합에서는 협력 관계를 이뤄 함께 일을 한다. 갑을 관계가 아닌 동등한 관계가 형성되고 있다는 얘기다.

"협동조합을 설립하며 모든 관계는 평등하게 하자는 원칙을 정했죠. 그래서 협력업체 열두 명의 전문가들을 기술위원으로 위촉해 업무관련 운영회의에서 함께 논의하고 있습니다. 또한 영세한 하청업체를 배려해야겠다는 생각에서 저흰 공사 시작 전에 공사 대금을 미리 지불합니다. 대신 업체에선 자재를 보다 저렴하게 공급하고 있습니다."

이들 협력업체의 전문 기술자들은 현재 한국유지보수협동조합의

기술위원으로 함께하고 있다. 기술위원들은 업무관련 운영회의에 들어와 협동조합 직원과 동등한 자격으로 주도적으로 참여하고 있다고 한다. 서류상으로는 조합원이 아니지만, 조합원 이상의 돈독한 관계를 유지하고 있다. 이를 통해 효율적이고 전문성이 강화된 작업 환경을 갖출 수 있게 되었다고 한다.

이들 기술위원들과는 3개월에 한 번씩 정기적으로 회의를 하고 있으나, 업무가 있을 때는 필요에 따라 비정기적으로 만난다고 한다. 큰 공사가 들어오면 컨소시엄을 이뤄 이익 분배를 한 회사 개념으로 똑같이 하고 있다.

투명하고 정직한 운영으로 신뢰를 쌓아가는 협동조합

"대부분의 업체들은 두루뭉술하게 뭉뚱그려 견적서를 제출합니다. 하지만 저희는 자세한 견적서와 함께 제안서를 제출하죠. 직접 구두로 설명도 하고, 필요에 따라 프레젠테이션을 하기도 합니다. 공사가 끝난 후에는 공사완료 보고서를 별도로 제출하여 이렇게 진행되었다는 것을 알 수 있도록 합니다. 또한 공사 후에 하자보증 증권을 끊어주는 등 100퍼센트 신뢰할 수 있도록 노력하고 있습니다."

견적서와 제안서에 공사완료 보고서, 하자보증 증권 발행까지, 이러한 과정은 능력이 없거나 자신이 없다면 굳이 할 필요도 할 수도 없는 작업일 것이다. 정직함과 안전을 최고로 생각하는 협동조합이기에 가능한 작업이 아닐까 생각된다.

"설비 배관 공사를 하면 업체마다 견적서가 들어가는데, 부속자재까지 자세히 아는 분들은 많지 않아요. 게다가 이런 작은 부품까지 세세하게 견적서에 표기해 알리는 업체도 없고요. 대부분 전체 공사비가 얼마인지만 기입하죠. 일례로 국내산 KS부품을 쓸 거냐 아니면 비품을 쓸 거냐 그런 것까지 명시하는 업체는 거의 없죠. 국내제품과 수입제품, 비품은 단가가 많이 차이 납니다. 작게는 2~3만 원부터 많게는 십 몇 만 원까지 차이가 나죠. 근데 그게 한두 개가 들어가는 게 아니잖아요. 많아지면 많아질수록 금액 차이가 커집니다. 이런 부분에서 거품이 생기는 거죠. 저흰 웬만하면 국내산 KS제품을 쓰고 있지만, 국내산을 쓸 것인지 수입 자재를 쓸 것인지 미리 여쭤봅니다. 단가 차이가 얼마만큼 나는지 정확히 알려주고 선택할 수 있도록 하는 거죠."

기술영업부 이사 김영민 씨의 설명이다. 한국유지보수협동조합에서는 견적서에 작은 부품 종류와 가격 단가까지 세세하게 기입해 안내하고 있다. 종류에 따른 단가 차이를 확실히 알리고 협의를 해야 다른 오해의 소지를 줄일 수 있고, 결국 경쟁력을 갖게 될 것이라는 생각에서 꼼꼼하게 견적서를 만든다고 한다.

"저흰 모두가 다 운영자이기 때문에 성의껏 일을 하죠. 나사 하나도 좀 더 좋은 것을 쓰려고 하고, 자재 아끼지 않고 과감하게 많이 베풀고 있습니다. 저희 모두 직원으로 있다 나왔기 때문에 소비자가 무얼 원하는지, 어떤 것을 싫어하는지 그런 것들을 어느 정도 잘 알고 있거든요. 제일 처음 상담부터, 영업적인 부분, 기술, 실제 시공 능력까지 각 분야별로 다져진 사람들이기 때문에 많이 조절하고 있습니다."

한국유지보수협동조합 조합원들은 '서로 챙겨주자. 그리고 욕심을 버리자.'라는 뜻을 모아 조합을 운영하고 있다. 이익을 위해 물불 안 가리는 독단적인 회사에 실망해서 만든 직원협동조합이니만큼 일반 주식회사와는 좀 다른 생각을 가지고 있는 것이다.

"한 건으로 확 번다고 하면 당장의 이익은 크겠지만, 장기적으로는 손해가 될 것이라 생각합니다. 백만 원 이익 낼 수 있는 걸 50만 원만 남기고 믿을 수 있게 해드리면 2차 발주라는 게 있을 수도 있는 것이고요. 사업의 수익성만 보고 가는 것보다 인간적으로 다가가는 게 더 좋다고 생각합니다. 저희 편이 되어 줄 수 있는 고객을 만들려면 저희가 그만큼 솔선수범해야 하겠죠. 책임 있게 시공해야 하고, 시공 금액의 거품도 줄여야겠죠. 성실한 기업, 항상 같이 갈 수 있는 조합으로 인식될 수 있도록 말이죠. 그렇게 하면 인맥도 쌓이고, 평생고객이 될 수 있는 끈을 갖게 될 것이라 생각합니다."

역할 분담으로 지속가능한 직원협동조합의 틀을 만들다

"동업은 100퍼센트 망할 수밖에 없는 구조라고 생각합니다. 반면에 협동조합은 법이 잘되어 있어 그대로만 운영하면 문제없다고 생각합니다. 투명하고, 정직하고, 신뢰할 수 있도록 법규가 잘 만들어진 것 같아요. 잉여 배분도 (납입출자금의) 10퍼센트 이내로만 할 수 있도록 못 박아 둔 것도 그렇고…. 정말 잘 만든 거 같아요."

동업을 하면서 갈등을 겪는 이유는 대게 이익 배분 등의 문제인 경우가 많다. 이익금을 많이 챙기고, 결국 개인사업화하려는 욕심이 생기기 때문이다. 하지만 협동조합은 이러한 문제가 발생하지 않도록 기본법상으로 여러 가지 제한 사항을 만들어두었다. 조합원 1인의 출자좌 수를 총 출자좌 수의 30퍼센트를 넘을 수 없도록 하고, 출자좌 수에 관계없이 조합원 1인 1표의 권리를 행사할 수 있도록 하고 있다.협동조합기본법 제22조, 제23조 이윤 또한 법정적립금과 임의적립금 규정을 두어 반드시 일정 규모의 적립을 하도록 하고 있고, 손실보전과 적립 규정에 따라 적립한 후 남은 금액에 한해 잉여금 배당을 할 수 있도록 하고 있다. 잉여금 배당 시에도 출자금 배당은 10퍼센트 이하만 할 수 있도록 되어 있다. 대신 이용 실적에 대한 배당을 총 배당의 50퍼센트로 하도록 하고 있다.협동조합기본법 제51조

한국유지보수협동조합과 같이 직원이 공동으로 소유하고 관리하며

★ 한국유지보수협동조합의 기술팀.

운영하는 직원협동조합은 그 특성상 몇 가지 예외 규정을 두고 있다. 일반 협동조합의 경우 조합원 가입이 자유롭지만, 직원협동조합은 조합원 가입을 제한할 수 있다. 직원 수는 경영상의 문제와 직결되기에 당연한 조치일 것이다.

또한 임직원 겸직이나 비조합원 이용이 가능하도록 예외 규정을 만들어두었다. 협동조합은 이사장 한 명을 포함한 세 명 이상의 이사와 한 명 이상의 감사를 임원으로 두도록 하고 있다. 협동조합기본법 제44조에 따르면, 임원은 해당 협동조합의 직원을 겸직할 수 없다고 되어 있으나, 직원협동조합 경우는 '협동조합기본법 시행령 제8조 1항'에 따라 '조합원의 3분의 2 이상이 직원이고 비조합원인 직원이 전체 직원의 3분의 1 미만인 협동조합의 경우'에 한해 겸직이 가능하도록 하고 있다. 또한 제9조에는 조합원이 아닌 자의 이용이 가능하도록 문을 열어두었다.

이와 같은 직원협동조합에서는 조합원의 역할 분담이 무엇보다 중요하다.

"동업은 능력도 없으면서 너나없이 사장만 하려고 하죠. 그래서 안 되는 거죠. 하지만 저희는 역할 분담표를 만들어 역할에 맞게 책임을 주고 관리하며 자기 역할에 충실하고자 합니다. 의사 결정은 민주주의 원칙에 따르고요."

김희범 이사장의 설명에 따르면 한국유지보수협동조합에서는 조합원이 각자 자신이 잘할 수 있는 역할을 찾아 맡을 수 있도록 한다. 맡은 업무에 따라 기술이사와 영업이사가 책임을 다하는 동안, 대표는 대표답게 전체적으로 관리하고, 중요한 결정은 민주주의 원칙에 따라 운영회의나 총회에서 결정하고 있다.

"제일 중요한 것은 투명성과 신뢰입니다. 아니면 믿음이 깨집니다. 저흰 모든 것을 100퍼센트 다 투명하게 공개하고 있습니다. 사업도 회계도 조합원들이 컴퓨터로 다 볼 수 있도록 공개하고 있습니다. 전 직원 모두에게 법인카드를 줘서 누구나 볼 수 있고 쓸 수 있도록 하고 있습니다. 업무적으로 각자 주어진 역할은 다르지만, 차별은 없도록 했습니다."

한국유지보수협동조합은 사업계획 시 사업의 효율을 고려해 사업 아이템을 선정했다고 한다.

"닥트 한 공사만 하면 겨울철과 여름철에만 집중이 되요. 냉각탑은 여름만 집중되고…. 비수기가 있으면 서로 힘들어지니까 사업 아이템을 여러 가지로 하는 것이죠. 또 같은 기계설비 분야라 충분히 할 수 있는 역량도 되고요."

유지보수 분야의 공사들은 1년 열두 달 동안 해당 시기별로 주기적으로 진행된다. 시기에 따라 꼭 필요한 공사가 있고, 의무적으로 해야 하는 공사도 있다. 이에 따라 시기별로 공사가 계속 이어질 수 있도록 사업 아이템을 다양화했다고 한다. 그리고 규모 있는 회사의 팀장급 이상 직원과 20년 이상된 베테랑 기술위원들이 함께하는 구조를 만든 것도 기술 경쟁력을 높이기 위한 선택이었다. 협동조합에 있어 초기 신뢰가 중요하다는 생각에서 기술 경쟁력 확보에 더욱 신경을 썼다고 한다. 협동조합을 설계할 때는 이렇게 경쟁력을 가질 수 있도록 사업을 계획하는 것도 중요하다.

회사 일이 아닌 내 일처럼 일하는 즐거움

한국유지보수협동조합 김희범 이사장의 설명을 듣자니 실제 직원들이 체감하는 변화가 궁금했다. 주식회사 직원이었을 때와 직원협동조합에서 함께하는 지금, 이들은 어떤 변화를 실감하고 있을까?

"저도 영업사원이기 때문에 제 색깔의 영업 스타일을 만들고 싶은데, 사장은 회사의 이익을 위해 다른 방향으로 할 것을 요구하죠. 결국 사장의 말을 따를 수밖에 없지만, 그럴 때마다 왜 눈앞의 이익만 볼까 하고 안타깝죠. 이전 회사에선 그런 마찰이 많았습니다."

하지만 협동조합에서는 좀 다른 선택이 가능하다. 주요 안건은 회의에서 최종 결정을 하지만, 나머지 작은 일들은 각자 맡은 역할에 따라 자율적으로 판단할 수 있도록 했다. 회사에 지장이 없고, 업체에 지장이 없다는 믿음 때문에 책임자에게 일정 부분 재량권이 주어진다는 얘기다. 특히 회사도 중요하지만 집안에서 가장의 역할을 잘할 수 있도록 최대한 배려하고 있다고 한다.

"회사는 불필요한 일을 해야 할 때가 많죠. 보고를 위한 보고나, 좀 자유롭게 시간을 조절할 수 있는 데도 굳이 맞춰야 하고…. 저흰 일할 때는 일하고, 나머지 시간에는 창의적인 일이나 교육에 투자합니다."
"일반 주식회사의 직원으로 있을 때는 총공사비에 재료비, 노무비, 기업

이익 같은 게 발생했는데, 저희 협동조합은 조합원들이 직접 공사를 하다 보니 어차피 월급 나가는 것이 똑같아 거기서 마진이 남게 됩니다. 저희는 작은 공사가 들어와도 인건비만 남는다면 공사해 드립니다. 욕심부리지 않고 일할 수 있다는 게 장점인 것 같아요."

반면 소소하게 새 나가는 지출에 대해서는 조합원들이 알아서 줄인다고 한다. 아무래도 조합원들이 십시일반 모은 자금으로 운영하고 수익을 내는 구조다 보니 허튼 돈은 안 쓰게 된다는 얘기다. 예전 같으면 무심코 사용하던 식대도 좀 더 저렴한 메뉴를 선택하는 등 작은 것 하나부터 아낀다고 한다.

또한 모두가 주인인 회사다 보니 실제 공사를 진행하는 기술자들도 모두 자기 일이라는 생각으로 더 성심껏 일하게 된다고 한다. 그만큼 소비자들도 만족하고, 다시 찾는 고객도 많아졌다고 한다.

협동조합, 좀 더 고민해야 될 문제들

"협동조합은 초기 투자도 다 같이 나눠서 할 수 있고, 위험부담도 적게 나눠 갖는 구조에요. 회사가 어려울 땐 우리 스스로 적게 가져가고, 그래서 해고하지 않고도 오래 갈 수 있잖아요. 협동조합은 장점이 많아요. 잘 살리면 좋은 제도지요."

★ 한국유지보수협동조합 조합원들의 모습이 밝다.

세상 어디에서도 경험할 수 없었던 행복한 일터를 꾸려나가고 있는
이들은 이제 협동조합 예찬론자가 되었다. 하지만 요즘 협동조합의
과열된 모습을 보며 우려스런 부분도 있다고 한다.

"직원협동조합을 하려면 사실 남에게 손 안 벌리고 해야 해요. 출자금이
분명히 있어야 하죠. 경쟁할 수 있는 노하우도 있어야 하고, 자본도 있어

야 하는데…. 자본금도 없이 지원만으로 한다는 건 문제가 될 수 있다고 봅니다. 지원을 받아 직원을 늘리겠다는 건데, 그건 협동조합이 아니라 친목단체죠. 협동조합은 사업이 잘돼서 자연스럽게 직원이 늘어나야 진정한 협동조합이죠. 지원 받아서 운영하는 건 모두가 망하는 지름길이라고 생각합니다. 이런 분들 때문에 저희 같이 열심히 협동조합을 하는 사람들까지 이미지가 나빠지게 될까 걱정스럽습니다."

혹여 지원만 바라는 협동조합들 때문에 협동조합이 공적 자금만 빼먹으려는 곳으로 비치게 될까 우려스럽다는 얘기다.

한편 한국유지보수협동조합은 스스로 좀 더 고민해야 될 문제가 있다고 한다.

"능력도 다르지만, 일을 적게 하는 사람도 있고 보다 많이 하는 사람도 있거든요. 저흰 모두 똑같이 월급을 받고 있는데…. 그래서 이에 대한 인센티브를 줘야 하는 것 아닌가 하는 논쟁이 좀 있었죠. 일단 안정이 될 때까지는 지금처럼 모두 똑같은 급여를 받도록 하고, 1년 후 어느 정도 안정이 되면 인센티브 같은 것도 고려해보는 것으로 했습니다."

실제 직원협동조합에서는 노동 정도에 따른 배당을 할 수 있다. 소비자협동조합에서 잉여가 발생하였을 때 손실 보전과 법정·임의

적립 후 남은 금액에 한해 이용 실적에 따라 배당을 하는 것처럼, 노동 배당을 하는 것이다. 한국유지보수협동조합과 같이 동일한 급여를 받고 있는 협동조합에서는 노동 배당에 대한 고민도 해볼 수 있을 것 같다.

"저희 일곱 명은 뜻이 맞았지만, 조합원이 많아지면 통제가 어려울 것 같긴 하네요. 1인 1표제라 사람 의견에 따를 수밖에 없잖아요. 조합원을 뽑을 때 정말 신중히 해야 할 것 같아요. 소통할 수 있는 사람이 아니면 만날 싸움만 될 것도 같고…. 규정이나 규약에 이사회는 창립멤버 수준의 조합원이어야 한다는 등의 조항을 보완해야 할 것 같아요."

두 달여 동안 조합을 운영하며 느낀 실질적인 고민들을 들어보니 직원협동조합에 대한 그림이 어느 정도 그려지는 듯싶다.

"21년 동안 이렇게 직장생활하고 싶다고 느꼈던 게 바로 협동조합인 거 같아요. 그렇게 진행하고 있고, 앞으로도 그렇게 할 겁니다. 아마도 참 좋은 회사가 되지 않을까 생각됩니다. 소득만 좀 늘면 더 좋겠지만요. 뭐 사실 이번 달만 하더라고 손익분기점을 넘었어요. 성수기 영향도 있겠지만 무척 기쁩니다."

한국유지보수협동조합은 두 달 새 벌써 손익분기점을 넘었다고 한다. 물론 지원 한 푼 받지 않고 스스로의 힘으로 이뤄낸 결과다. 지금껏 10년 이상 일한 사업 분야에서 그간의 노하우를 바탕으로 사업을 한 결과가 아닐까 생각된다.

캐나다의 한 연구에 따르면 일반적인 기업의 5년간 생존율은 38퍼센트인데 반해, 협동조합은 그의 두 배 가까운 65퍼센트의 생존율을 보인다고 한다. 게다가 상대적으로 생존율이 높은 협동조합은 10인 이하의 직원협동조합들이었다. 하지만 협동조합기본법 시행 이후 2013년 5월 현재까지 전국적으로 설립신고된 협동조합 유형을 분석해보면 직원협동조합의 수는 전체의 10.4퍼센트 수준이다. 근로 환경을 개선하고 좋은 일자리를 제공할 수 있는 직원협동조합에 대한 사회적 관심이 더 필요할 것 같다.

한국유지보수협동조합

냉각탑 제작·설치 및 보수, 식당이나 공장의 닥트공조기 제조·설치·보수, 옥상 주차장 외벽 등 방수 공사와 투명에폭시 공사, 산업용보일러 세관, 냉온수기 및 냉동기 세관, 배관 공사 등 유지보수 사업을 하는 직원협동조합이다. 투명하고 정직한 견적서와 제안서, 정품정량 시공, 깔끔한 마무리 공사완료 보고서 제출 의무화, 확실한 A/S보장을 위한 보증보험 증권 발행 등으로 신뢰를 쌓아가고 있다.

창원 현대 bng 스틸 냉각탑 공사, 청와대 사랑채 닥트 및 방수 공사, 성북구청 산업용보일러 세관, 루마루식당 체인점 닥트 공사, 가나환경장비 제조업체 냉각탑 신설 공사, 올림픽프라자 필터 납품, 공릉종합사회복지관 필터 납품, 박스오공 레스트랑 닥트 공사, 삼양식품 케미칼 납품 및 냉각탑 보수 공사, 청평리버랜드 닥트 공사, 면목 3,8동 주민자치센터 냉각탑 공사 등을 진행했다.

설립연도 2013년 3월 21일
조합원 수 7명 기술위원 겸 사외 협력 이사 12명
총 출자금 1억 2천만 원
가입 및 이용 방법 회사 입사 후 6개월 이상 근무하고 조합의 소정의 규정을 통과한 자로 1구좌 10만 원을 납부하면 된다. 별도의 조합비는 없다.
홈페이지 www.koreamc.net, www.kmcepoxy.co.kr
문의 1899-4956, 02-2665-9456

경력단절 여성들의
대안 일자리 만들기

소셜메이트 솜 직원협동조합

한동안 '반듯한 시간제 일자리' 논란이 뜨거웠다. 이제껏 아르바이트 수준의 시간제 일자리는 전형적인 나쁜 일자리로 인식되어 왔기에 세상물정 모르는 소리라는 비판의 목소리도 끊이지 않았다. 그 진정성이 의심스럽다는 얘기도 들린다. 하지만 분명한 것은 육아를 하는 여성 입장에서는 정말 반듯한 시간제 일자리가 만들어지길 바란다는 것이다.

정규직과 어떠한 차별도 없이 즐겁게 일할 수 있는 시간제 일자리, 보다 유연한 일자리를 만들어가기 위해 기혼 여성들이 뭉쳤다. 경력단절 여성들의 철저한 자기 준비를 통한 안정적인 사회 진출과 기혼 여성들을 위한 행복한 일자리 만들기를 실현하고 있는 소셜메이트 솜 직원협동조합을 찾아가보았다.

50대 여성들의 취업률이 늘고 있다고 한다. 국내 최고의 대학을 나온 한 이웃 아줌마는 마트 계산원으로, 결혼 전 대기업에 다녔던 선배는 보험설계사로 새롭게 일을 시작했다. 그런데 가끔 이런 얘기를 들을 때마다 축하 인사는커녕 우울해진다. 태어난 지 얼마 안 된 아이를 떼어놓고 나오지 못한 결과가 이런 것인가. 아이도 컸고 이

제 슬슬 사회로 진출하고 싶은데, 순간 내 자신이 처량해진다.

"출산을 하면 거의 대부분 아이를 어린이집에 맡기고 눈물을 흘리며 일
터로 복귀를 하거나, 아니면 일을 그만 두고 아이를 키우는 데 전념하는
두 가지 방법 밖에 없다는 사실이 늘 불만이었어요. 아이를 낳고도 일할
수 있는 뭔가가 있지 않을까 고민하던 차에, 주변을 돌아보니 능력 있는
사람들인데 아이를 키우는 문제 때문에 다른 일을 할 수 없는 상황에 놓
인 사람들이 너무나도 많더라고요. 제일 먼저 떠오른 두 사람에게 연락
했죠. 이런 걸 해결해보고 싶은데 나도 뭘 어떻게 해야 할지는 잘 모르겠
다. 일단 같이 시작해보지 않겠냐 하고요. 그렇게 해서 한 명 한 명 모이
기 시작해 이렇게 다섯 명이 모여 학습 모임부터 시작했던 것입니다."

소셜메이트 솜 직원협동조합의 조합원 장민경 씨의 얘기를 들으니,
'우리는 왜 진작 좀 다른 선택을 스스로 만들어나갈 생각을 못했던
것일까?' 하는 아쉬움이 들었다.
지난 3월에 창립한 소셜메이트 솜 직원협동조합은 기혼 여성들이
모여 만든 협동조합이다. 경력단절 여성들이 사회로 진출하기 위한
치열한 자기 준비과정을 거쳐, 기혼 여성을 위한 유연한 근로시간
을 가진 양질의 일자리를 만들어 나가고 있는 직원협동조합이다.

"아이 돌 지나고 일반 기업에 취업할 기회가 생겼어요. 하는 일이 회계

쪽 일이다 보니 일이 너무 많아서 야근이 잦았어요. 아이를 키우느냐, 일을 하느냐의 둘 중에 하나를 선택할 수밖에 없었지요. 그때 아이를 키우는 선택을 했고요. 그러고 나니까 더 걱정도 많이 되고 '정말 이제 할 일이 없겠구나.' 하는 생각이 들더라고요. 때마침 이 친구가 뭔가 한번 해보자고 해서 함께하게 되었죠."

이제는 이선희 씨의 아이도 네 살이 되어 유치원에 있는 동안엔 이렇게 조합을 꾸리며 협동조합 이사장 역할을 충실히 해내고 있다.

철저한 자기 준비로부터

2011년 8월, 이들이 처음 모일 당시만 해도 협동조합을 만들어야겠다는 생각까지는 하지 못했다고 한다. 그저 육아 때문에 일을 하지 못했던 여성들이 함께 모여 일을 만들어보면 좋겠다는 생각만 가지고 시작했다. 그렇게 1년 정도 계속 학습 모임을 꾸려왔다고 한다. 필독도서도 만들어 함께 공부하고, 자료조사도 하고, 뭘 하면 좋을지 시장조사도 했다.

"그냥 경력단절 여성이 아무 준비 없이 바로 시작했다면 이렇게 못해냈을 거예요. 못하고 말고요. 이런 준비 과정이 정말 중요했던 거 같아요. 여성인력개발센터 이런데서 보면 다들 직장을 원하긴 하지만, 물리적인

2012년 4월에 초기 멤버인 다섯 명이 모였다. 사진은 본격적으로 사업구상을 위한 워크숍의 모습.
하자센터에서 만난 소셜메이트 솜 직원협동조합 조합원들. 함께여서 편안해 보인다.

노력이나 시간을 투자하지는 않고 딱 떨어지는 걸 내가 잡겠다는 생각들을 하시죠. 실은 저희 같은 경우는 1년 넘게 수익활동을 전혀 하지 않은 상태에서 자비를 들여 교통비와 식비를 써가면서 시간을 쏟아부었어요. 그 과정에서 몇 년 동안의 공백기를 모두 극복할 수 있었거든요. 저는 이런 과정 없이 그냥 협동조합이니까, '경력단절 여성들이 협동조합 만들 수 있어요.'라고 얘기하는 건 아닌 거 같아요."

그렇게 문화센터부터, 다양한 학습 프로그램과 정부에서 하는 지원 사업까지 모두 조사하고, 여성들이 선택할 수 있는 취업 분야나 경력을 설계할 수 있는 분야에 대해 철저하게 시장조사를 했다고 한다.

"꾸준히 다음에 해야 할 일을 정하고, 미리 계획을 세웠던 것 같아요. 학습하고 회의하면서 서로의 의견을 나눴죠. 그러면서 저희 나름대로 계속 비즈니스 모델이라는 걸 만들어봤어요. 사업 분야는 이런 게 있고 사업 내용은 이런 게 있을 거야. 그렇게 저희끼리 비즈니스 모델을 만들어보고 수정하면서 사업계획을 계속 해나갔던 것 같아요. 한 열 번 정도는 수정이 됐을 거예요."

그렇다고 어느 정도 준비가 되었다 해서 곧바로 창업 전선에 뛰어든 것은 아니었다. 대신 좀 더 신중하게 자기 점검을 할 수 있는 기회를 가졌다고 한다. 지난해 4월 한국사회적기업진흥원에서 하는

'청년 등 사회적 기업가 육성사업'에 지원한 것이다. 이전에 아이디어만 갖고 있던 사업계획을 구체화해 참여했다. 노력 덕분이었을까. 무사히 육성사업으로 선정이 되어 공간과 2,500만 원 정도의 지원금, 컨설팅 등 체계적인 창업 준비 활동을 지원 받을 수 있었다고 한다. 이는 다섯 사람만의 모임을 넘어 한층 도약할 수 있는 계기가 되었다.

"사회적 기업을 준비하는 사회적 기업가 세 명 이상이 함께하는 모임 중에 좋은 아이디어를 갖고 있는 팀들을 그들이 조직화하는 데까지 지원해 준다는 거였어요. 저희와 딱 맞는 지원 사업이었죠. 저흰 그런 지원 과정에서 조직화를 한 거죠. 어쨌든 공적 자금을 받아 공공기관에 편성되었으므로 저희를 드러낼 수 있는 무대를 만들 수 있었던 것이죠."

그렇게 1년 정도 지나니 슬슬 딜레마에 빠지기 시작했다고 한다. 지난 1년 동안 굉장히 많은 발전을 이뤄냈지만, 가볍게 말로 담아내기 보다는 조금 다른 과정이 필요하지 않을까 생각했다. 그렇게 시작한 것이 글쓰기 워크숍. 3차에 걸친 워크숍을 통해 서로가 어떻게 생각해왔고, 지금은 어떤 단계에 놓여 있는지 공유할 수 있게 되었다고 한다. 팀을 다지고 조직화하는 데 큰 도움이 되었던 과정이었다.

SOM

함께 키우고 . 함께 일을 만드는 우정의 동료들
Social Mates SOM은
아이들의 미래를 이롭게 하는 일을 만드는
(예비) 창작자협동조합 입니다 .

어린이 달시장

with SOM

* 어린이 벼룩시장
* 어린이 워크숍
* 강아지와 책읽기
      ·풀랑풀랑
* 엄마가 만든 먹거리

★ 2012년 10월 영등포구 하자센터 달시장에서 어린이달시장 파트 기획 및 진행. 소셜메이트 솜의 비즈니스 모델이 구체화되기 전까지의 다양한 시도 중에 하나다.

유연한 근로시간을 가진 양질의 일자리를 만들어가다

그렇게 1년 반 정도의 준비과정 끝에 본격적으로 협동조합을 창립하게 되었다. 물론 설립 바로 직전까지 협동조합이 가장 적합한 방식일까 치열하게 고민했다고 한다.

"협동조합 방식이 적합하다고 생각했던 이유는 얼마동안 일을 안 한 상태에서 다시 일을 하려는 여성들이 모인 상황이었기 때문이에요. 책임감이나 스스로 일을 할 수 있는 역량을 기르는 측면에서 유리할 거라고 생각했어요. 직원협동조합이 그렇잖아요. 누군가에게 고용되어 있는 것이 아니라 스스로 고용을 창출하는 개념이잖아요. 저희 같은 경우는 특히나 각자 전문 분야가 있는 사람들이 모이다 보니 딱히 상하관계보다는 개인의 무한 책임주의를 더 강조하는 차원에서라도 적합하다는 생각이었죠. '우리 모두 스스로를 고용하면서 동시에 우리 모두는 팀장이다.' 하는 식으로요."

그렇게 해서 1구좌 5만 원, 여섯 명이 10구좌 정도씩 출자를 해 250만 원을 설립 출자금으로 협동조합을 설립했다. 주 사업 분야는 홍보마케팅 디자인. 주로 사회적 기업과 같은 사회적 경제 영역 안에 있는 기업들의 홍보를 대행해주고 있다.

그동안 친환경 사회적 기업인 '터치포굿'의 에코백 펀딩모금 및 체험단 운영과 홍보, 혁신형 사회적 기업인 도시락 가게 '소풍가는 고양이'의 고객 분석 및 영업 전략 수립, 구로 사회적 기업 특화사업 단의 '구로 디지털단지 소셜 마켓' 초기 기획과 디자인 작업 등의 사업을 진행해왔다.

"저희가 생각하는 유연한 근로시간, 그게 암묵적으로 합의되는 대상이 저희 파트너가 될 수 있잖아요. 아무래도 네트워킹되어 있는 사회적 경제 영역의 기업들이 합의가 빠르겠죠. 일반 기업은 더 많이 더 빨리 일해야 하는 구조라 느린 속도로 가는 저희와 교류하기엔 쉽진 않겠죠."

이들은 육아 여성들이 마음 편히 일할 수 있는, 유연한 근로시간을 가진 양질의 일자리 만들기를 목표로 하고 있다. 주로 아이가 유치원에 있는 오전 시간대에 가능한 일을 모색하고 있다.

"적정근로 시간에 따른 임금 기준을 만들려고 노력하고 있어요. 여성인력개발센터 같은 데서 전문직 시간제 일자리의 임금 기준에 따르려 하고 있죠."

이들은 여성들을 위한 유연한 일자리가 더 늘어날 수 있도록 사회적인 모델이 되고 싶다고 한다. 노동에 대한 인식을 변화하고 여건을 조성하는 데 일조하고 싶다는 얘기다.

★ 2012년 6월에 열린 첫 번째 솜데이(day) 모습이다. 소셜메이트 솜에서 하는 일을 주변 사람들에게 알리고, 관심 있어 하는 예비동료를 찾기 위한 행사였다.

"홍보마케팅 디자인 분야를 선택한 이유는 이쪽 경력자들이 경력이 많은 데도 불구하고 일 자체의 노동시간이 길고 업무가 과중하다 보니 임신 출산으로 일을 포기하는 경우가 많아요. 저희처럼 유연한 근로시간을 원하는 여성들이 많단 얘기죠. 반면에 저희가 대상으로 하는 사회적 기업의 경제 조직은 인력 부족이 심각하죠. 박봉에다 기업 인지도가 낮다보니 능력 있는 분들이 전혀 눈길을 주지 않던 기업이 대부분이죠. 홍보까지 신경 쓸 여력이 없는 사회적 기업들이 저희 같이 전문 홍보 인력과 함께 파트너십으로 일을 할 수 있으니 경쟁력이 있다고 생각해요."

소셜메이트 솜 직원협동조합은 회계경영 프로젝트를 새롭게 준비하고 있다. 새롭게 시작하는 사회적 경제 영역의 기업들이 내실을 다질 수 있는 회계경영 관련 지원 사업을 준비하고 있다. 또한 대안 커리어를 추가로 발굴하고 이런 여성들을 대상으로 하는 교육 커리큘럼을 개발하는 교육 사업도 꾸준히 진행해왔다. 아울러 육아하는 엄마들이 사회와 소통할 수 있는 장을 마련하는 지역사회를 위한 활동도 함께하고 있다. 그 가운데 엄마들 책읽기 모임으로 시작된 커뮤니티 모임을 꾸준히 지원하고 있다. 이젠 모임도 어느 정도 정착되어 엄마들 스스로 안정적으로 진행하고 있다고 한다. 또한 지역에서 무료로 열린 강좌도 개최하고 있다.

그렇다고 소셜메이트 솜 직원협동조합의 모든 조합원들이 경력단절 여성은 아니다. 모임을 제안했던 장민경 씨도 계속 직장생활을 해왔고, 이소연 씨는 프리랜서로 활동하는 일러스트레이터다.

"혼자 할 수 있는 일을 하고 싶어서 프리랜서 일러스트레이터 일을 시작했어요. 근데 혼자서 6년 정도 일하다 보니 점점 힘에 부치더라고요. 혼자 업체와 만나고 일하고 준비하는 모든 게 점점 힘들어지더라고요. 이 친구가 같이 하자고 해서 했지만, 협업으로 일을 하게 되니 책임감도 좀 분산이 되는 것 같아요. 머리를 맞대고 의견을 조율하고, 그러면서 더 성장하는 요인이 된 것 같고요. 동료애도 느낄 수 있고, 제가 경험하지 못한 다른 분야의 일을 하면서 공부도 되고, 시야가 더 넓어지는 것 같아요. 서로에게 촉진제 역할을 하며 여기서 더 발전할 수 있을 것 같네요."

기업과 개인이라는 힘의 차이 때문에 계약에서부터 자주 열악한 입장에 놓일 수밖에 없는 프리랜서들에겐 직원협동조합과 함께함으로써 자신들의 권리를 정당하게 주장할 수 있으리라고 생각된다.

신뢰로 만들어가는 지속가능한 협동조합

"수입을 100으로 가정하면, 10퍼센트는 세금을 내고, 10퍼센트는 조합을 운영하는데 사용하고, 또 10퍼센트는 프로젝트 비용으로 씁니다. 나머지 70퍼센트는 모두 인건비로 책정합니다. 다른 기업에 취직하여 일하는 것보다 적은 금액일 수도 있겠지만, 저흰 근로시간이 중요하거든요. 육아를 하면서도 가능한 오전 시간 위주로 일을 하고 있습니다."

소셜메이트 솜 직원협동조합에서는 각자 가능한 시간과 상황에 맞게 일을 할 수 있도록 하고 있다. 월급 또한 일한 만큼 가져가는 구조다. 현실적 여건이 다 다르니 오히려 이런 구조가 더 적합할 듯싶다.

"물론 프로젝트의 양과 크기에 따라 수익의 불균형이 생길 수 있지요. 그런 것에 대한 사전 협의도 필요하고요."
"그런 면에서도 협동조합은 신뢰가 굉장히 중요한 조직인 거 같아요. 서

★ 2013년 4월 한겨레신문 인터뷰 중에 찍은 사진. 협동조합으로 법인 설립 후 협동조합의 이색 사례로 다양한 매체에서 소셜메이트 솜을 소개했다.

로가 믿고 지지하고, 서로의 발전을 기뻐할 수 있어야 한다고 생각해요. 그래야 조직이 발전할 수 있는 것 같아요."

이들은 올 한 해 동안은 매월 꾸준히 고정 수익이 발생할 수 있는 구조를 만들어나가는 것을 목표로 하고 있다. 클라이언트 사업 외에도 교육이나 컨설팅 등 안정적인 수익을 확보하기 위해 노력하고 있다.

"협동조합도 기업입니다. 수익 구조에 관심을 기울여야 하죠. 돈 버는 것도 중요하거든요. 마치 설립만 하면 돈을 다 벌 수 있다고 생각하시는데, 전혀 그렇지 않잖아요. 출자금 낸다고 해서 끝나는 게 아니죠. 지속가능한 수익 구조를 만들어가야 합니다."

소셜메이트 솜 직원협동조합에서도 안정적으로 사업을 진행할 수 있는 사업 구조를 만들고, 한편으론 신뢰를 확보하기 위해 노력하고 있다.

"저희는 일로써 신뢰를 쌓고 있어요. 저희 멤버들의 능력은 굉장히 좋아요. 다만 유연한 근로를 선호하는 것뿐이죠. 하지만 요즘 보면 사회적 기업에 속한 사람들의 능력이 너무 떨어진다는 선입견을 갖고 있어요. 저흰 절대 그렇지 않다는 걸 일로써 보여주고 있습니다. 저희 디자이너들의 능력이나 경력은 어디 내놔도 빠질 게 없거든요."

현재 소셜메이트 솜 직원협동조합에서는 회계, 홍보, 편집디자이너 분야의 예비조합원을 모집하고 있다.

"고객과 저희와의 신뢰가 굉장히 중요하거든요. 일을 하고 싶다고 해서 바로 일을 할 경우, 문제가 생길 수 있기 때문에 3개월 정도 예비조합원으로 함께하며 서로 지켜보는 시간을 가지려고 합니다. 예비조합원 분들은 저희가 어떤 분야의 팀이고 어떤 일을 하는지 보는 거죠. 저희도 그들을 보고, 그들도 저희를 보는 거예요."

본인들이 근 1년에 걸쳐 공부하고 치열하게 자기 준비하며 쌓은 과정을 신입조합원들과 함께 3개월 동안 함께 만들어간다는 얘기다.

★ 엄마들이 지역과 소통하기 위해 만든 활동 가운데 하나인 독서 모임.

소셜메이트 솜 직원협동조합을 만나며 어느 곳보다 반가웠고 또 기뻤다. 같은 경력단절 여성, 기혼 여성이라는 공통분모에서 오는 공감대 때문이었을 것이다. 육아와 가정, 그리고 일이라는 두 마리 토끼를 한꺼번에 잡기란 혼자만의 힘으론 역부족이다. 게다가 경력단절 여성들의 사회 진출은 두려움과 좌절을 극복하며 다른 사람들보다 몇 배로 노력해야 하는 힘겨운 일이다. 이 모든 과정을 함께할 동료가 있다면 든든한 힘이 될 수 있다. 경력단절 여성들이 경쟁 사회에서 인정받고 충분히 능력을 발휘할 수 있도록 함께 준비하고, 그들을 위한 양질의 일자리를 확보하는 일, 이들 소셜메이트 솜 직원협동조합의 도전이 멋지게 성공하길 기대한다.

소셜메이트 솜 직원협동조합

경력단절 여성의 대안적 커리어를 지원하는 사업을 하는 직원협동조합이다. 경력단절 여성들에게 적합한 양질의 그리고 유연한 일자리를 개발 연구하며, 사회적 기업에게 필요한 회계경영 인력을 위한 교육 및 컨설팅에 관한 대안적 커리어를 개발하고 있다. 혁신적 사회적 기업들의 홍보를 담당하거나, 마케팅 전략을 수립하는 일을 해왔으며, 포스터, 현수막, 간판, 로고, 리플릿 등 디자인 작업도 하고 있다. 또한 하자센터 내 하자허브카페를 매주 화요일 운영하고 있으며, 영등포 엄마 책읽기 모임인 '작은 나무'도 운영하는 등 지역커뮤니티 사업도 하고 있다.

설립연도 2013년 2월
조합원 수 6명
가입 및 이용 방법 3개월 동안 예비조합원으로 활동한 후에 조합원 가입이 가능한데, 1구좌 5만 원 이상 출자하면 조합원으로 함께할 수 있다.
문의 www.tobesom.com, tobesom2@gmail.com

협동조합의 희망 멘토를 찾아서 3

한살림서울 곽금순 이사장

우리 사회의 일반적인 기준 이상으로 까다롭길, 정직하길, 투명하길 요구받는 한살림. '왜 유독 한살림에만 이런 이중 잣대를 들이대는 것인지, 이게 과연 공정한 것인지' 하는 의문에 빠졌던 적이 있었다. 협동조합을 공부하고 취재하는 과정에서도 한살림은 여전히 좀 특별한 물음을 던져주곤 했다. 그리고 좀 더 성숙한 사고를 할 수 있게 해주었다.
'협동조합의 희망 멘토를 찾아서'의 세 번째 순서로 한살림서울 곽금순 이사장을 만나 이러한 의문과 생각들을 정리해보는 시간을 가졌다. 협동조합에 대한 생각을 가다듬어가는 과정에서 언젠가 한 번쯤은 부딪힐 문제라는 생각에 곽금순 이사장의 인터뷰 내용과 함께 그간의 개인적인 생각들도 함께 담았다.

지난 2012년 3월, 국내 몇몇 생협에서는 국내산 유기재배 표고가루에서 세슘 137세슘의 원소 동위 원소의 하나로, 대표적인 방사능 물질이다. 137은 질량수를 나타낸다이 1.6베크렐Bq, 방사능 물질에서 방출되는 방사선의 양을 나타내는 국제단위 검출되었다는 소식을 홈페이지와 소식지 등을 통해 일제히 알렸다. '드디어 올 것이 왔구나.' 하는 반응과 함께 여기저기서 급박하게 회의와 간담회 등이 연이어 열렸다. 일단은 방사능 물질이 조금이라도 검출된 물품은 취급할 수 없다는 기존의 원칙을 지키는 것으로 의견이 모아지는 듯했다. 하지만 이내 후쿠시마발 방사능이 국내에도 영향을 미치고 있는 상황을 고려하면 보다 현실적인 방안이 필요한 것 아닐까 하는 논의로 이어졌다. 결론은 국내 기준인 370Bq/kg우리나라의 세슘 134와 137에 대해 식품 허용 기준치는 370Bq/kg, 일본은 100Bq/kg이다을 대신할 독자적인 기준치를 마련하자는 것이었다. 한살림의 경우는 현재 국제적으로도 가장 엄격한 기준을 적용하고 있는 독일방사선방호협회의 기준치와 동일한 8Bq/kg영유아 4Bq/kg이라는 독자 기준치를 마련했다. 물론 방사능 물질이 검출될 경우 그 수치를 반드시 공개해 물품 선택 시 참고하도록 했다. 현재 370Bq/kg이라는 느슨한 기준치에 검출 수치도 공개하지 않은 채 '적합'인지 '부적합'인지만을 겨우 알리는 국내 상황에 비하면 말도 안 되게 까다로운 규정이다.

어찌되었거나 한살림은 5개월여의 긴박하고 지난한 논의 과정을 거쳐 이와 같이 마무리하였다. 물론 이러한 까다로운 규정에도 여전히 한살림만이라도 불검출을 고집해야 한다는 요구도 있다. 지난해 원전 문제를 다룬 기사를 준비하다 만난 어느 교수님의 '최후의 보루인 한살림이기에 불검출 기준을 고수해야 한다.'는 논조의 얘기를 들으며 원전 문제를 떠나 한살림에 대해 다시금 생각해보게 되었다.

건강한 가치와 정직함으로 쌓은 신뢰

"전 처음부터 물품에 그다지 관심이 많았던 사람은 아니었거든요. 그런데 한살림을 이용하면서 물품의 가치를 느끼게 된 거죠. 한살림은 세상의 이치와는 좀 다르게 움직이는 게 있어요. 예를 들어, 물품 포장만 봐도 일반적으로 크고 보기 좋은 것을 잘 보이게 위로 올리잖아요. 그런데 물품을 소중히 생각하는 입장에서 보면 위에 크고 좋을 걸 올리면 아래에 작은 게 치이게 되죠. 한살림 과일을 보면 큰 것은 아래에, 작은 것이 위에 올려져 있습니다. 겉으로 뭔가를 잘 보여주려 하는 것보다는 물품을 생각하는 한살림의 그런 모습들이 저를 바꿨던 것 같아요."

처음엔 한살림서울 곽금순 이사장도 평범한 아이 엄마이자 주부였다. 대부분의 한살림 활동가들이 그렇듯 한살림을 이용하며 한살림의 가치를 느끼고 활동가로 성장한 경우다. 주변의 흔한 자본주의 시장에서는 볼 수 없었던 진실한 모습들이 한살림에 대한 신뢰를 높이고 열혈조합원으로 만드는 것 같다.

"값보다는 가치로 보는 것이죠. 이걸 소비하면 농민들 생활이 안정되고 땅이 살아난다는 그런 가치를 신뢰하기 때문에 이용하는 거죠. 조합원 모두가 그렇다고는 할 수 없지만 그런 조합원이 굉장히 많이 있죠. 그래서 사업이 클 수 있었다고 생각합니다. 저흰 홍보나 광고 같은 거 안 하잖아요. 조합원의 입을 통해 늘어나는 거거든요. 그렇게 조합원들의 신뢰가 바탕이 되었기에 금융위기 같이 외부적으로 어려운 시기도 큰 어려움 없이 넘길 수 있었던 것이겠죠."

한살림에서도 아이엠에프와 금융위기로 온 나라가 떠들썩할 때는 지레 걱정을 많이 했다고 한다. 하지만 실제 어려움은 그다지 느낄 수 없었다. 되레 2000년 이후로는 꾸준히 23~24퍼센트대의 성장률을 보였다고 한다. 최근 2~3년 사이에 워낙 경기가 어렵다 보니 올 성장률은 15퍼센트대로 좀 낮춰 잡고 있다.

"지금까지 상승세에 맞춰 계획 대비 목표는 다 이뤘어요. 성장 비결이요? 신뢰가 기본이겠지만 사회적으로 건강과 환경에 대한 인식이 높아진 이유도 있겠죠. 아토피나 비염 같은 환경질환을 앓는 분들도 많아지고, 요즘은 병원에 가면 친환경 물품 이용하라고 권유하는 경우가 많죠. 암환자들은 거의 다 오시는 거 같아요."

문득 이러한 인식 변화도 결국 생협을 이용하던 주부들이 만들어낸 것이 아닐까 하는 생각이 들었다. 먹거리나 환경에 대한 공부를 누구보다 열심히 하고, 함께 공부한 내용을 책으로 엮어 내거나 강의도 하며 노력한 이들도 결국 생협 주부였으니, 그다지 틀린 진단은 아닐 듯싶다.

그렇다면 한살림의 경쟁력은 어디서 찾을 수 있을까?

"1차 생산물 유통이 쉽지 않거든요. 유통이 가공품하고 똑같지 않아요. 한살림은 1차 생산물이 많은 게 경쟁력일 수도 있어요. 반면 가공품에 대한 까다로운 조건을 갖고 있어 가공품 수가 현저하게 적습니다. 요즈음은 소비자의 욕구에 따라 많이 늘어나긴 했지만, 아직도 만족할 만한 수준은 아니죠. 저흰 가공품도 모두 한살림의 1차 생산물을 사용하니까 1차 생산물 소비를 늘린다는 차원으로 가공품을 개발하고 있어요. 그래도 여전히 미흡하죠."

한살림은 전국에 걸쳐 고르게 분포해 있는 편이지만, 서울에 비하면 지방의 매장 수나 규모는 다소 미비한 듯 보인다. 그에 대한 이유가 궁금했다.

"정체성 문제가 아닐까요? 지방에는 생태 근본적인 사고를 하는 생협들이 있어요. 한살림 내에서도 원칙이 더 까다롭고, 그냥 물품 소비만으로는 조합원을 받지 않겠다는 생각이 있지요. 생협의 활동이나 가치에 동의하는 사람만 받는 거죠. 예를 들면, 쌀 20킬로그램 이상을 먹지 않으면 받지 않는다거나 그런 곳들이 있어요. 그리고 지방에 살다보면 1차 농산물은 주변에 사는 지인들을 통해 해결하는 경우가 많죠. 그래서 오히려 가공품이 경쟁력이 될 수도 있을 텐데, 어려움이 있긴 하죠."

한살림도 협동조합인지라 지역 생협마다 독자적인 물품 규정과 운영이 가능하다. 내부적으로 농촌을 살리고 생명을 살린다는 가치에 보다 충실한 지역도 있는 듯싶다. 협동조합은 조합원이 만들어가고 운영하는 곳이니 그들의 선택은 당연히 존중받아야 하는데, 이렇게 서로의 차이를 인정하고 존중하는 모습을 보니 협동조합의 맏형다운 성숙함이 느껴졌다.

생산과 소비는 하나

"주식회사는 영리, 그러니까 최대 이윤이 목표죠. 하지만 협동조합은 함께 사는 것, 그러니까 공유하고 나누는 호혜적 관계를 만들어가는 것이 목표라고 할 수 있죠. 이익이 발생한다고 하더라도 그건 부수적으로 따라오는 거지, 그걸 위해서 하는 건 아니잖아요. 소비자협동조합하면 소비자한테 뭔가 유리한 방식의 운영이겠지만, 한살림은 소비자와 생산자가 함께 더불어 잘사는 것을 이야기하는 굉장히 성숙한 단계의 운동인 거 같아요. 저흰 외국에서도 굉장히 많이들 보러 오세요. 양적으로 충족하면서도 이렇게 잘 되는 게 너무 불가사의한 일이라고 다들 얘기하죠. 연구하고 싶다는 분들도 계시고요."

솔직한 개인적인 생각을 고백하자면, 처음 협동조합을 공부하며 한살림을 규정하기가 참 어려웠다. 소비자협동조합이라고만 규정할 수 없는, 책에서 만난 세계의 협동조합들과 뭔가 좀 다른 참으로 모호한 곳이었다. 가치 중심의 기업임에도 이만큼 성장할 수 있었다는 것도 이변이 아닐까 하는 생각이 들 정도로 말이다.

"'생산자는 소비자의 생명을, 소비자는 생산자의 생활을 책임진다.'는 이 말을 들으면 전 아직도 가슴이 찡해요. 지금도 유용한 얘기거든요. 이러한 가치가 저희를 지탱하는 힘인 것 같아요. 이사회 결정도 마찬가지죠. 주식회사 같으면 이게 얼마의 이익을 가져다주는지가 결정의 중요한 요소일 거예요. 하지만 저희 같은 경우는 생산자와 소비자가 어떻게 관계를 잘 지속할 것인가, 이 결정이 누구에게도 불리하지 않은가를 늘 점검하죠. 고 박재일 회장님이 말씀하신 '생산과 소비는 하나'라는 말에 우리가 가장 중요하게 생각하는 가치가 담겨 있죠."

대게 소비자와 생산자 사이의 입장이 조금은 다를 수 있는데, 그렇지 않다는 것도 믿기지 않는다.

"가격을 결정할 때도 소비자는 그거 받아서 되겠냐며 걱정하고, 생산자는 되레 더 싸게 드실 수 있게 해야 하는데 이리됐다며 미안하다 하시니 항상 훈훈하죠."

협동조합에서도 더 좋은 품질과 보다 저렴한 가격이라는 소비자의 입장만 생각하다보면 생산자의 이익을 놓치게 되는 경우가 있다. 때론 생산자 간의 경쟁을 유도하게 된다. 소비자 조합이건 생산자 조합이건 각자의 요구와 필요만 생각하다보면 결국 협동의 균형이 깨질 수밖에 없다. 그런데 한살림은 한살림이라는 테두리 안에서 소비자와 생산자 그리고 직원이 어느 한쪽으로 치우침 없이 함께 가고 있었다. 협동조합을 공부하고 취재하며 알아갈수록 한살림은 협동조합 이상의 가치를 담고 있는 것이 아닐까 생각된다.

한살림서울 곽금순 이사장.

더구나 한살림에서는 생명이라는 가치가 그 무엇보다 우선인 곳이다. 사업적 성과보다는 가치가 먼저라는 말이다. 흔히들 협동조합에 있어 사업과 가치의 균형은 무엇보다 중요하다고 한다. 가치라는 이상만 쫓다보면 사업적으로 성장하기 어렵다는 얘기다. 그런데도 한살림은 우리나라 생협의 맏형으로 꾸준히 성장해왔다. 그 이유는 과연 어디서 찾을 수 있을까?

"생명이라는 것이 가진 특성이 있잖아요. 굳이 협동이나 다른 말로 표현하지 않아도 생명이라는 말의 의미 안에는 모든 가치가 담겨 있는 거 같아요. 그러한 생명의 가치에 따라 생산지와의 관계를 놓지 않았고, 농업이 계속 발전해야 한다는 생각이 사업과도 잘 연결되었던 거 같아요. 사업이 먼저는 아니었지만 어쨌든 생산지가 안정되어야 하고, 생산자의 생활을 책임져야 한다는 생각 때문에 사업적인 문제도 자연스럽게 해결된 것이죠. 그러니까 이윤이 목적은 아니었지만, 지금까지 성장할 수 있지 않았을까 생각합니다."

이제야 그간의 의문들이 조금 풀리는 듯싶다. 가치를 중시하는 협동조합이었지만 사업적 성장이 가능했던 이유는 이들이 소중하게 여긴 가치에 있었던 것이 아닐까 생각된다. 사업과 가치라는 마치 평행선처럼 놓여있는 두 축이 중도가 아닌 중용의 길을 걸을 수 있었던 것 또한 생명이라는 가치에 기반을 두었기 때문이리라.

작은 마을 모임에서 출발

"저희야 한살림의 가치를 몸으로 느끼며 소통하는 세대였는데, 이젠 그것만으론 설명하기 어려운 세대가 되었잖아요. 이젠 협동조합의 가치를 정확하게 안내하고 알려야하는 것이 아닌가 싶어요. 우리가 그동안 너무 가치 지향의 말들만 나열하고 있었던 것은 아닌가 생각해요. 말로는 전달하기 어려운 한계도 있고요. 그런데 협동조합은 용어의 개념이 확실하잖아요. 그런 협동조합의 원칙 안에 조금 더 공생하고 순환하는 호혜의 가치를 담는다면 한살림이 되는 게 아닐까 하고 용어를 정리하는 거죠."

곽금순 이사장은 지금 한살림의 당면한 과제도 짚어주었다. 한살림의 정신을 요즘 세대의 언어로 풀어내는 일과 함께 그간 사회적인 참여에서 미약했던 점을 개선해 나갈 것이라는 개인적인 생각을 덧붙였다.

"사실은 한살림을 보는 시각이 2000년대에 들어서면서부터 굉장히 부정적이었어요. 왜 시민사회단체와 같은 사회적인 활동은 하지 않느냐 하는 부정적인 시각이 많았죠. 지금도 약간은 그런 비판을 듣고 있는데요. 이건 핑계일지 모르지만, 저희가 처음부터 그렇게 요구하는 대로 다했으면 오늘의 우리가 있었을까 하고 오히려 반문하고 싶고요. 초창기 생산자들의 얘기를 들어봐야 되는데요. 무수히 많은 생협에서 물품을 받아갔다는 거예요. 그런데 결제를 2주 만에 하는 건 한살림 밖에 없었다는 거죠. 그 돈을 다 못 받고 무수하게 많은 생협들이 없어졌는데, 한살림이 그렇게 결제를 해줬기 때문에 오늘의 내가 있었다고 얘기합니다. 그러니까 '우리가 농촌을 살려야겠다, 농업을 살려야겠다.'라고 했던 것이 출발이 아니었다면 사실은 오늘의 우리가 있었을지 모르겠어요. 초창기부터 생산지에 집중하자는 생각이 강했기 때문에 그런 결제 기준도 만들고 굉장히 정확하게 할 수 있었던 거죠. 실무자가 월급을 못 받아도 결제는 했으니까요. 그래서 생산자도 계속 살아남을 수 있어 다른 생협에 공급할 수 있었던 것이죠."

개인적으로 처음 한살림을 만나고 생협에 빠져들었던 이유는 내 고민과 문제를 유일하게 들어주고 함께 해주었던 곳이기 때문이었다. 당시에 육아, 먹거리, 건강과 환경에 대한 문제는 사회정치적인 큰 대의에 묻혀 개인적으로 안고 가야하는 것으로만 치부되었다. 사실 주부 입장에서는 직면한 가장 큰 문제임에도 불구하고 같이 들어주며 얘기할 곳조차 없었다. 가까이 있던 지역 내 시민단체들도 사회적인 가치에는 충실했지만, 당장 우리 주부들이 어렵게 생각하고 가치 있게 느낀 일들까지 둘러보지는 못했다. 이런 고민이 있는 주부들이 작은 모임을 만들 수 있게 지원해준 곳이 바로 한살림과 수도권 지역의 작은 생협들이었다.

함께 웃고 떠들며 지역을 지켜가는 이들은 대부분 주부들이다. 이들의 마음도 돌보지 않으면서 지역 사업을 한다, 마을을 만든다는 게 가능한 일일까? 십여 년이 흐른 이제야 고백하자면, 이런 생각들 때문에 당시에 뜬구름 잡는 지역단체에 후원하기보다는 생협 엄마들과 함께 하는 것을 선택했었다. 지금은 그런 지역단체들도, 그런 단체의 생협들도 겨우 명맥을 유지하거나 사라졌다. 한살림이 꾸준히 성장하며 지속할 수 있었던 배경에는 생명의 가치를 지키며 지역의 작은 모임을 활성화하려는 노력이 있었다는 것을 기억해야 한다.

"저흰 해마다 한해 활동 목표에 기초조직 활성화가 꼭 들어가거든요. 생협은 조합원 욕구를 반영하는 운영을 해야 하는데, 이를 위해선 조합원과 만나는 접점이 있어야겠죠. 매장에 오는 불특정 다수에게는 정확한 요구를 받아낼 수 없잖아요. 그래서 마을 모임이 가장 중요한 단위가 됩니다. 저흰 여전히 마을 모임이나 소모임 등을 더 늘려가는 게 목표이고, 마을 모임을 한 번도 소홀하게 한 적은 없어요."

지역 내 여러 모임을 진행하는 생협과 지역 단체들 중 꾸준하게 안정적으로 모임을 진행해오는 곳을 꼽자면 한살림 만한 곳도 없을 듯싶다. 특히 서울 지역에서는 십여 년 이상을 꾸준히 지속해온 마을 모임도 제법 많고, 전 지역에 걸쳐 마을 모임이 활성화되어 있다. 전체 조합원 수에 비해 턱없이 적은 인원이 참여하고 있다고 볼 수 있겠지만, 이만큼 마을 모임이 안정적으로 진행되는 곳도 흔치는 않다. 협동조합에 있어 마을 모임과 같은 기초 단위의 조합원 모임을 안정적으로 진행하면서 조합원의 의사를 모아내고, 지역 내에 뿌리내리려는 노력이 무엇보다 중요하다는 것을 이젠 잘 알고 있으리라 생각된다. 문제는 어떤 내용으로 어떻게 진행해야 할 것인가인데, 책이나 이야기로 듣는 것보다 생협의 작은 모임들에 직접 참여해보길 권하고 싶다. 아니면 가까운 한살림서울 매장에 들러 '한살림 사람들'이라는 소식지를 받아 살펴보는 것도 좋은 방법일 듯싶다. 얼마나 다양한 모임이 활동가들의 고민을 거쳐 조합원의 참여를 이끌어내는 실속 있는 주제로 꾸려지고 있는지 한눈에 확인해 볼 수 있을 것이다.

"저희는 늘 마을 모임의 의견이 연합으로 전달되고, 연합의 의견이 마을 모임으로 전달되는 걸 어떻게 잘할 수 있을까를 고민하고 있습니다. 조합원과의 의사전달 과정이 마을 모임에서 지구로, 지구에서 지부로, 지부에서 서울이사회로 갔다가 한살림 연합으로 가는 체계인데요. 굉장히 과정이 많죠? 그리고 이 과정에서 그냥 정보만 전달하는 게 아니라 찬반 같은 의사를 취합하는 과정도 있을 수 있잖아요. 그래서 의사 결정이 더딘 거죠. 어떨 때는 이사회까지 왔다가 이사회에서 다시 되돌아가는 적도 있고요. 의사전달이라는 게 굉장히 오래 걸리는데, 저희는 그걸 늘 해왔기 때문에 그러려니 생각해요. 그 과정을 단축시켜 보겠다는 생각은 거의 안하는 거 같아요. 이사장의 권한이라는 것도 그 사이에서 의사전달이 잘될 수 있도록 능력을 발휘하는 것뿐이지 혼자서 뭘 결정하거나 그러지는 못 하는 거죠. 당장은 성장의 걸림돌이 될 수도 있겠지만, 조합원의 의사를 제대로 담으려는 노력과 절차가 생략돼서는 안 될 것입니다."

이사, 직원, 그리고 활동가

그렇다면 협동조합에서 이사장의 역할은 무엇일까?

"조합에서 의사전달이 잘될 수 있도록 조합원들의 의견을 잘 반영하고, 조합원 활동을 지원하는 매개체의 역할을 한다고 생각해요. 사회에 이런 내용을 잘 알리는 역할을 하는 사람으로서 4년 정도 조합원 대표를 하는 것이라고 생각하고 있어요. 물론 모든 책임은 저한테 있습니다. 모든 서류에 제 이름이 들어가니까요. 그렇다고 나중에 혹시라도 책임질 일이 생긴다 해도 그때 저 혼자만 책임지라고 하겠어요? 그런 걸 믿는 거죠. 온전히 주식회사처럼 책임이 온통 다 제게만 있다면, 제가 이런 대우를 받고 할 수 있겠어요? 우리 안에 대표자로 되어 있지만, 그렇지만은 않을 거란 조직과 조합에 대한 확신이 있기 때문에 가능한 거죠."

이쯤 되니 이사장의 월급이 살짝 궁금해졌다.

"전 활동비 백만 원도 안 되고요. 지부장님이나 이사님들은 이사 활동비 30만 원, 역할에 따른 지부장 활동비 30만 원. 위원장 5만 원, 그리고 선출직 이사는 30만 원 정도예요. 내부적으로 활동비를 좀 높여야 하는 거 아니냐는 얘기도 있었어요. 하지만 조합원 의사를 대표하려고 제가 돈을 많이 벌어서 힘을 가진다는 것은 좋은 방법이 아닌 거 같아요. 그래서 제가 쓰는 비용 정도로만 활동비를 받는 것이 좋겠다고 얘기했던 거고, 그게 우리 안에서 공유된 내용이에요. 저만 그런 건 아니고 임원진 모두가 최대 4년의 임기 동안 자발적으로 희생하면서 조합의 의사전달이 잘될 수 있도록 중간 역할을 잘하자고 생각했죠."

한살림에서는 그 외 분과활동을 하는 조합원이나 소모임, 마을 모임의 대표들이 활동비 없이 순수 자원 활동으로 하고 있다. 사실 이렇게 임원진에게 활동비를 지불하는 것도 근래 들어 만들어진 것이다. 오랫동안 임원진 등 조합원들의 활동은 자원 활동으로 여겨졌다. 그러함에도 성실히 맡은 바 본분을 다할 수 있었던 것은 늘 서로 활동에 대한 의미를 나누며 함께했기 때문이라 한다.

물론 한살림에도 직원이 있다. 여느 회사처럼 기획, 총무, 업무 지원, 사업 관련의 다양한 실무를 하는 정식 직원이 있다. 이젠 제법 건실한 중견회사 정도의 대우를 받고 있지만, 초창기엔 여느 생협처럼 월급이라 할 수 없는 적은 활동비를 받고도 신념 하나로 조합원들과 함께 열심히 살림을 꾸려왔다.
생협의 경우, 소비자 조합원이 모든 결정권을 가지고 있어 직원들이 일하는 환경은 효율적이지 않다. 협동조합의 가치를 이해하고 신념으로 함께할 수 있는 이들이기에 가능한 것이 아닐까 싶다.

"초창기에는 조합원을 만나고 이해하는 게 중요한 일이라고 생각했기 때문에 공급 업무로 모든 실무자를 뽑았어요. 공급을 어느 정도 한 다음에 다른 역할로 이동하는 거예요. 상무이사님도 예전에 공급 일을 7년 정도 했었죠. 그런데 지금은 공급 나갔을 때 조합원을 만날 수 있는 기회가 50 퍼센트도 안돼요. 집에서 직접 공급 받으시는 분들도 조합원이 아닌 분들이 받는 경우도 많고요. 이제는 조합원을 만날 수 있는 길이 공급만이라고 생각하지는 않아요. 그래서 최근 한 3~4년 전부턴 정말 필요한 전문직은 외부에서 바로 뽑기 시작했지요."

한살림에는 이사 등 임원진 같이 자원 활동을 하는 조합원 활동가뿐 아니라, 조합원 노동 영역의 활동가도 있다. 조합원들이 직접적으로 만나는 매장 활동가들이나 지부의 활동팀 상근활동가들이 바로 그들이다.

"이전엔 최소한의 실무자가 있고, 나머지는 조합원들의 자원 활동으로 채워졌죠. 그런데 조합이 성장하면서 의무적으로 책임져야 할 범위가 넓어졌어요. 조합원과의 약속이 있으니까 꼭 이행해야 하는 게 있기 때문이죠. 그래서 약간의 자원의 영역에서 자기가 성장하면서 노동하는 영역을 만들게 된 것이지요."

한살림의 조합원 노동은 대다수 조합원인 주부들의 여건에 맞는 일자리 형태다. 근무시간 등이 다소 느슨한 형태라 아이 키우는 주부 입장에선 일반 직장에 비해 부담도 적다. 일반 시간제 일자리에 비해 근무여건도 좋고, 정규직과 똑같이 복지혜택을 받을 수 있다.

"마트 계산원을 하다 오시는 분들도 있는데, 거긴 시간도 빡빡하고 오래 해야 해서 너무 지치고 힘들었다고 하세요. 저흰 그렇지 않아서 만족스러워하시죠."

"한살림서울의 경우, 실무자가 백 명 정도, 조합원 노동은 5백 명 정도 됩니다. 저흰 실무자를 늘리는 게 목표가 아니고, 조합원 노동을 늘리는 게 목표예요. 조합원이 참여하고 조합원이 운영하는 그런 체제지요."

이렇게 매장 등에서 조합원이 직접 일을 하는 것에 대한 반응은 어떨까?

"가끔가다 불친절하거나 불편하다고 얘기하는 경우도 있어요. 저희가 소비자를 왕처럼 모시듯 형식적으로 갖춰진 친절을 베풀지는 않잖아요. 하지만 대부분은 평가가 좋아요. 자주 오시는 분들은 오히려 그래서 오시는 것 같아요. 마을 사랑방 같은 느낌으로 하루에 서너 번을 오다가다하는 분들도 있고, 맛있는 거 있음 먹어보라고 갖다 주기도 해요. 정말 뭐 많이 해서 갖다 주신데요. 물건 중 한두 개 꺼내 주고 가기도 하고…. 뭐 이런 게 진풍경이죠. 다른 데서는 있을 수 없는. 바로 이런 모습이 활동가들한테도 오래하게 하는 힘이 되는 것 같아요."

한살림 매장에 가보면 비슷한 주부 조합원들이 일을 하고 있으니 부담 없이 이것저것 묻기도 하고 얘기할 수 있어 편안한 느낌이다. 노련하게 응대하는 세련된 기술은 떨어질 수 있으나 대신 인간미가 느껴진다. 같은 조합원 입장이라 나름의 굳어진 생각 때문에 불친절하다고 생각될 수 있으나 물품에 대한 조언이나 사용소감 등 실질적인 도움을 받을 수 있다. 무엇보다 서로 부담이 없다는 게 장점인 듯싶다.

"조합원도 그런 마음인데요. 일 하겠다고 나서는 분들을 보면 그래서 마음을 내시는 거예요. 늘 드나들면서 매장 활동가들을 봤는데 '어머 저 사람들 나 같은 주부네' 싶어 아이들도 어느 정도 컸고 이제 뭐라도 해볼까 할 때 한살림이 떠오른다는 거예요. 거의 그렇게 해서 많이 오세요. 직장처럼 딱딱하지 않고 서로 소통해가면서 일하기 때문에 굉장히 좋다고들 하시죠."

한살림에서는 실무자들도 4년 정도 있으면 다른 일을 할 수 있도록 하는 순환제 근무가 가능하다. 조합원 노동도 이와 같이 어느 정도 기간이 되면 다른 지역이나 다른 영역의 활동을 해보도록 하고 있다. 이를 통해 다양한 활동의 기회도 제공하고 리더십 향상 등 활동가들의 성장에도 기여하고 있다고 한다.

협동조합은 일반 기업에 비해 비교적 안정적인 일자리로 알려져 있다. 그렇다면 이곳 한살림은 어떨까?

"금융위기 때도 별다른 지장은 없었어요. 오히려 직원을 더 뽑았었죠. 실무자들도 매년 몇 명씩은 충원하고 있고요. 당연히 조합원 노동은 계속 늘어나고 있죠. 매장이 적게는 한해에 5~6곳 정도 늘어나고 있거든요. 매장 한 곳에서만 기본적으로 다섯 명 정도의 인력이 필요하니 어림잡아도 서른 명의 일자리가 늘어나고 있는 것이죠."

"활동가는 활동가일터살림협의회, 실무자는 실무자일터살림협의회, 이 두 곳에서 1년에 몇 차례 회의를 하죠. 그거 논의할 때 일반 기업의 노사협의회처럼 임금 투쟁한 적은 없어요. 저희는 모든 회계를 공개하고 있어 매년 총 잉여 금액을 알잖아요. 결국은 그 잉여를 어떻게 잘 나눌 것인지가 문제죠. 어느 쪽의 파이가 커지면 상대적으로 어느 쪽이 줄어드는지 알기 때문에 정말 그렇게 격렬해 본 적은 없고요. 서로 협의해서 잘되는 것 같아요."

대부분의 한살림서울 매장은 일요일에는 쉬지만, 최근 지부별로 한 곳씩 일요일에도 문을 열고 있다. 조합원들 사이에선 일요일 매장 오픈에 대한 꾸준한 요구가 있었다. 지난해 시범 운영까지 했었지만, 직원이나 활동가들의 어려움 등을 고려해 일요일 개점을 하지 않고 있었다. 최근 재논의 끝에 일요일에 오픈하는 매장을 한 곳씩 마련하게 된 것이다. 근 일 년여에 걸친 논의 끝에 이루어진 것으로 그만큼 더불어 함께하는 것에 대해 보다 신중히 의견을 모으고 논의했음을 느낄 수 있었다. 한살림의 모든 결정은 소비자 조합원들이 한다는 것을 생각하면 이 또한 한살림의 남다른 면모가 아닐까 생각된다.

한살림의 소비자, 생산자, 직원의 이와 같은 관계는 협동조합을 시작하는 이들이라면 꼭 한번 유심히 살펴보는 것이 좋을 듯싶다. 협동조합끼리의 협동의 원칙만큼이나 조합 내부적으로 혹은 주변에서 이해가 다를 수 있는 구성원들 간의 상생과 협동의 노력도 중요한 것이 아닐까? 함께 가면 다소 더딜 수 있지만, 오래 지속할 수 있음을 한 번쯤은 되새겨보았으면 좋겠다.

지역과 더불어 성장하다

"한살림 활동하면서 귀농의 꿈을 가지고 있는 분들이 많아요. 자기 여건이 마련되었을 때 귀농하는 경우도 많고요. 지역으로 이사하는 경우에도 지역 한살림에서 활동하는 경우도 많고, 여기서 활동하다 가면 지역 한살림에서 1차적으로 뽑죠. 한살림 생산지로 귀농을 하거나 다른 지역 한살림에서 활동하는 분들도 여러분 나왔어요."

최근에는 한살림에서 새로운 인생 설계를 고민하고 준비하는 이들이 늘어나고 있다. 귀농이나 지역 한살림 활동도 비슷한 경우가 되겠지만, 조합원들이 직접 워커즈일하는 사람들의 공동체나 협동조합을 만들기도 한다. 조합원들이 십시일반 자금을 모아 광주 물류센터 옥상에 햇빛발전소를 설치한 '한살림햇빛발전협동조합'이나 최근 지역 내에서 아이돌봄서비스를 제공하는 '아이사랑협동조합' 등이 바로 한살림 조합원들이 중심이 되어 만든 협동조합이다.

또한 원주한살림의 예와 같이 지역 내에서 협동조합 간의 협동의 원칙을 지키며 함께하려는 노력도 곳곳에서 엿볼 수 있다.

"한살림은 초창기부터 장애인들이 일하는 생산공동체 등에서 만든 물품을 취급했어요. 원래 물품 선정 기준에 가치 지향적인 곳을 우선적으로 선택하자는 게 기본이었거든요. 그동안 생산공동체들이 많이 없어져서 기존에 있던 가공 생산지 등으로 교체하게 되었는데, 그곳의 의식은 다 보죠. 생산지를 꼼꼼하게 선정하는 편이에요. 지금은 다시 사회적 기업이나 협동조합 물품을 우선적으로 취급한다는 원칙을 지키려고 하죠. 협동조합 간의 협동의 원칙에 따라 기본적으로 생산업체를 선정할 때 그런 기준을 적용하고 있고, 그런 기준을 저희가 만들려고 하고 있습니다."

한살림은 사회적 기업이나 작은 협동조합, 마을기업 등 가치가 있다고 생각되는 곳이라면 충분히 같이 할 수 있다는 게 기본 입장이라고 한다. 물론 한살림 조합원들과 약속한 물품 기준에서 너무 벗어나지 않아야 하지만, 가치가 있는 생산지라면 여건이 조금 미흡하더라도 같이 성장한다는 생각으로 함께하기도 한다.

한살림의 까다로운 물품 기준에 맞추긴 쉽지 않겠지만, 실생활용품 등은 한살림 물품으로 확대 공급할 수 있는 방안을 현재 고민 중에 있다고 한다. 한살림 논의 구조의 특성상 다소 오랜 시간이 걸리겠지만, 머지않아 작은 협동조합에서 만든 물건들도 취급하게 되리라 기대해본다.

이 글을 정리하며 협동조합에 대한 개인적인 생각도 정리되는 느낌이었다. 한살림을 통해 협동조합의 가치와 지향에 대해 생각해보고, 협동조합 운영에서의 실제 사례도 알아보는 소중한 시간이었다. 협동조합의 큰 그림을 그리는데 한 번쯤 생각해보았으면 하는 바람에서 함께 담아보았다. 협동조합의 투박하고 더딘 길에서 더불어 큰 힘이 되는 '협동'이란 의미를 늘 잊지 않고 지켜나가길 기대해본다.

배움과 나눔, 어울림이 있는
청년들의 마을 회관

우리마을카페오공

마을 수다방 같은 작은 옷 수선가게 하나 만들면 어떨까? 지친 하루를 달래주는 골목 귀퉁이 포장마차는? 그도 아니면, 아파트 주민들과 함께 옥상 텃밭을 가꾸며 도시 농부가 되어보는 건 어떨까? 혼자가 아닌 함께, 이왕이면 협동조합으로 만들면 좋겠다. 그런데 이렇게 작은 동네 가게나 마을 모임을 굳이 법인 회사로 설립할 필요가 있을까?

비영리법인인 사회적협동조합이 아닌 일반 협동조합은 법인이다. 세법상으론 주식회사와 같은 영리법인으로 간주하고 있다. 마을에 보물처럼 숨겨진 작은 가게와 모임들이 있다는 것은 반갑다. 게다가 협동조합이라는 것도 마음에 든다. 하지만 영리법인인 회사로 만든다는 건 뭔가 좀 배보다 배꼽이 더 큰 형국 같다.

이제 이 책에서 마지막으로 소개할 '우리마을카페오공'을 통해 조심스레 작은 가게 협동조합에 대한 화두를 던져볼까 한다. 아울러 우리마을카페오공에서 공동체 마을을 꿈꾸고 일궈나가는 청년들의 이야기도 들어보았다.

'cafe 50'

민트색 벽에 새겨진 하얀 글씨가 상큼하다.

지하 카페로 내려가는 계단에 서니 선반 위 아기자기한 소품들 사이로 가지런히 놓인 두 권의 책이 눈길을 끈다. 헬레나 노르베리 호지의 저서 '오래된 미래'와 에크하르트의 소유의 개념이 소개된 페이지가 펼쳐져 있는 에리히 프롬의 '소유냐 존재냐'. 그러고 보니 메모꽂이의 글귀도 예사롭지 않다. '재정자립, 공유경제' '협동조합, 재능나눔' '심야식당' '의료, 육아, 삶, 연애, 결혼, 행복⋯.' 그 주위로 함께여서 행복한 청년들의 모습이 담긴 사진들도 눈에 띈다.

두 권의 책과 메모와 사진들. 깊고 치열했을 청춘의 고민과 생각, 그리고 그렇게 모아낸 '우리마을카페오공'을 소개하는 방법이 참 멋스럽다.

금요일 밤의 심야식당

지하 카페 안쪽에선 두런두런 얘기 소리가 들린다. 긴 테이블 위엔 풍성한 푸른 잎채소와 새빨간 방울토마토와 하얀 치즈가 어우러진 샐러드, 그리고 다소 거칠지만 건강함이 느껴지는 빵이 소담스레 올려져 있다. 그 주위로 둘러앉은 한 무리의 사람들이 보인다.

"제가 정색을 잘하거든요. 싫어하는 게 얼굴에 묻어난다고 해요. 어떻게 하면 정색을 안 할 수 있을지 그게 고민이었죠."

"저는 자연스러운 게 좋다고 생각해요. 왜 정색은 감춰야 하고, 웃음은 드러내야 하는 건지 잘 모르겠어요."

가족도 친구도 이웃도 아닌 이들은 함께 음식을 나누며 소통한다. 때론 낯선 듯 때론 익숙한 듯 대화를 이어가는 이들의 모습이 호기심을 자극한다.

금요일 밤, 이곳 '우리마을카페오공'에선 이렇듯 조금 특별한 식당을 만날 수 있다. 그때그때 바뀌는 셰프에 따라 음식도 대화 주제도 바뀌는 '심야식당'이 열리는 것. 이번 심야식당에선 카페 주인장조합원이자 해금 연주가인 공담연 씨가 '좀 더 잘 소통할 수 있는 방법은 없을까'라는 주제로 직접 준비한 음식과 함께 이야기를 나누고 있다.

텃밭 야채 샤브샤브와 가정식 주먹밥이 함께했던 '게으른 여행 이야기', 홍합미역국과 함께 나눈 '시시콜콜 사는 이야기', 연안부두표 재료로 만든 덮밥과 함께했던 '가장 살고 싶은 도시 포클랜드를 통해 내가 살고 싶은 마을 꿈꾸기', 조개술찜과 함께한 '협동조합과 마을, 혹은 귀촌 이야기' 등 지금껏 진행된 심야식당의 면면만 봐도 흥미롭다. 이곳 카페오공의 금요일 밤은 소박한 음식을 닮은 편안한 대화가 지친 마음까지 보듬어주는 치유의 식당, '심야식당'과 함께 그렇게 깊어간다.

재능나눔과 오공장터, 그리고 청년자립과 공유경제

협동조합 방식으로 운영되는 우리마을카페오공에서는 조합원을 '주인장'이라고 부른다. 오공이라는 이름은 가게를 빌리는데 필요한 5천만 원의 돈을 50명의 주인장의 힘으로 마련하자는 의미로 지은 것이라 한다.

우리마을카페오공은 여느 커피집과는 좀 많이 다르다. 마을 만들기 공부모임이나 청년자립프로젝트 '적게 벌고 행복하기' 모임은 물론 이고, 다양한 재능나눔 프로그램도 진행되고 있다.

스페인어, 중국어회화, 영어회화, 영어로 하는 정치토론, 한자 외우기, 독서대 만들기, 천연수분크림 만들기, 천연비누 만들기, 스윙, 살사, 천직 찾기 워크숍, 자산시장의 이해, 타로 교실, 마술 교실, 얼굴 그리기, 그림치료, 내 공간 상상하기, 우쿨렐레 교실, 단소 교실, 독서모임, 다큐모임, 공감대화법, 증명사진 찍기, 바자회, 돈 사용법, 사진수업 등 지난 1년 동안 진행된 재능나눔 프로그램만 봐도 여느 문화센터 못지않다.

"30~40대가 되면 취미생활 하나 정도는 가지고 있잖아요. 전문가나 학원 선생님은 아니라도 충분히 가르칠 수 있는 재능 하나씩은 가지고 있죠. 스스로 사소한 재능이라 생각하는 것도 누군가에겐 꼭 필요한 기술일 수 있거든요. 그래서 저흰 그렇게 각자 가지고 있는 재능들을 발굴해 나눠보자고 생각했던 거죠."

이곳 카페오공에선 단돈 오천 원으로 원하는 재능나눔 프로그램에 참여할 수 있다. 회당 오천 원만 내면 카페 음료와 함께 우쿨렐레 같은 악기도 배울 수 있다는 얘기다.

"청년들의 자립이라는 주제로 함께 공부하며, 적게 벌고 적게 쓰면서도 풍요롭게 살 수 있는 그런 방안을 모색해왔어요. 재능나눔을 통해 사람을 만나면 소비는 줄이면서도 문화생활도 할 수 있게 되겠지요? 그렇게 동시대의 같은 고민을 하는 청년들이 함께 모여 끈끈한 돌봄의 관계망을 만들어보자 생각했던 거죠."

카페오공의 주인장 조정훈 씨의 설명을 듣자니, 고민을 나누고 대안을 찾아 함께하는 이들의 모습이 진정한 청년의 아름다움이 아닐까 하는 생각이 들었다.

이곳 카페오공에서는 청년자립을 꿈꾸며 공유경제를 만들어가는 프리마켓 '오공장터'도 열린다. 한 달에 한 번 열리는 오공장터는 누구나 참여할 수 있는 열린 장터다. 판매자는 2천 원의 참가비만 내면 참여할 수 있는데, 핸드메이드 액세서리, 수제 비누, 손수 만든 먹거리, 읽던 책까지 무엇이든 판매가 가능하다.

'사이좋은 달걀, 지후의 드립 앤 드롭, 피스코 디자인, 미경의 앙금빵과 베리베리 크림치즈, 지끈 공예 바구니와 알록달록 수세미, 꿈삼, 수안 오미자농원, 몽골소녀 타난 돕기, 훙훙도자기, 카페오공의 그때 그 주먹밥, 마짱의 쑥떡쑥떡 & 매실차, 마짱의 맛짱 부침개와 잔술, 인혜네, 또문다락방의 수제 창포샴푸바, 융융의 보물창고, 그래도향초, 눈감고 야옹화, picturesque attic, 찐짱의 한정판매 냉장고 바지, 고종혁의 발효 식초와 물비누, 영현의 클로짓오픈….'

70센티미터의 테이블 위에 차린 작은 가게들이지만, 아기자기한 손글씨 간판도 세워져 있다. 지난 6월의 마지막 주 금요일 저녁엔 여섯 번째 오공장터가 열렸다. 이젠 꾸준히 참여하는 회원도 늘고, 제법 안정적으로 모습을 갖춰 진행되고 있다.

이곳 카페오공에서는 '금융의 자립, 연애와 결혼의 자립, 일자리의 자립, 육아의 자립, 교육·주거·에너지·의료·식량·관계의 자립' 등 다양한 주제로 진행하는 독서모임도 꾸준히 이어 오고 있다. 실제 이곳 '카페오공'도 인천 검안에 자리 잡은 청년들의 주거 공동체인 '우동사' 즉, '우리동네사람들'의 우리마을독서모임에서 제안해 시작하게 된 것이라고 한다.

"공부모임을 하다가 같이 테이블 만들기를 했어요. 목공을 취미로 하는 분이 일종의 재능나눔을 했던 거죠. 그 자리에서 이렇게 재능을 나누고 소통하는 곳이 상시적으로 있었으면 좋겠다는 얘기가 나왔어요. 그때 같이 공부했던 사람들이나 취지에 공감하는 사람들이 모여 이 공간을 만들게 된 것이죠."

카페오공 주인장 임정아 씨는 그렇게 2012년을 카페 준비와 함께 시작했다고 한다. 2012년 4월 문을 연 우리마을카페오공은 이제 청년들의 마을회관으로 자리를 잡아가고 있다. 공동체 마을을 꿈꾸는 청년들이 서로가 가진 재능을 나누며 서로 돌보며 자립을 모색하는 청년들의 마을이 만들어지고 있는 것이다.

청년들의 마을 만들기

'마을' 하면 구석구석 희로애락을 나누며 살갑게 살아가는 사람들의 모습이 그려진다. 골목골목을 뛰어다니는 아이들의 해맑은 모습이나 수다 삼매경에 빠진 아주머니들, 정자나무 아래 어르신들의 느린 미소가 떠오른다. 하지만 청년들의 모습은 좀처럼 그려지지 않는다. 더군다나 도시 청년들의 마을이라니.

"청년들에게 거주 기반은 그다지 의미가 없는 거 같아요. 그보다는 자주 가는 곳, 자주 어울리는 사람들과 함께하는 곳이 청년들의 마을이 아닐까요?"

조정훈 씨의 얘기처럼, 어쩌면 이들에겐 이곳 우리마을카페오공이 진정한 마을의 중심인 듯싶다. 지친 일상에서 잠시 쉬어가는 곳, 마음 편히 어울릴 수 있는 그런 사람들이 있는 곳, 도시 청년들의 마을은 그렇게 시작되고 있었다.

"저희는 조금 더 자기 문제를 해결하는 방향으로 가려고 하고 있죠. 공동체를 꾸리고 그냥 그렇게 공동체 안에서 생활하면서 모델을 만들어가려고 해요. 그래서 매달 공동 주거를 주제로 한 심야식당도 하고, 함께 사는 걸 가지고 워크숍도 열고 있어요. 검단 주거공동체 '우동사'도 이미 두 곳으로 늘어났고, 여러 곳으로 늘리려고 준비하고 있습니다."

우리마을카페오공의 재능나눔 프로그램도 그렇지만, 독서모임이나 공부모임들도 결국 이 시대 청년들의 고민을 꺼내 함께 얘기하고, 실천할 수 있는 대안을 찾아 스스로 만들어가는 과정이 아닐까 생각된다.

"현재 저희 주인장은 모두 마흔두 명이에요. 저희가 재능나눔 프로그램만 대강 계산해봤더니 지난 1년 동안 300여 차례 열렸고, 참가자는 거의 2천 명 가까이 되더라고요. 중복 참가자도 있지만, 실제 카페를 찾는 손님은 그보다 훨씬 더 많죠."

우리마을카페오공에는 늘 사람들이 함께한다. 물론 오가다 커피 한 잔 마시러 들른 이들도 있지만, 동네 사랑방 들르듯 사람을 찾아 모임을 찾아온 이들이 많다.

"주로 페이스북을 보고 참여하시는 분들이 많아요. 매주 진행되는 것들이 있으니 사람들의 입소문을 듣고 오는 분들도 있고, 언론 매체에 소개된 것을 보고 오는 분들도 있죠. 새로운 분들도 많고, 꾸준히 오는 분들도 계세요. 주로 저희 카페에 대해 어느 정도 알고 취지에 공감하고 지지하는 분들이 많이 오시죠."

우리동네카페오공은 협동조합 방식으로 운영되는 카페다. 정식으로 협동조합 신고나 인가 과정을 거칠지는 여전히 논의 중에 있지만, 협동조합 원칙을 지켜 운영하고 있다.
카페오공 주인장들은 협동조합을 공부하며 일찌감치 정관 초안도 만들고 카페 운영 규정도 만들어 민주적으로 운영해 오고 있었다. 협동조합에 대한 공부모임도 꾸준히 진행하고 있고, 이젠 제법 깊이 있는 논의들도 오간다.
운영 초기에는 거의 매주 열리던 전체모임에서 모든 결정을 했지만, 카페 운영이 어느 정도 안정되어 이젠 운영위원회에서 논의하고 큰 결정만 전체 총회를 열어 의결 과정을 거치고 있다. 매주 진행하는 운영위원회는 핵심운영위원 여덟 명이 주로 참여하고 주인

장들에게도 오픈되어 있다고 한다.

"회의하면 보통 힘 빠진다고 하는데, 저흰 다들 너무 좋다고 해요. 무엇 때문에 하는지, 어떤 생각을 갖고 있는지, 어떤 식으로 가야 하는지, 서로 논의하면서 공유하는 과정이 좋은 거 같아요. 뭘 했고 어디로 가고 있는지, 그런 방향들이 정리가 되는 것 같아 회의 평가도 늘 긍정적이죠."

임정아 씨의 설명을 들으니, 편안한 사람들의 좋은 기운과 함께하기 때문이 아닐까 하는 생각을 했다. 실제 협동조합을 하다보면, 힘 빠지는 순간순간의 기억들이 상처가 되고, 또 스스로를 지치게 한다. 한 발 떨어져 보면 별일 아닌 것들도 사소한 생각의 차이 하나 때문에 의견을 모아가는 과정이 지난하기만 했던 순간도 있다. 결국 관계의 문제이니 정답은 없겠지만, 이들 젊은 친구들의 긍정적인 회의 모습은 함께 나눠야 하는 것 아닐까 하는 생각도 들었다.

협동조합 설립에 대한 깊은 고민

"처음에는 저희가 협동조합으로 등록하는 게 중요한 게 아니라, 협동조합 정신에 맞게 협동조합의 가치를 어떻게 실현하느냐가 관심사였어요. 그러다가 협동조합으로 등록을 하려고 보니 오히려 운영하는데 방해가 되는 요소들이 많았어요. 조합원 규정이라든지 그런 것들이요. 그래서 협동조합 방식으로 일단 운영을 해보자했죠. 지난 1년 동안 진행이 되었는데 별 문제가 없었어요. 실제로 운영진 체제도 갖추고 정기적인 총회도 계속 진행이 되었죠. 그런데 최근 들어서 카페오공에 대한 관심이 높아져 새롭게 주인장이 되려고 하는 분들이 늘어났어요. 기존에는 신뢰 관계로 유지가 되어 큰 문제가 없었는데, 앞으로는 단순히 신뢰 관계만으로는 갈 수 없겠다는 생각이 든 거죠. 작년 1년 동안 운영하면서 현상유지 정도는 됐거든요. 그런데 이제는 사람들이 이걸 이용하고 주인장이 늘어나면서 이걸 지속시켜야 하는 단계에 왔는데, 그러자면 협동조합 체계가 저희한테는 더 안정적인 거죠. 지금처럼 개인 사업자면 개인을 믿고 가는 건데, 협동조합은 법적인 체계로 안정성을 확보할 수 있으니 이젠 협동조합으로 등록하는 게 더 현실적이겠다 판단하게 되었던 거죠."

조정훈 씨는 현재 카페 주인장들과 함께 협동조합으로의 전환을 모색하고 있다. 카페오공 시작단계에서부터 꾸준히 협동조합에 대해 공부하며, 협동조합이 우리마을카페에 적합한 형식인지 고민을 거듭해왔다고 한다. 카페 운영 초기보다는 어느 정도 안정적인 기반을 다진 지금이 되레 협동조합의 형식을 필요로 한다는 얘기다.

"운영의 편리성만 따진다면 굳이 협동조합을 할 필요는 없는 것 같아요. 초창기에 굳이 협동조합으로 등록한다고 진을 뺄 필요는 없을 것 같다

는 생각이 드는데, 다른 분들도 공감해요. 지난 1년을 돌이켜 보면 협동조합 한다고 애쓰지 않았기 때문에 오히려 그 에너지를 모두 자립하는 기반을 만드는 데 집중할 수 있었던 것도 사실이었고, 그 판단이 적절했다고 생각하거든요. 그런데 지금 시점에서는 이렇게 가는 것보다 실질적으로 변화가 필요하다는 생각이 들어요. 조합원들의 회비라든지 이런 걸 가지고 유지하는 게 맞다는 판단이 들고, 매출보다는 다양한 카페 활동에 집중해야 하는 시점이고요. 비는 매출을 조합원들의 힘으로 유지해 나가는 게 적절하다는 생각이 들거든요. 그러자면 협동조합의 시스템 체계가 더 적합하겠죠."

실제 사업을 시작하는 경우를 보면, 개인 사업자로 할지 주식회사로 설립할지 아니면 유한회사나 또 다른 형태의 영리법인으로 만들지 적합한 형식부터 고민한다. 보다 신중하게 사업 내용이며 운영 방식, 수익 구조 등도 검토한다. 그리고 대게 작은 규모의 가게 하나 내는데, 굳이 주식회사와 같은 영리법인을 설립하지는 않는다.
하지만 그보다 더욱 치열하게 고민해야 하는 협동조합은 일단 설립하고 보는 경향이 있다. 실제로 협동조합을 설립한 이들 중에는 일반 협동조합이 세법상 주식회사와 같은 영리법인으로 납세의 의무가 있다는 것조차 모르는 경우도 있었다.

"회계 문제나 세금 문제 등 다소 번거롭고 까다로울 수 있는 절차가 있긴 한데, 저희 장점이 연령대가 젊다 보니 그런 걸 기꺼이 할 수 있는 친구들이 많아요. 실제로 관련 업계에서 일하는 친구들도 있고요. 그런 것들이 아주 버거운 일은 아니죠."

협동조합을 설립하는 과정에서도 법무사를 통해 등기 서류를 만들고 설립한 경우에 적잖은 비용이 들었다는 조합이 많다. 일반 협동조합의 경우에는 주식회사 수준의 세금도 내야 하고, 운영도 그에 맞춰야 하니 이것저것 까다롭게 챙겨야 할 것들이 많다. 다섯 명이면 누구나 쉽게 만들 수 있다고 해서 일단 협동조합부터 설립하기보다는 우리 조합에 적합한 형식에 대한 충분한 고민이 더 필요할 듯싶다.

"저흰 성격상 사회적 협동조합이 더 적절하다고 생각해요. 저흰 수익을 남겨 배당을 주거나 이런 목적으로 하는 게 아니거든요. 청년들이 자립 문제를 해결해보자는 취지이기 때문에 수익이 나면 그걸 재투자하는 방식으로 가게 될 거예요. 그래서 사회적 협동조합으로 등록하는 게 더 취지에 맞는다고 생각하고 있습니다."

카페오공은 현재 사회적 협동조합으로 인가 받는 문제를 고민하고 있다고 한다. 가을이 오면 어느 정도 생각이 정리되어 협동조합으로 거듭난 우리마을카페오공을 만날 수 있을 것 같다.

지금까지 협동조합기본법 시행 이후 설립된 협동조합들 몇 곳을 만나보았다. 면면을 들여다보면 대부분 1년, 많게는 2년 이상 모임을 꾸리며 협동조합 방식에 대한 고민과 함께 운영하며 신중하게 선택해 설립한 경우가 많다. 협동조합을 설립하고자 한다면, 일단 이들이 어떤 고민을 거듭하며 어떤 준비 기간을 거쳐 협동조합이란 방식을 선택하게 되었는지 한 번쯤 더 생각해보길 바란다.

우리 마을 카페오공

내가 가진 재능을 내어놓아 세상에 잘 쓰이는 것이 세상을 풍요롭게 한다는 사실을 믿는 사람들이 모인 곳으로, 사람 맛이 나는 공동체 마을을 꿈꾸는 청년들이 모여 만든 협동조합형 카페다. 카페오공은 소박한 삶 속에서 협동과 나눔, 공동체적 가치를 추구하고, 주거, 교육, 의료, 일자리, 먹거리 등의 과제에 대한 자급도를 높이는 활동을 하며, 일과 놀이의 통합을 지향하고, 노동력을 화폐로 환산하는 임금노동에서 벗어나 필요한 만큼 받고 쓰는 모델을 지향한다. 주요 프로그램으로는, 금요일 저녁에는 심야식당이, 평일 저녁 주말엔 공부모임·어학·문화 프로그램 등 다양한 재능나눔 프로그램이 진행된다.

카페 안내

주인장(조합원) 가입 방법 기존 주인장 3인 이상의 추천을 받아 출자금 100만 원을 납부하면 주인장이 될 수 있다.

카페 회원 가입 방법 카페 자립도를 높이고, 청년 자립과 마을 만들기라는 본연의 목표를 실현하는 비영리 활동으로 전환하기 위해 회원을 모집하고 있다. 매달 2만 원의 회비를 납부하면 재능나눔 프로그램에 무료로 참여할 수 있으며, 음료 구입 시 리필 1회 가능하다. 카페오공의 책방 대출도 가능하며, 카페 안에 미니 가게를 운영할 수 있는 등 다양한 혜택이 있다.

영업시간 월~금 오전 11시부터 오후 11시까지. 주말은 유동적

주소 서울시 서초구 서초3동 1586-5 지하

연락처 02-598-8804

자세한 내용은 페이스북 www.facebook.com/cafeogong 참고

출범식 및 창립

어협동조합 국민TV(개)설립준비위원회

좌 충 우 돌
협동조합 설립기

3

합 국민TV

총회

협동조합, 설립 준비에서
설립등기, 사업자등록까지

협동조합기본법 시행 초기에 협동조합을 설립한 이들과 얘기를 나누다보면 어느새 좌충우돌 설립 경험담을 술술 풀어 놓는다. 설립신고 시 서류상에 미비한 곳이 발견되어 한두 군데 살짝 수정하는 것은 애교로 넘길 수 있다. 하지만 정관 등 주요 서류의 문제로 총회를 다시 열어 수정해야 하는 경우에는 무척 난감할 수밖에 없었다고 한다.

어찌어찌하여 설립신고증은 받았는데, 등기 절차를 몰라 문제가 되기도 했다. 등기에 필요한 서류를 만들기 위해 법무사를 찾아다녔지만, 처음 해보는 협동조합 업무를 맡으려고 하는 곳을 찾기란 쉽지 않았다. 이곳저곳 부탁해보다가 할 수 없이 자료를 찾아가며 직접 등기를 했다는 이들도 있었다. 등기를 마치고 사업자등록을 위해 세무서를 찾았으나 사업종을 제대로 넣지 않아 처음부터 다시 설립 절차를 밟아야 하는 경우도 있었다. 그나마 일찌감치 주식회사 형태의 사업을 고민하다 협동조합을 설립하려는 경우에는 큰 문제가 없었다. 하지만 회사 설립이나 운영 경험이 없는 이들은 어느 정도 어려움을 겪을 수밖에 없었을 것이다.

지난해 12월 협동조합기본법 시행 이후 협동조합을 설립한 이들의 다양한 경험담을 들으며 이들의 이야기를 묶어보면 어떨까 생각했다. 이들의 경험담을 살려 실제 설립 과정에 도움이 되는 내용을 만들 수 있지 않을까? 이렇듯 '좌충우돌 협동조합 설립기'는 취재차 만난 여러 신생 협동조합들의 실제 사례를 바탕으로 꾸민 이야기다. 발기인회와 창립총회를 거친 협동조합 실무 준비에서부터 신고·수리와 등기 절차, 그리고 사업자등록까지 실제 협동조합의 설립 과정을 생생하게 담고자 하였다. 지난 6개월간 설립된 협동조합들이 겪은 혼란스

★ 설립동의자 수만 975명, 설립 당시 총 출자금만 10억 5천만 원이 넘는 미디어협동조합 출범은 규모만으로도 놀라웠다. 설립동의자 수가 많은 조합의 경우 총회 성사에서부터 설립인가를 위한 서류 준비 등에서 몇 배의 공이 더 들어가게 된다. 총회를 무사히 마치고 설립인가를 받은 미디어협동조합을 보며 조합원의 남다른 신뢰와 믿음을 엿볼 수 있었다.

런 전철을 다시 밟지 않기를 바라는 마음에서 설립 준비 요령도 함께 담았다. 아무쪼록 협동조합을 설립하는 이들에게 조금이나마 도움이 되길 바란다.

협동조합에 대한 생각도 정리되었고, 협동조합 방식에 꼭 맞는 사업 아이템도 찾았다. 주변인을 중심으로 레이더망을 가동해 뜻을 함께할만한 사람을 모아보니 다섯 명. 이제 본격적인 협동조합 설립 준비에 들어갈 수 있을 듯싶다.

일단 설립 준비에 앞서 모두 함께 서울시 협동조합 상담지원센터에서 진행하는 협동조합 기본 교육을 받기로 했다. 협동조합의 기본적인 내용과 기본법 해설 및 설립 절차와 운영에 관한 기초 교육이었다. 서울지역에 네 권역으로 나눠진 상담센터에서는 이와 같은 기본 교육은 물론이고 협동조합 관련 상담도 받을 수 있다. 또한 앞으로는 협동조합 임직원을 대상으로 한 보다 심화된 내용의 교육이나 협동조합 설립 컨설팅도 진행할 예정이라고 한다. 물론 최근에는 가까운 구 단위의 자치단체에서도 협동조합 관련 교육이 부쩍 많아졌다. 인터넷으로 조금만 알아보면 자치단체에서 하는 협동조합 관련 교육을 무료로 들을 수 있으니 꼭 찾아 들어보는 것이 좋겠다.

협동조합 상담센터에서 교육을 들은 후 생각이 많아졌다. 강의 후 이어진 질의응답 시간에는 조합을 설립하면 받을 수 있는 지원 내용에 대한 질문이 많았다. 협동조합에 대한 이해와 합의가 부족한 상태에서 급하게 설립하려는 이들이 많은 것 같다. 이 자리에서는 지원이나 바라고 급하게 만든 협동조합들이 겪고 있는 갈등 상황이나 어려움 등의 사례를 알려주었다. 설명을 듣고 있자니 협동조합은 조합원 간의 충분한 이해와 신뢰, 협동을 바탕으로 설립 운영하는 것이 무엇보다 중요한 일인 듯싶다.

기본 교육에 참가한 이후, 함께 나눌 얘기도 더 많아졌다. 각자 참여하게 된 이유가 무엇이고, 왜 협동조합을 만들려고 하는지, 주된 사업을 무엇으로 할지 등 초심으로 돌아가 처음부터 다시 생각을 정리하고 모아내기 시작했다. 협동조합의 가치와 운영원칙에 대한 생각도 다시 한 번 공유했다. 그리고 어떻게 사업에 녹아낼 수 있을지 더욱 치열하게 고민했다.

이제 역할을 나눠 협동조합 설립에 관한 자료도 모으고, 협동조합기본법을 보다 꼼꼼하게 살펴보기로 했다. 어차피 협동조합은 협동조합기본법에 따라 설립하고 운영하는 것이니 법 조항을 정확히 이해하는 것이 우선일 것이란 생각에서였다. 관련 책자나 전문가의 설명도 결국은 이 법을 기반으로 하고 있을 것이다.

협동조합 설립에 관한 규정은 '협동조합기본법' 제2장 제1절에서, 설립등기 관련 규정은 제7절에서 찾아볼 수 있다. 제15조 1항에는 '협동조합을 설립하고자 하는 때에는 5인 이상의 조합원 자격을 가진 자가 발기인이 되어 정관을 작성하고 창립총회의 의결을 거친 후 주된 사무소의 소재지를 관할하는 시·도지사에게 신고하여야 한다.'는 규정이 있다. 결국 협동조합 설립은 발기인 모집에서부터 시작된다고 할 수 있겠다.

1단계, 발기인 모집

발기인이란, 협동조합에 뜻을 같이 하고 설립을 주도하는 사람을 말한다. 즉, 이들 다섯 명 이상의 발기인을 중심으로 정관이나 사업 계획안을 마련하는 등 창립총회 전까지 협동조합 설립에 있어 실질적으로 필요한 제반 사항을 준비하는 것이다.

자료를 찾아보니 발기인의 의미는 어느 정도 이해할 수 있었다. 그런데 우리 다섯 명은 발기인의 여건을 제대로 갖춘 것일까?

다섯 명 이상의 조합원 자격을 가진 자가 발기인이 된다고 하였으니, 일단 협동조합기본법에서 조합원 자격 관련 조항을 다시 찾아보았다. 기본법 제20조에 '조합원은 협동조합의 설립 목적에 동의하고 조합원으로서의 의무를 다하고자 하는 자'로 조합원 자격을 규정하고 있다. 다른 자료를 보니 발기인은 자연인自然人, 민법에서 규정한 권리를 가진 주체를 뜻하며, 법인에 대립하여 개인을 가리키는 데 쓰이는 개념뿐만 아니라 모든 형태의 법인도 가능하다고 한다. 또한 외국인 등록번호가 있는 외국인은 물론이고, 외국인 출자규제 관련 법률에 적합한 외국법인도 가능하다. 하지만 지방자치단체는 지방재정법 제18조에 따라 출자가 제한되기 때문에 발기인 및 조합원으로 참여할 수 없다고 한다.

순수한 자연인이며 협동조합에 뜻을 같이하는 우리들 다섯 명은 발

기인이 될 자격이 충분했다. 그렇다면 이제 발기인회를 열어 정관
(안)과 사업계획 및 수지예산(안)을 만들어야 할 듯싶다. 물론 본격
적인 준비에 앞서 협동조합의 가치와 원칙을 이해하고, 그에 걸맞
은 조합이 되도록 끊임없이 공부하고 그 실천방안을 고민해야 할
것이다.

2단계, 정관(안)과 사업계획 및 수지예산(안) 작성

실제로 협동조합 설립을 위한 모든 준비는 발기인회에서 결정된다.
정관(안)과 사업계획(안)을 만드는 이러한 작업은 협동조합의 근간
을 만드는 중요한 일이라 할 수 있다. 그만큼 시간이 오래 걸리더라
도 찬찬히 의견을 모으고 준비해야 한다.

첫 발기인 모임에서는 회의를 원활히 진행하기 위하여 발기인 대표
를 선출하고 조합 이름을 확정했다. 우리 조합은 소소한 일상이 무
엇보다 소중하다는 뜻을 담아 '소소협동조합'이라고 이름을 정했다.
이웃 조합의 경우, 정관(안)과 사업계획(안)을 한 사람이 준비해 단
한 번의 발기인회에서 대충 검토하고 끝낸 곳도 있다고 한다. 하지
만 우린 시간이 좀 더 걸리더라도 모두 함께 제대로 하자고 의견을
모았다. 앞으로 몇 차례의 발기인회를 더 진행하게 될지 모르겠지만,
최대한 충분히 의견을 모으기로 결정했다.

이미 꾸준히 진행해온 협동조합의 가치와 운영원칙 그리고 협동조합적인 사업방식 등에 관한 공부는 정관을 만드는 등 구체적인 사업 내용을 정하고 계획을 짜는데 훌륭한 밑거름이 되었다. 우리 발기인 다섯 명은 협동조합의 좋은 가치들을 잃지 않고 담아낼 수 있도록 더욱 노력했다.

정관은 협동조합의 조직, 운영방법 및 사업활동 등에 관한 기본적인 사항을 규정한 최고의 자치법규다. 발기인이 공동으로 작성해 안을 만들면, 총회의 의결로 결정된다. 변경 시에도 반드시 총회를 개최해 의결로 변경 여부와 내용을 결정해야 한다.
협동조합기본법 제16조에는 정관에 반드시 포함해야 할 내용 열네 가지를 밝히고 있다.

정관 작성 시 필수기재 사항

① 목적
② 명칭 및 주된 사무소의 소재지
③ 조합원 및 대리인의 자격
④ 조합원의 가입, 탈퇴 및 제명에 관한 사항
⑤ 출자 1좌의 금액과 납입방법 및 시기, 조합원의 출자좌수 한도
⑥ 조합원의 권리와 의무에 관한 사항
⑦ 잉여금과 손실금의 처리에 관한 사항

⑧ 적립금의 적립방법 및 사용에 관한 사항

⑨ 사업의 범위 및 회계에 관한 사항

⑩ 기관 및 임원에 관한 사항

⑪ 공고의 방법에 관한 사항

⑫ 해산에 관한 사항

⑬ 출자금의 양도에 관한 사항

⑭ 그 밖에 총회·이사회의 운영 등에 필요한 사항

위 열네 가지 필수기재 사항이 빠지지 않고 들어갈 수 있도록 특히 신경을 써야겠다.

정관을 작성하기 전에 '기획재정부 협동조합 누리집www.coopera-tives.go.kr/index.html'에 올라온 표준정관례를 발기인들과 함께 살펴보는 시간을 가졌다. 함께 살펴보며 의견을 나누다 보니 표준정관례는 협동조합 운영에 대한 깊은 고민 속에 만들어진 것이란 생각이 들었다. 협동조합의 기본 운영원칙을 지키며 조합과 조합원들의 권익을 보호할 수 있도록 많이 연구해서 만든 흔적을 곳곳에서 확인할 수 있었다. 언뜻 보기엔 우리와 동떨어진 얘기인 듯 낯설게 느껴지는 조항도 다시 생각해보면 체계적으로 조합을 운영하는 데 꼭 필요한 조항이라 생각되었다. 되도록 표준정관례의 내용을 그대로 살려 정관을 작성하는 것으로 의견을 모았다.

이미 설립신고를 마친 이웃 조합의 얘기를 들어보니 표준정관례 중 몇몇 조항을 빼거나 내용을 크게 바꾸었다가 세 차례나 반려되어 재작성한 후 총회를 열어 다시 의결 과정을 거친 곳도 있었다. 대부분 이유는 협동조합기본법으로 규정된 조항임에도 빼버린 경우나 기본법 내용과 어긋나는 경우였다. 결국 표준정관례의 내용을 그대로 살려 작성해 설립신고필증을 받았다고 하는데, 협동조합기본법을 꼼꼼히 살핀 뒤 관련 내용은 임의로 수정하거나 변경하는 일이 없도록 해야겠다.

또 다른 조합의 얘길 들어보니 표준정관례에서 '○○'라고 표시된 부분을 실수로 바꾸지 않아 새롭게 작성해야 하는 웃지 못할 일화를 연출한 경우도 있었다. 또한 표준정관례에는 사업 전략에 맞게 변경되어야 하는 곳도 자세히 안내되어 있는데, 이를 제대로 바꾸지 않아 문제가 된 경우도 있었다. 조합의 성격과 사업 내용에 맞게 작성해야 할 곳도 놓치지 않아야겠다.

표준정관례에는 협동조합기본법에서 규정한 필수기재 조항이 빠짐없이 들어가 있고, 필수기재 조항과 선택기재 조항이 표시되어 있어 큰 어려움 없이 작성할 수 있을 것이라 생각했다. 하지만 이웃 조합들의 실제 사례를 들으니 꼼꼼하게 챙겨야 할 부분이 생각보다 많은 듯싶다.

"이걸 다 기본법과 비교해봐야 할까요? 아님 그냥 우리 조합 실정에 맞게 바꾸면서 기본법을 찾아 확인할까요?"

살짝 고민하고 있을 찰나, 발기인 대표가 꼼꼼하게 표시해온 표준정관례를 내밀었다. 이웃 조합들의 경험담과 협동조합 상담센터에 문의한 결과를 토대로 특별히 신경을 써야 할 부분을 표시하고, 주의해야 할 내용에 대한 자세한 설명도 별도로 달아둔 것이었다.

협동조합기본법에 규정된 조항은 해당 기본법 조항을 따로 표시해두었으니 빼거나 선불리 변경하지 않도록 해야 한다. 또한 조합에 따라 바뀌어야 하는 내용 중에 놓치기 쉬운 부분도 따로 표시해두었다. 조항 가운데 주의할 사항이 있는 경우에는 해당 조항 아래에 설명을 덧붙였다.

일반 협동조합 표준정관례

■는 선택기재 조항, 나머지는 필수기재 조항
※ 필수기재 조항의 경우 절대 빼지 말아야 한다. 선불리 변경할 경우 설립신고 시 보완 조치 대상이 된다는 것을 잊지 말자. 부득이하게 변경할 때는 기본법 조항을 반드시 살펴보고, 그에 어긋남이 없는지 확인해야 한다.

제1조(설립과 명칭) 이 조합은 협동조합기본법에 의하여 설립하며, ○○협동조합이

라 한다.

→ 협동조합기본법 제3조와 시행령 제2조에 명칭에 대한 규정이 있다. 이에 따르면 조합 이름에는 앞이나 뒤로 협동조합이란 명칭을 반드시 넣도록 되어 있다. 즉, '소소협동조합 및 협동조합소소' 둘 다 가능하다는 얘기다. 또한 다른 협동조합의 명칭과 중복되거나 혼동되는 명칭을 사용할 수 없도록 되어 있다. 단, 시·군이 다른 경우에는 동일한 명칭의 사용이 가능하다. 이름을 정할 때 미리 등기소에 같은 협동조합의 상호가 등록되어 있는지 검토해야 한다.(명칭 중복 확인방법 : 대법원 인터넷 등기소 누리집www.iros.go.kr/PMainJ.jsp에 들어가서 화면 중앙의 열람에서 '법인' 클릭 → 상호로 찾기에서 '전체등기소' 선택 → 법인 구분에서 '전체법인'으로 검색 → 상호 입력 후 동일 명칭의 법인이 있는지 확인)

또한 기존의 협동조합 8개 개별법상에서 고유하게 사용하는 명칭에 대해서도 사용하지 못하도록 되어 있다. 즉, 농업협동조합, 수산업협동조합, 엽연초조합, 산림조합, 중소기업협동조합, 신용협동조합, 소비자생활협동조합, 생활협동조합의 명칭과 이의 줄임 명칭은 사용할 수 없다.

제2조(목적) ○○협동조합(이하 '조합'이라 한다)은 자주적·자립적·자치적인 협동조합 활동을 통하여 구성원의 복리증진과 상부상조 및 국민경제의 균형 있는 발전에 기여함을 목적으로 한다.(기본법 제1조, 제5조)

→ 표준정관례 제2조의 목적은 소비자, 사업자, 직원, 다중이해관계자협동조합 중 자신의 조합 유형에 따라 선택해 작성한다.

〈소비자협동조합 정관례〉 제2조를 다음과 같이 규정한다.

제2조(목적) ○○협동조합(이하 '조합'이라 한다)은 자주적·자립적·자치적인 협동조합 활동을 통하여 구성원의 복리증진과 상부상조 및 국민경제의 균형 있는 발전에 기여하기 위하여 조합원이 필요로 하는 물품을 공동으로 구매하거나 조합이 공동으로 구성한 서비스를 공동으로 이용하는 것을 목적으로 한다.

(비고) '산악장비', '육아용품' 등 조합이 공동으로 구매하는 물품을 구체적으로 명시

하거나 '주택임대', '공동육아' 등 조합이 공동으로 구성한 서비스를 구체적으로 명시할 수도 있다.

〈사업자협동조합 정관례〉 제2조를 다음과 같이 규정한다.

제2조(목적) ○○협동조합(이하 '조합'이라 한다)은 자주적·자립적·자치적인 협동조합 활동을 통하여 구성원의 복리증진과 상부상조 및 국민경제의 균형 있는 발전에 기여하기 위하여 ○○○업(혹은 ○○지역의 ○○업, ○○시장 등 조합원 구성에 적합한 문구를 적시)의 건전한 발전을 목적으로 한다.

〈직원협동조합 정관례〉 제2조를 다음과 같이 규정한다.

제2조(목적) ○○협동조합(이하 '조합'이라 한다)은 자주적·자립적·자치적인 협동조합 활동을 통하여 구성원의 복리증진과 상부상조 및 국민경제의 균형 있는 발전에 기여하기 위하여 직원이 함께 조합을 소유하고 관리하며, 안정적인 일자리를 늘려나가는 것을 목적으로 한다.

(비고) 조합원의 3분의 2 이상이 직원이고, 조합원인 직원이 전체 직원의 3분의 2 이상인 협동조합을 직원협동조합이라고 함.

〈다중이해관계자협동조합 정관례〉 제2조를 다음과 같이 규정한다.

제2조(목적) ○○협동조합(이하 '조합'이라 한다)은 자주적·자립적·자치적인 협동조합 활동을 통하여 구성원의 복리증진과 상부상조 및 국민경제의 균형 있는 발전에 기여하기 위하여 둘 이상 유형의 조합원들이 모여 조합원의 경영 개선 및 생활 향상을 목적으로 한다.

제3조(조합의 책무) ① 조합은 조합원 등의 권익 증진을 위하여 교육·훈련 및 정보 제공 등의 활동을 적극적으로 수행한다.(기본법 제7조)

② 조합은 다른 협동조합, 다른 법률에 따른 협동조합, 외국의 협동조합 및 관련 국제기구 등과의 상호 협력, 이해 증진 및 공동사업 개발 등을 위하여 노력한다.(기본법 제8조)

제4조(사무소의 소재지) 조합의 주된 사무소는 ○○시·도, ○○시·군·구, ○○읍·면·동, ○○리에 두며, 규정에 따라 필요한 곳에 지사무소를 둘 수 있다.

→ 표준정관례 제4조 사무소의 소재지는 협동조합의 경우는 동명까지만 넣어도 무방하다. 하지만 다른 법인은 번지수까지 정확한 주소를 적어 넣도록 되어 있어 등기 시 논란의 소지가 있다. 일반적으로 법인의 정확한 주소지는 총회의 의결을 거쳐야 하는 중요사항으로 해석된다. 총회에서 의결된 곳과 다른 곳에서 사업을 하게 된다면 문제의 소지가 있으니, 명확히 표기한 후 의결 과정을 거쳐야 한다고 보는 것이다. 이 문제는 정관에 정확한 주소지를 기입하거나, 그렇지 않을 경우 창립총회 의사록에 넣는 것으로 해결하면 된다. 우리 조합의 경우는 창립총회 의사록에 넣는 것을 제안한다. 주된 사무소의 소재지는 명칭과 함께 정관에 들어가야 할 필수기재 사항 중 하나다.

제5조(공고방법) ① 조합의 공고는 주된 사무소의 게시판(지사무소의 게시판을 포함한다)에 게시하고, 필요하다고 인정하는 때에는 ○○특별시·광역시·특별자치시·도·특별자치도에서 발간되는 일간신문 및 중앙일간지에 게재할 수 있다.
② 제1항의 공고기간은 7일 이상으로 하며, 조합원의 이해에 중대한 영향을 미칠 수 있는 내용에 대하여는 공고와 함께 서면으로 조합원에게 통지하여야 한다.

■ 제6조(통지 및 최고방법) 조합원에 대한 통지 및 최고는 조합원명부에 기재된 주소지로 하고, 통지 및 최고기간은 7일 이상으로 한다. 다만, 조합원이 따로 연락 받을 연락처를 지정하였을 때에는 그곳으로 한다.

제7조(공직선거 관여 금지) ① 조합은 공직선거에 있어서 특정 정당을 지지·반대하거나 특정인을 당선되도록 하거나 당선되지 아니하도록 하는 일체의 행위를 하여서는 아니 된다.
② 누구든지 조합을 이용하여 제1항에 따른 행위를 하여서는 아니 된다.(기본법 제9조)

제8조(규약 또는 규정) 조합의 운영 및 사업실시에 관하여 필요한 사항으로서 이 정관으로 정한 것을 제외하고는 규약 또는 규정으로 정할 수 있다.**(기본법 제17조)**

제9조(조합원의 자격) 조합의 설립목적에 동의하고 조합원으로서의 의무를 다하고자 하는 자는 조합원이 될 수 있다.**(기본법 제20조)**

〈직원협동조합 정관례〉 제9조를 다음과 같이 규정한다.

제9조(조합원의 자격) 조합의 설립목적에 동의하고 조합원으로서의 의무를 다하고자 하는 자는 조합원이 될 수 있다. 다만, 이 조합의 직원은 ○개월 이상 계속 근무할 경우 조합원이 될 수 있다.

(비고) 직원의 조합원 가입은 이 조합에 정규 직원으로 채용되는 것을 의미하므로 수습기간이 필요함.

〈다중이해관계자협동조합 정관례〉 제9조를 다음과 같이 규정한다.

제9조(조합원의 자격 및 유형) ① 조합의 설립목적에 동의하고 조합원으로서의 의무를 다하고자 하는 자는 조합원이 될 수 있다.

② 조합원의 유형은 다음 각 호와 같다.

1. 생산자 조합원 : 조합의 생산활동 등에 함께 참여하는 자

2. 소비자 조합원 : 조합의 재화나 서비스를 이용하는 자

3. 직원 조합원 : 조합에 고용된 자

4. 자원봉사자 조합원 : 조합에 무상으로 필요한 서비스 등을 제공하는 자

5. 후원자 조합원 : 조합에 필요한 물품 등을 기부하거나 자금 등을 후원하는 자

(비고) 다중이해관계자협동조합은 위 5가지 중 2 이상의 다양한 유형의 조합원으로 구성되어야 한다.

제10조(조합원의 가입) ① 조합원의 자격을 가진 자가 조합에 가입하고자 할 때에는 가입신청서를 제출하여야 한다.

② 조합은 제1항에 따른 신청서가 접수되면 신청인의 자격을 확인하고 가입의 가부

를 결정하여 신청서를 접수한 날부터 2주 이내에 신청인에게 서면 또는 전화 등의 방법으로 통지하여야 한다.

③ 제2항의 규정에 따라 가입의 통지를 받은 자는 조합에 가입할 자격을 가지며 납입하기로 한 출자좌수에 대한 금액 중 제1회의 금액을 지정한 기일 내에 조합에 납부함으로써 조합원이 된다.

④ 조합은 정당한 사유 없이 조합원의 자격을 갖추고 있는 자에 대하여 가입을 거절하거나 가입에 관하여 다른 조합원보다 불리한 조건을 붙일 수 없다.

(비고) 협동조합의 설립 목적 및 특성에 부합되는 자로 조합원의 자격을 정관으로 제한할 수 있다.(기본법 21조)

■제11조(조합원의 고지의무) 조합원은 제10조 제1항에 따라 제출한 가입신청서의 기재사항에 변경이 있을 때 또는 조합원으로서의 자격을 상실하였을 때에는 지체 없이 조합에 이를 고지하여야 한다.

제12조(조합원의 책임) 조합원의 책임은 납입한 출자액을 한도로 한다.(기본법 제22조)

제13조(탈퇴) ① 조합원은 예고하고 조합을 탈퇴할 수 있다.(기본법 제24조)

② 조합원은 다음 각 호의 어느 하나에 해당하는 때에는 당연히 탈퇴된다.

1. 조합원 지위의 양도 등 조합원으로서의 자격을 상실한 경우

2. 사망한 경우

3. 파산한 경우

4. 금치산선고를 받은 경우

5. 조합원인 법인이 해산한 경우

(비고) 그 밖에 필요에 따라 제13조 제2항의 사유를 정관에 정할 수 있다.

제14조(제명) ① 조합은 조합원이 다음 각 호의 어느 하나에 해당하면 총회의 의결을 얻어 제명할 수 있다.

1. ○년 이상 계속해서 조합의 시설 또는 사업을 이용하지 아니한 경우

2. 출자금 및 경비의 납입 등 조합에 대한 의무를 이행하지 아니한 경우

3. 조합의 목적사업과 관련된 법령·행정처분·정관 및 규정을 위반한 경우

4. 고의 또는 중대한 과실로 조합의 사업을 방해하거나 신용을 상실하게 하는 행위를 한 경우(기본법 제25조)

〈직원협동조합 정관례〉 다음과 같이 제14조 제1항 제5호를 추가한다.

5. ○년 이상 계속해서 조합의 활동에 참여하지 아니한 경우

(비고) 조합의 성질을 고려하여 그 밖에 제명 사유를 추가하여 정할 수 있다.

② 조합은 제1항에 따라 조합원을 제명하고자 할 때에는 총회 개최 10일 전에 그 조합원에게 제명의 사유를 알리고 총회에서 의견을 진술할 기회를 주어야 한다.

③ 제2항에 따른 의견 진술의 기회를 주지 아니하고 행한 총회의 제명 의결은 해당 조합원에게 효력이 없다.

④ 조합은 제명 결의가 있었을 때에 제명된 조합원에게 제명 이유를 서면으로 통지하여야 한다.

제15조(탈퇴·제명 조합원의 지분환급청구권) ① 조합을 탈퇴하거나 조합으로부터 제명된 조합원은 다음 각 호의 정하는 바에 따라 지분의 환급을 청구할 수 있다.

1. 제13조의 규정에 의한 탈퇴의 경우에는 탈퇴조합원의 출자금에 해당하는 금액

2. 제14조 제1항의 1호 및 2호의 규정에 의한 제명의 경우에는 제명조합원의 출자금에 해당하는 금액

② 제1항의 지분은 제명 또는 탈퇴한 회계연도 말의 조합의 자산과 부채에 따라 정한다.

③ 조합은 탈퇴 조합원이 조합에 대한 채무를 다 갚을 때까지는 제1항에 따른 지분의 환급을 정지할 수 있다.

④ 조합은 탈퇴하거나 제명된 조합원이 조합에 대하여 채무가 있을 때에는 제1항에 따른 환급금과 상계할 수 있다.

⑤ 제1항에 따른 청구권은 탈퇴하거나 제명된 날부터 2년간 행사하지 아니하면 소멸된다.

⑥ 제1항에 따른 청구권은 탈퇴하거나 제명된 당시의 회계연도의 다음 회계연도부터 청구할 수 있다. 다만, 이사회의 승인이 있을 경우 탈퇴 또는 제명 당시에 바로 지급할 수 있다.**(기본법 제26조)**

제16조(탈퇴 조합원의 손실액 부담) ① 탈퇴한 조합원의 지분환급분을 계산할 때 이 조합의 재산으로 그 채무를 다 갚을 수 없는 경우에는 탈퇴한 조합원은 납입의무를 이행하지 아니한 출자액의 범위에서 그가 부담하여야 할 손실액을 납입한다.

② 제1항에 따른 손실액의 납입청구에 관하여는 제15조 제5항을 준용한다.**(기본법 제27조)**

제17조(출자) ① 조합원은 1좌 이상의 출자를 하여야 하며 출자 1좌의 금액은 ○○○원으로 한다.

② 한 조합원의 출자좌수는 총 출자좌수의 100분의 30을 넘어서는 아니 된다.

(비고) 100분의 30의 범위 안에서 정관으로 정할 수 있다.

③ 출자금은 일시에 납입한다. 다만, 불가피할 경우에는 2회로 나누어 납입할 수 있다.

④ 제3항 단서의 경우 출자 제1회의 납입금액은 출자금액의 2분의 1로 하고, 제2회 납입일자는 제1회 출자납입일로부터 6개월 이내로 한다.

⑤ 조합에 납입할 출자금은 조합에 대한 채권과 상계하지 못한다.

⑥ 출자는 현물로도 할 수 있고, 현물출자의 경우 규약이 정하는 바에 따라 출자액을 계산한다. 이 경우 현물출자자는 출자의 납입기일에 출자의 목적인 재산의 전부를 조합 또는 조합에서 지정한 장소에 납입하여야 한다.**(기본법 제22조)**

→ 기본법 제22조에는 조합원은 1좌 이상 출자하여야 한다는 것은 규정되어 있으나, 출자금액에 대한 언급은 없다. 1인당 출자금액은 자유롭게 결정할 수 있다는 얘기다. 아울러 1인 출자좌수가 총 출자좌수의 100분의 30을 넘지 않도록 유의하자. 이는 실

제 출자금을 납입할 때도 주의해야 할 사항이다. 반드시 정관의 규정에 따라 출자하고, 사업계획서나 수지예산서, 출자현황을 알리는 각종 서류에도 일관되게 작성되어야 한다.

■ **제18조(출자증서 등의 교부)** ① 조합의 이사장은 조합원이 제17조의 규정에 의하여 최초 출자금을 납입한 때 및 조합원이 요구할 때에는 다음 각 호의 사항을 적은 출자증서 또는 출자를 확인할 수 있는 증표에 기명날인하여 조합원에게 발급하여야 한다.

1. 조합의 명칭
2. 조합원의 성명 또는 명칭
3. 조합 가입 연월일
4. 출자금의 납입 연월일
5. 출자금액 또는 출자좌수
6. 발행 연월일

② 조합의 이사장은 매년 정기총회 7일 전까지 조합원의 출자금액 변동 상황을 조합원에게 알려주어야 한다. 이 경우 우편, 전자메일, 팩시밀리, 휴대폰 문자 등을 이용하여 통지할 수 있다.

→ 표준정관례 제18조의 경우도 선택기재 조항이긴 하지만, 조합원의 권익을 위해 필요한 부분이란 생각이다.

제19조(지분등의 양도와 취득금지) ① 조합원 지위의 양도 또는 조합원 지분의 양도는 총회의 의결을 받아야 한다.**(기본법 제24조)**

② 조합원이 아닌 자가 지분을 양수하려고 할 때에는 가입의 예에 따른다.

③ 지분의 양수인은 그 지분에 관하여 양도인의 권리의무를 승계한다.

④ 조합원은 지분을 공유하지 못한다.

⑤ 조합은 조합원의 출자지분을 취득하거나 이를 질권의 목적으로 하여서는 아니 된다.**(기본법 제55조)**

■ 제20조(경비의 부과 및 징수) ① 조합은 조합의 사업 및 그 사업에 부대하는 사업에 필요한 경비를 충당하기 위하여 조합원에게 경비를 부과 및 징수할 수 있다.

(비고) 조합이 경비를 징수하는 경우에는 그 명목을 구체적으로 명시하여야 한다.

② 제1항에 따른 경비의 부과금액, 부과방법, 징수시기와 징수방법은 이사회에서 정한다.

(비고) 서비스를 이용하는 소비자협동조합의 경우에는 경비가 조합원의 조합 이용에 있어 중요한 사항이므로 '경비의 부과금액, 부과방법, 징수시기와 징수방법을 규약으로 정하고, 회계연도 중 시급한 조정이 필요한 경우에는 이사회에서 조정 후 임시총회를 소집하여 사후 추인을 받아야 한다.'고 규정할 필요가 있음.

③ 조합원은 제1항에 따른 경비를 납입할 때 조합에 대한 채권과 상계할 수 없다.

④ 제2항의 부과금에 있어서 조합원에 대한 부과금액의 산정기준 사항에 변경이 있어도 이미 부과한 금액은 변경하지 못한다.

■ 제21조(사용료 및 수수료) ① 이 조합은 조합의 사업을 이용하는 자에 대하여 사용료나 수수료를 부과할 수 있다.

② 이 조합이 계약을 체결함에 있어 계약당사자의 위임에 따라 운송·보관 그 밖의 행위를 대행하는 경우에는 이 조합은 그 대행에 필요한 부대비를 징수한다.

③ 제1항에 따른 조합원의 사용료나 수수료 납입을 조합에 대한 채권과 상계할 수 없다.

④ 제1항의 부과에 관한 사항은 규약으로 정한다.

■ 제22조(과태금) ① 조합은 조합원이 출자금 또는 경비 등의 납입의무를 그 기한까지 이행하지 아니하는 경우에는 과태금을 징수할 수 있다.

(비고) 조합이 징수할 수 있는 과태금의 명목을 구체적으로 명시하여야 한다.

② 조합원은 제1항에 따른 과태금을 조합에 대한 채권과 상계할 수 없다.

③ 과태금의 금액 및 징수방법은 규약으로 정한다.

→ 표준정관례 제22조의 과태금 규정도 만일의 경우에 대비해 넣어두는 것이 좋겠다.

제23조(총회) ① 조합은 총회를 둔다.

② 총회는 정기총회와 임시총회로 구분한다.

③ 총회는 이사장과 조합원으로 구성하며, 이사장이 그 의장이 된다.(기본법 제28조)

제24조(대의원총회) ① 조합원의 수가 200인을 초과하는 경우 총회에 갈음할 대의원총회를 둘 수 있다.

② 대의원은 조합원 중에서 선출한다.(기본법 제31조, 시행령 제7조)

→ 표준정관례 제24조의 내용도 기본법과 시행령에 규정되어 있는 내용이다. 종종 빼는 조합도 있긴 한데 그대로 두는 것이 좋다.

〈다중이해관계자협동조합 정관례〉 제24조 제2항을 다음과 같이 규정한다.

② 대의원은 조합원 중에서 제9조 제2항의 조합원 유형에 따라 각각 선출한다. 다만, 선출할 대의원 수는 이사회에서 정한다.

(비고) 대의원은 조합원 유형에 따라 2 이상의 유형으로 구성하여야 한다.

③ 대의원의 의결권 및 선거권은 대리인으로 하여금 행사하게 할 수 없다.

④ 대의원의 정수는 ○○명 이상으로 하며 임기는 ○년으로 한다.

(비고) 대의원의 정수는 50명 이상으로 하며, 임기는 4년 이내로 하여야 한다.

⑤ 결원으로 인하여 선출된 대의원의 임기는 전임자 임기의 남은 기간으로 한다.

⑥ 대의원은 조합원의 선거를 통하여 선출하며, 선거방법에 관한 사항은 선거관리규약으로 정한다.

⑦ 대의원총회에 관하여는 총회에 관한 사항을 준용하며, 이 경우 "조합원"은 "대의원"으로 본다.

⑧ 대의원총회는 조합의 합병, 분할 및 해산에 관한 사항은 의결할 수 없다.

■ 제25조(대의원의 의무 및 자격상실) ① 대의원은 성실히 대의원총회에 출석하고, 그 의결에 참여하여야 한다.

② 대의원총회는 대의원이 다음 각 호의 어느 하나에 해당하는 행위를 할 때에는 그

의결로 대의원자격을 상실하게 할 수 있다. 이 경우 해당 대의원에게 서면으로 자격상실 이유를 의결일 7일 전까지 통지하고, 총회 또는 대의원총회에서 의견을 진술할 기회를 주어야 한다.

1. 대의원총회 소집통지서를 받고 정당한 사유 없이 계속하여 3회 이상 출석하지 아니하거나 대의원총회에 출석하여 같은 안건에 대한 의결에 2회 이상 참가하지 아니한 경우
2. 부정한 방법으로 대의원총회의 의사를 방해한 경우
3. 고의 또는 중대한 과실로 이 조합의 명예 또는 신용을 훼손시킨 경우

제26조(선거운동의 제한) ① 누구든지 자기 또는 특정인을 조합의 임원 또는 대의원으로 당선되도록 하거나 당선되지 아니하도록 할 목적으로 다음 각 호의 어느 하나에 해당하는 행위를 할 수 없다.

1. 조합원(협동조합에 가입신청을 한 자를 포함한다. 이하 이 조에서 같다)이나 그 가족 또는 조합원이나 그 가족이 설립·운영하고 있는 기관·단체·시설에 대한 다음 각 목의 어느 하나에 해당하는 행위
가. 금전·물품·향응이나 그 밖의 재산상의 이익을 제공하는 행위
나. 공사의 직을 제공하는 행위
다. 금전·물품·향응, 그 밖의 재산상의 이익이나 공사의 직을 제공하겠다는 의사표시 또는 그 제공을 약속하는 행위
2. 후보자가 되지 못하도록 하거나 후보자를 사퇴하게 할 목적으로 후보자가 되려는 사람이나 후보자에게 제1호 각 목에 규정된 행위를 하는 행위
3. 제1호 또는 제2호의 이익이나 직을 제공받거나 그 제공의 의사표시를 승낙하는 행위 또는 그 제공을 요구하거나 알선하는 행위
② 임원 또는 대의원이 되려는 사람은 후보자등록마감일의 다음날부터 선거일 전일까지의 선거운동기간을 제외하고는 선거운동을 위하여 조합원을 호별로 방문하거나 특정 장소에 모이게 할 수 없다.
③ 누구든지 협동조합의 임원 또는 대의원 선거와 관련하여 연설·벽보, 그 밖의 방법

으로 거짓의 사실을 공표하거나 공연히 사실을 적시하여 후보자를 비방할 수 없다.

④ 누구든지 임원 또는 대의원 선거와 관련하여 다음 각 호의 방법 이외의 선거운동을 할 수 없다.

1. 선전 벽보의 부착

2. 선거 공보의 배부

3. 소형 인쇄물의 배부

4. 합동 연설회 또는 공개 토론회의 개최

5. 전화·컴퓨터통신을 이용한 지지 호소(기본법 제37조)

제27조(선거관리위원회의 구성·운영) ① 조합의 임원 및 대의원 선거사무를 공정하게 관리하기 위하여 본 조합에 선거관리위원회(이하 "위원회"라 한다)를 둘 수 있다.(기본법 제38조)

② 위원회는 조합원(대의원을 포함한다)중에서 이사회의 의결을 거쳐 이사장이 위촉하는 ○명 이내의 위원으로 구성한다. 이 경우 당해 선거에 임원으로 후보등록한 자는 위원이 될 수 없다.

③ 위원회는 다음 각 호의 사무를 관장한다.

1. 후보자의 자격심사

2. 선거인 명부의 확정

3. 후보자 추천의 유·무효 판정

4. 선거공보의 작성과 선거운동방법 결정 및 계도

5. 선거관리, 투표관리 및 개표관리

6. 투표의 유·무효의 이의에 대한 판정

7. 선거관련 분쟁의 조정

8. 선거운동 제한규정 위반여부 심사 및 조치

9. 당선인의 확정

10. 그 밖에 선거에 필요한 사항

④ 그 밖에 위원회의 구성·운영 등에 관하여 필요한 사항은 선거관리 규약으로 정한다.

제28조(정기총회) 정기총회는 매년 1회 회계연도 종료 후 3개월 이내에 이사장이 소집한다.

→ 기본법 제28조 제4항에 '정기총회는 매년 1회 정관으로 정하는 시기에 소집'하도록 규정하고 있다. 매년 1회는 기본법 내용이라 절대 바꾸면 안된다. 하지만 시기는 조합 사정에 맞게 변경할 수 있다.

제29조(임시총회) ① 임시총회는 다음 각 호의 어느 하나에 해당하는 경우에 이사장이 소집한다.

1. 이사장 및 이사회가 필요하다고 인정할 때

2. 조합원이 조합원 5분의 1 이상의 동의를 받아 소집의 목적과 이유를 적은 서면을 제출하여 이사장에게 소집을 청구한 때

(비고) 직원 협동조합의 경우 조합의 원활한 운영을 위해 조합원의 동의 비율을 3분의 1 이상 등으로 조정할 수 있다.

3. 감사가 조합의 재산상황이나 업무집행에 부정한 사실이 있는 것을 발견하고 그 내용을 총회에 신속히 보고할 필요가 있다고 인정하여 이사장에게 소집을 청구한 때

② 이사장은 제1항 제2호(제48조 규정에 따른 해임 요구를 포함한다) 및 제3호의 청구를 받으면 정당한 사유가 없는 한 2주 이내에 소집절차를 밟아야 한다.

③ 제1항 제2호 및 제3호의 규정에 의하여 총회의 소집을 청구하였으나 총회를 소집할 자가 없거나 그 청구가 있은 날부터 2주 이내에 이사장이 총회의 소집절차를 밟지 아니한 때에는 감사가 7일 이내에 소집절차를 밟아야 한다. 이 경우 감사가 의장의 직무를 수행한다.

④ 감사가 제3항의 기한 이내에 총회의 소집절차를 밟지 아니하거나 소집할 수 없는 경우에는 제1항 제2호의 규정에 의하여 총회의 소집을 청구한 조합원의 대표가 이를 소집한다. 이 경우 조합원의 대표가 의장의 직무를 수행한다.

제30조(총회의 소집절차) ① 이사장은 총회 개최 7일 전까지 회의목적·안건·일시 및 장소를 정하여 우편 또는 전자메일 등으로 각 조합원에게 통지하여야 한다.(기본법 제

28조)

② 이사장이 궐위 또는 부득이한 사유로 총회를 소집할 수 없는 때에는 제50조에서 정하고 있는 순으로 이를 소집한다.

제31조(총회의 의결사항) 다음 각 호의 사항은 총회의 의결을 얻어야 한다.

1. 정관의 변경
2. 규약의 제정과 변경 또는 폐지
3. 임원의 선출과 해임
4. 사업계획 및 예산의 승인
5. 대차대조표, 수지계산서, 결산보고서의 승인과 잉여금의 처분 및 손실금의 처리
6. 감사보고서의 승인
7. 조합의 합병·분할·해산 또는 휴업
8. 조합원의 제명
9. 그 밖에 이사장 또는 이사회가 필요하다고 인정하는 사항(기본법 제29조)

(비고) 조합은 법령에 반하지 않는 범위에서 총회의결사항을 추가적으로 규정할 수 있다.

제32조(총회의 의사) ① 총회의 의사는 법령상 다른 규정이 있는 경우를 제외하고는 총 조합원 과반수의 출석으로 개회하고 출석조합원 과반수의 찬성으로 의결한다.(기본법 제29조)

② 제1항의 규정에 의한 총회의 개의 정족수 미달로 총회가 유회된 때에는 이사장은 20일 이내에 다시 총회를 소집하여야 한다.

③ 총회는 제30조에 따라 미리 통지한 사항에 한하여 의결할 수 있다. 다만, 긴급을 요하여 총 조합원의 3분의 2이상의 출석과 출석조합원 3분의 2 이상의 찬성이 있는 때에는 그러하지 아니하다.

④ 총회에서 조합과 조합원간의 이익이 상반되는 사항에 대하여 의결을 행할 때에는 해당 조합원은 의결에 참가하지 못한다.

제33조(합병·분할 및 해산 등의 의결) 다음 각 호의 사항은 조합원 과반수의 출석과 출석조합원 3분의 2 이상의 찬성으로 의결한다.

1. 정관의 변경
2. 조합의 합병·분할·해산 또는 휴업
3. 조합원의 제명(기본법 제29조)

제34조(의결권 및 선거권) ① 조합원은 출자좌수에 관계없이 각각 1개의 의결권과 선거권을 갖는다.

② 조합원은 대리인으로 하여금 의결권 및 선거권을 행사하게 할 수 있다. 이 경우 그 조합원은 출석한 것으로 본다.

③ 제35조의 자격을 갖춘 대리인이 의결권 또는 선거권을 행사할 때에는 대리권을 증명하는 서면을 의결권 또는 선거권을 행사하기 전에 조합이 정하는 양식에 따라 미리 조합에 제출하여야 한다.(기본법 제23조)

제35조(대리인이 될 자격) 전조 제2항에 따른 대리인은 다른 조합원 또는 본인과 동거하는 가족(조합원의 배우자, 조합원 또는 그 배우자의 직계 존속·비속과 형제자매, 조합원의 직계 존속·비속 및 형제자매의 배우자를 말한다. 이하 같다)이어야 하며, 대리인이 대리할 수 있는 조합원의 수는 1인에 한한다.(기본법 제23조)

제36조(총회의 의사록) ① 총회의 의사에 관하여 의사록을 작성하여야 한다.

② 의사록에는 의사의 진행 상황과 그 결과를 적고 의장과 총회에서 선출한 조합원 3인 이상이 기명날인하거나 서명하여야 한다.(기본법 제30조)

■ 제37조(총회의 운영규약) 정관에 규정하는 외에 총회의 운영에 관하여 필요한 사항은 총회 운영규약으로 정한다.

■ 제38조(총회의 회기연장) ① 총회의 회기는 총회의 결의에 의하여 연장할 수 있다.

② 제1항의 규정에 의하여 속행된 총회는 제30조 제1항의 규정을 적용하지 아니한다.

제39조(이사회) ① 조합에 이사회를 두고, 이사회는 조합의 업무집행을 결정한다.

② 이사회는 이사로서 구성하고 이사장 1인 외 부이사장, 전무이사, 상무이사 등을 둘 수 있다.

(비고) 이사의 종류 및 명칭은 필요에 따라 달리 정할 수 있다.

③ 이사장은 이사회를 소집하고 그 의장이 된다.(기본법 제32조)

④ 이사회의 소집은 회의일 7일전까지 회의의 목적사항, 일시 및 장소를 기재한 서면을 각 이사에게 통지하여야 한다. 다만 긴급을 요하여 이사회 구성원 과반수의 동의가 있을 때에는 소집절차를 생략할 수 있다.

⑤ 이사 3분의 1 이상 또는 감사 전원이 회의 목적사항과 회의 소집이유를 기재한 서류를 제출하고 이사회의 소집을 요구할 수 있다.

⑥ 이사장은 제5항의 요구가 있는 때에는 7일 이내에 이사회를 소집하여야 한다.

제40조(이사회의 의결사항) ① 이사회는 다음 각 호의 사항을 의결한다.

1. 조합의 재산 및 업무집행에 관한 사항

2. 총회의 소집과 총회에 상정할 의안

3. 규정, 규칙 등의 제정과 변경 및 폐지

4. 사업계획 및 예산안 작성

5. 간부 직원의 임면 승인

6. 기본자산의 취득과 처분

7. 그 밖에 조합의 운영에 중요한 사항

8. 이사장이 부의하는 사항(기본법 제33조)

(비고) 협동조합기본법 제29조에 규정된 필요적 총회의결 사항은 이사회에 위임할 수 없다.

(비고) 조합은 법령에 반하지 않는 범위에서 조합의 업무집행을 위하여 필요한 사항을 추가적으로 규정할 수 있다.

② 이사회는 제55조 각 호의 사업을 수행하기 위하여 필요한 위원회를 설치 운영할 수 있다.

③ 제2항의 위원회 구성 및 운영에 관하여는 별도 규약으로 정한다.

제41조(이사회의 의사) ① 이사회는 구성원 과반수의 출석으로 개회하고 출석이사 과반수의 찬성으로 의결한다.**(기본법 제32조)**

② 이사장은 의결에 참가하지 아니하며, 가부동수일 때에는 결정권을 갖는다.

③ 이사의 개인 이익과 조합의 이익이 상반되는 사항이나 신분에 관련되는 사항에 관하여는 당해이사는 이사회의 의결에 관여할 수 없다.

제42조(이사회의 의사록) 이사회의 의사에 관하여는 의사의 경과와 그 결과를 기재한 의사록을 작성하고 참석 이사 전원이 이에 기명날인하거나 서명하여야 한다.

제43조(임원의 정수) ① 조합의 임원으로 이사장 1명을 포함한 3명 이상 ○○명 이내의 이사와 1명 이상의 감사를 둔다.

→ 표준정관례 제43조 임원의 정수에 대해서는 기본법 제34조에 '협동조합에 임원으로서 이사장 1명을 포함한 3명 이상의 이사와 1명 이상의 감사를 둔다.'라고 규정되어 있다. 임원 정수는 법이 정한 최하인원 이상으로 조합 사정에 맞게 정하면 된다. 그리고 총회에서 정관이 정한 인원으로 선출하여야 한다. 현재 4명의 이사를 선출했고, 이후 5명으로 늘릴 계획이라면 정관에 3명 이상 5명 이내로 표기하도록 한다.

〈다중이해관계자협동조합 정관례〉 제43조 제1항을 다음과 같이 규정한다.

① 조합의 임원으로 이사장 1명을 포함한 3명 이상 ○○명 이내의 이사와 1명 이상의 감사를 둔다. 다만, 이사는 다양한 이해관계자들로 구성하여야 한다.

② 제1항의 임원 중 이사회의 호선에 의해 상임임원을 둘 수 있다.

제44조(임원의 선임) ① 이사 및 감사는 총회가 조합원 중에서 선출한다. 다만, 이사

는 정수의 5분의 1의 범위 내에서, 감사는 2분의 1의 범위 내에서 이사회의 추천에 따라 조합원 외의 자를 선출할 수 있다.

→ 표준정관례 제44조 제1항에는 '이사는 정수의 5분의 1의 범위 내에서, 감사는 2분의 1의 범위 내에서 이사회의 추천에 따라 조합원 외의 자를 선출할 수 있다.'라고 되어 있는데, 5분의 1, 2분의 1이란 수치는 형편에 따라 바꾸는 것이 가능하다. 실제 이에 따라 이사와 감사를 선출해야 하며, 총회의사록이나 임원 명부 등에도 오류가 나타나지 않도록 늘 정관에 따라 진행해야 한다. 또한 제2항에서 '부이사장, 전무이사, 상무이사' 등 임원의 직책은 조합 실정에 맞게 필요한 경우만 정하면 된다.

② 이사장은 이사 중에서 총회에서 선출하고, 부이사장, 전무이사 및 상무이사 등은 이사회가 이사 중에서 호선한다.

(비고) 임원의 직책은 조합의 필요에 따라 달리 정할 수 있다.

③ 제1항, 제2항의 선거 방법, 절차 등에 관하여는 별도의 선거관리규약으로 정한다.

제45조(임원의 결격사유) ① 다음 각 호의 어느 하나에 해당하는 자는 이 조합의 임원이 될 수 없다.

1. 금치산자

2. 한정치산자

3. 파산선고를 받고 복권되지 아니한 사람

4. 금고 이상의 실형을 선고받고 그 집행이 끝나거나(집행이 끝난 것으로 보는 경우를 포함한다) 집행이 면제된 날부터 3년이 지나지 아니한 사람

5. 금고 이상의 형의 집행유예를 선고받고 그 유예기간 중에 있거나 유예기간이 끝난 날부터 2년이 지나지 아니한 사람

6. 금고 이상의 형의 선고유예를 받고 그 선고유예기간 중에 있는 사람

7. 법원의 판결 또는 다른 법률에 따라 자격이 상실 또는 정지된 사람

② 제1항 각호의 사유가 발생하면 해당 임원은 당연히 퇴직된다.(기본법 제36조)

③ 제2항에 따라 퇴직된 임원이 퇴직 전에 관여한 행위는 그 효력을 상실하지 아니한다.

제46조(임원의 임기) ① 임원의 임기는 ○년으로 한다.

(비고) 임원의 임기는 4년의 범위 내에서 정관으로 정해야 한다.

② 임원은 연임할 수 있다. 다만, 이사장은 2차에 한하여 연임할 수 있다.

③ 결원으로 인하여 선출된 임원의 임기는 전임자의 임기종료일까지로 한다.(기본법 제35조)

→ 표준정관례 제46조 임원의 임기 조항도 협동조합기본법 제35조에 규정된 내용이다. 모든 조항은 변경하여선 안 되며, 임원의 임기를 4년 범위 내에서 자율적으로 정할 수 있다.

제47조(임원의 의무와 책임) ① 임원은 법령과 조합의 정관, 규약, 규정 및 총회와 이사회의 의결을 준수하고 조합을 위하여 성실히 그 직무를 수행하여야 한다.

② 임원이 법령 또는 정관을 위반하거나 그 임무를 게을리하여 조합에 손해를 가한 때에는 연대하여 그 손해를 배상하여야 한다.

③ 임원이 고의 또는 중대한 과실로 그 임무를 게을리하여 제3자에게 손해를 끼친 때에는 제3자에게 연대하여 그 손해를 배상하여야 한다.

④ 제2항 및 제3항의 행위가 이사회의 의결에 의한 것일 때에는 그 의결에 찬성한 이사도 제2항 및 제3항의 책임이 있다.

⑤ 제4항의 의결에 참가한 이사로서 명백한 반대의사를 표시하지 아니한 자는 그 의결에 찬성한 것으로 본다.(기본법 제39조)

⑥ 제2항부터 제5항까지의 규정에 따른 구상권의 행사는 감사 및 이사에 대하여는 이사장이, 이사장에 대하여는 감사가, 전체 임원에 대하여는 조합원 5분의 1 이상의 동의를 받은 조합원 대표가 한다.

제48조(임원의 해임) ① 조합원은 조합원 5분의 1 이상의 동의로 총회에 임원의 해임을 요구할 수 있다. 이 경우 해임의 사유를 서면으로 조합에 제출하여야 한다.

② 조합은 제1항에 따른 서면 제출이 있을 때에는 총회 개최 10일 전에 해당 임원에게 해임 이유를 서면으로 통보하고, 총회에서 의견을 진술할 기회를 주어야 한다.(기

본법 제40조)

■ 제49조(임원의 보수 등) ① 임원에 대하여 규정이 정하는 바에 따라 여비 등 조합업무와 관련된 비용을 실비 범위내에서 지급할 수 있다.
② 상임임원에 대하여는 규정이 정하는 바에 따라 보수를 지급할 수 있다.

제50조(이사장 및 이사의 직무) ① 이사장은 이사회의 결정에 따라 조합의 업무를 집행하고 조합을 대표한다.
② 이사는 이사장을 보좌하며 조합의 업무를 집행한다.
③ 이사장이 사고가 있을 때에는 부이사장, 전무이사, 상무이사, 이사, 감사의 순으로 그 직무를 대행하고 해당자가 2인 이상일 경우에는 연장자 순으로 한다.
④ 제3항의 경우와 이사장이 권한을 위임한 경우를 제외하고는 이사장이 아닌 이사는 조합을 대표할 수 없다.(기본법 제41조)

제51조(감사의 직무) ① 감사는 연 ○회 이상 조합의 업무집행 상황, 재산상태, 장부 및 서류 등을 감사하여 총회에 보고하여야 한다. 반기별 감사보고서는 이사회에, 반기별 감사보고서를 종합한 종합감사보고서는 정기총회에 각각 제출하여야 한다.
② 감사는 예고 없이 조합의 장부나 서류를 대조 확인할 수 있다.
③ 감사는 이사장 및 이사가 법령·정관·규약·규정 또는 총회의 의결에 반하여 업무를 집행한 때에는 이사회에 그 시정을 요구하여야 한다.
④ 감사는 총회 또는 이사회에 출석하여 의견을 진술할 수 있다.(기본법 제42조)
⑤ 제1항 및 제2항의 감사보고서 제출에 있어서 감사가 2인 이상인 경우 감사의 의견이 일치하지 아니할 경우에는 각각 의견을 제출할 수 있다.

제52조(감사의 대표권) 조합이 이사장을 포함한 이사와 소송, 계약 등의 법률행위를 하는 때에는 감사가 조합을 대표한다.(기본법 제43조)

제53조(임직원의 겸직금지) ① 이사장은 다른 조합의 이사장을 겸직할 수 없다.

② 이사장을 포함한 이사와 직원은 감사를 겸직할 수 없다.

③ 임원은 이 조합의 직원을 겸직할 수 없다. 다만, 조합원의 수가 10인 이하인 조합은 해당 기간 동안 그러하지 아니하다.**(기본법 제44조)**

〈직원협동조합 정관례〉 제53조 내용 중 제3항을 삭제하고 규정함

■ 제54조(직원의 임면 등) ① 직원은 이사장이 임면한다. 다만, 간부직원은 이사회의 결의를 거쳐 이사장이 임면한다.

② 직원의 임면, 급여, 기타 직원에 관하여 필요한 사항은 규정으로 정한다.

제55조(사업의 종류) ① 이 조합은 그 목적을 달성하기 위하여 다음 각 호의 사업을 할 수 있다.

1. 조합원과 직원에 대한 상담, 교육·훈련 및 정보제공

2. 조합 간 협력을 위한 사업

3. 조합의 홍보 및 지역사회를 위한 사업

4. ○○○ 사업

5. ○○○ 사업

(비고) 사업의 종류 중에서 제1호부터 제3호까지의 사업은 반드시 포함되어야 하고, 그 밖의 사업은 조합의 설립목적을 달성하기 위하여 필요한 사업을 정관으로 정한다.

〈예시〉

1. 국가·지방자치단체 또는 연합회나 전국연합회로부터 위탁받은 사업

2. 제1호부터 제3호까지의 사업과 관련된 부대사업

3. 제1호부터 제3호까지의 사업을 생산자, 생산자단체 및 문화단체와 공동으로 추진하는 사업

4. 정부, 지방자치단체 및 「공공기관의 운영에 관한 법률」 제4조에 따른 공공기관과 공동으로 추진하는 사업

5. 소비자협동조합의 경우 '조합원이 필요로 하는 물품의 공동구매 사업', '돌봄서비스 사업', '임대사업', '사업자문 및 컨설팅 사업' 등을 규정할 수 있다.

6. 생산자협동조합의 경우 '조합원에게 필요한 자재의 공동구매 사업', '조합원 생산품의 공동판매 사업', '공동브랜드 개발 및 판촉 사업' 등을 규정할 수 있다.

7. 다중이해관계자협동조합의 경우 '친환경농산물 꾸러미 사업', '지역클러스터 등 상호 협력하는 회원제 사업' 등을 규정할 수 있다.

→ 표준정관례 제55조 사업의 종류는 협동조합기본법 제45조에 따라 제1항의 1. 조합원과 직원에 대한 상담, 교육, 훈련 및 정보제공사업, 2. 협동조합 간 협력을 위한 사업, 3. 협동조합의 홍보 및 지역사회를 위한 사업은 반드시 포함되어야 한다. 그 외 실제 사업 내용(사업종)도 반드시 들어가야 하며, 이는 사업계획서 내용과도 일치해야 한다. 실제 정관에 표기되지 않은 사업은 할 수 없다. 사업하려는 내용이 명확히 구체적으로 들어가 있지 않을 경우, 사업자등록 시 문제가 될 수 있으니, 반드시 실제 사업종이 포함될 수 있도록 한다. 또한 한국표준산업분류에 의한 금융 및 보험업도 실제 사업으로 선택할 수 없다는 것도 잊지 말아야 한 것이다.

사업종은 통계청 누리집(kostat.go.kr)의 통계분류 중 '한국표준산업분류'에서 확인할 수 있다. 통계청 통계분류 홈페이지에서는 한국표준산업 분류에 대한 설명, 한국표준산업분류 내용과 업종 코드도 확인할 수 있다. 사업 내용에 맞는 사업종이 무엇인지 꼭 확인해보자.

사업종 선택 시 관계 법령에 따라 사업의 요건을 갖추고 신고·등록·허가·면허·승인·지정 등을 받아야 실제 사업을 할 수 있다는 점을 잊지 말자. 협동조합이라 해서 사업 등록이 다 나는 것은 아니다. 관계법령에 따라 사업자등록 요건을 갖추는 사업 준비도 착실히 진행하여야 한다.

② 제1항에도 불구하고 조합은 「통계법」 제22조 제1항에 따라 통계청장이 고시하는 한국표준산업분류에 의한 금융 및 보험업을 영위할 수 없다.

제56조(사업의 이용) 조합은 조합원이 아닌 자에게 조합의 사업을 이용하게 하여서는 아니 된다. 다만, 다음 각 호의 경우에는 조합원이 아닌 자도 사업을 이용할 수 있

다.(기본법 제46조, 시행령 제9조)

1. 조합이 재고로 보유하고 있는 물품으로서 부패 또는 변질의 우려가 있어 즉시 유통되지 아니하면 제품의 품질을 유지하기 어려운 물품을 처리하기 위한 경우

2. 조합원으로 가입하도록 홍보하기 위하여 견본품을 유상 또는 무상으로 공급하는 경우. 다만, 조합이「사회서비스 이용 및 이용권 관리에 관한 법률」제2조 제4호에 따른 사회서비스 제공자인 경우는 제외한다.

3. 공공기관·사회단체 등이 공익을 목적으로 주최하는 행사에 참여하는 경우

4. 조합이 정부, 지방자치단체 및「공공기관 운영에 관한 법률」제4조에 따른 공공기관과 공동으로 추진하는 사업에서 일반 국민이 해당 사업의 목적에 따라 사업을 이용하는 경우

5. 다른 법령에서 조합원이 아닌 자에게 의무적으로 물품을 공급하게 하거나 용역을 제공하도록 규정하는 경우

6. 천재지변이나 그 밖에 이와 유사한 긴급한 상황일 때 공중(公衆)에게 생활필수품 또는 용역을 공급하는 경우

7. 학교를 사업구역으로 하는 조합이 그 사업구역에 속하는 학생·교직원 및 학교 방문자를 상대로 물품을 공급하거나 용역을 제공하는 경우

8. 조합(「사회서비스 이용 및 이용권 관리에 관한 법률」제2조 제4호에 따른 사회서비스 제공자에 해당하는 협동조합은 제외한다)이 가입을 홍보하기 위하여 시·도지사에게 신고하는 기간(이하 이 호에서 '홍보기간'이라 하며, 그 기간은 1년에 3개월을 넘지 못한다) 동안 전년도 총공급고(總供給高)의 100분의 5 범위에서 물품을 유상 또는 무상으로 공급하는 경우. 다만, 조합이 설립신고필증을 받은 날부터 1년(단위매장의 경우에는 매장 개장일부터 1년) 동안은 홍보기간이 6개월을 넘지 아니하는 범위에서 총공급고에 대한 제한 없이 물품을 유상 또는 무상으로 공급할 수 있다.

9. 조합원과 같은 가구에 속하는 자가 조합의 사업을 이용하는 경우

(비고) 조합은 조합의 종류에 따라 해당성이 있는 조항을 선택·명시하여야 한다.

〈직원협동조합 정관례〉제56조를 다음과 같이 규정한다.

제56조(사업의 이용) 조합은 조합원이 아닌 자를 직원으로 고용해서는 아니 된다. 다만, 다음 각 호의 경우에는 조합원이 아닌 자를 고용할 수 있다.
1. 전체 직원의 3분의 1을 넘지 아니하는 범위에서 조합원이 아닌 자를 고용하는 경우
2. 조합이 정부, 지방자치단체 및 「공공기관의 운영에 관한 법률」 제4조에 따른 공공기관과 공동으로 추진하는 사업에서 일반 국민을 해딩 사업의 목적에 따라 고용하는 경우
(비고) 직원협동조합의 경우 사업의 이용은 다른 협동조합과 달리 직원을 고용하는 것을 말한다.

제57조(사업계획과 수지예산) ① 이사회는 매 회계연도 경과 후 3개월 이내에 해당 연도의 사업계획을 수립하고 동 계획의 집행에 필요한 수지예산을 편성하여 총회의 의결을 받아야 한다.**(기본법 제48조)**
② 제1항에 따른 사업계획과 예산이 총회에서 확정될 때까지는 전년도 예산에 준하여 가예산을 편성하여 집행할 수 있다. 이 경우 총회의 사후 승인을 받아야 한다.
③ 이사회가 총회에서 확정된 사업계획과 예산을 변경한 때에는 차기 총회에서 사후 변경승인을 받아야 한다.

제58조(회계연도 등) ① 조합의 회계연도는 매년 ○월 ○일부터 ○월 ○일까지로 한다.
② 조합의 회계는 일반회계와 특별회계로 구분하되, 당해 조합의 주 사업은 일반회계로 하고 그 외의 사업은 특별회계로 한다.
(비고) 각 회계별 사업구분을 정하여 정관에 규정한다.
→ 표준정관례 제58조에서 제2항 아래 각 회계별 사업 구분을 정하여 넣어야 하는데, 제55조의 1호~3호도 주 사업에 해당하므로 일반회계로 분류해야 한다. 즉, '1, 55조의 제1, 2, 3, 4, 5호의 사업을 일반회계로 한다.', '2, 제55조 제6호의 사업은 특별회계로 한다.' 등으로 사업종류에 맞게 분류해 넣으면 된다.

■ 제59조(특별회계의 설치) 특별회계는 조합의 주 사업 외의 특정사업을 운영할 때, 특

정자금을 보유하여 운영할 때, 기타 일반회계와 구분 경리할 필요가 있을 때 설치한다.

제60조(운영의 공개) ① 이사장은 결산결과의 공고 등 운영사항을 적극 공개하여야 한다.

② 이사장은 정관·규약·규정과 총회·이사회의 의사록, 회계장부 및 조합원 명부를 주된 사무소에 비치하여야 한다.

③ 결산보고서는 정기총회 7일 전까지 주된 사무소에 비치하여야 한다.

④ 조합원과 조합의 채권자는 이사장에게 제2항 및 제3항의 서류의 열람 또는 그 사본을 청구할 수 있다.

(비고) 조합은 조합원의 개인정보보호 등 정당한 사유로 서류의 사본청구를 제한하는 규정을 둘 수 있다.

⑤ 이사장은 제4항의 청구가 있을 때에는 정당한 이유 없이 이를 거부하지 못한다.

⑥ 이사장은 결산일로부터 3개월 이내에 설립신고를 한 ○○특별시·광역시·특별자치시·도·특별자치도 또는 협동조합연합회의 홈페이지에 다음 각 호의 자료를 게재하여야 한다.

1. 정관, 규약, 규정

2. 사업계획서

3. 결산서

4. 조합원·직원 등에 대한 교육·홍보 실적

5. 총회, 대의원총회, 이사회의 활동 상황

(비고) 조합원수가 200인 이상인 협동조합이거나 정기총회의 승인을 받은 직전 사업연도의 결산보고서에 적힌 자기자본이 30억 원 이상인 협동조합은 제6항의 자료를 게재하여야 함(기본법 제49조, 시행령 제10조)

제61조(법정적립금) ① 조합은 매 회계년도 결산의 결과 잉여금이 있는 때에는 자기자본의 3배가 될 때까지 잉여금의 100분의 10 이상을 적립하여야 한다.

(비고) 잉여금의 최저비율은 100분의 10으로 되어 있으나, 정관에서 그 이상으로 정

할 수 있다.

② 제1항의 법정적립금은 손실금의 보전에 충당하거나 해산하는 경우 외에는 사용하여서는 아니 된다.

→ 표준정관례 제61조 적립금 법정적립금은 협동조합기본법 제50조 규정에 따라 의무적으로 적립해 하며, 그 하한선도 반드시 총 출자금액의 3배 이상이 될 때까지 잉여금 100분의 10 이상을 적립하여야 한다. 임의 적립금은 조합이 자율적으로 정할 수 있으며, 이 조항이 삭제된다 하더라도 법령에 위반하는 것은 아니다. 하지만 가급적 조합의 기타사업을 위해 임의적립금을 정관으로 규정하는 것이 바람직하다. 또한 50조 3항 '손실의 보전에 충당하거나 해산하는 경우 외에는 법정적립금을 사용하여서는 아니 된다.'는 내용도 반드시 들어가야 한다.

제62조(임의적립금) ① 조합은 매 회계연도의 잉여금에서 제61조에 따른 법정적립금을 빼고 나머지가 있을 때에는 총회에서 결정하는 바에 따라 매 회계연도 잉여금의 ○○분의 ○이상을 임의적립금으로 적립할 수 있다.

② 임의적립금은 총회에서 결정하는 바에 따라 사업준비금, 사업개발비, 교육 등 특수목적을 위하여 지출할 수 있다.(기본법 제50조)

제63조(손실금의 보전) 조합은 매 회계연도의 결산 결과 손실금(당기손실금을 말한다)이 발생하면 미처분이월금, 임의적립금, 법정적립금 순으로 이를 보전하고, 보전 후에도 부족이 있을 때에는 이를 다음 회계연도에 이월한다.(기본법 제51조)

제64조(잉여금의 배당 및 이월) ① 조합은 제63조에 따른 손실금의 보전과 제61조 및 제62조의 법정적립금 및 임의적립금 등을 적립한 후에 잔여가 있을 때에는 총회의 결의로 조합원에게 잉여금을 배당할 수 있다.

② 제1항의 배당 시 조합원별 배당금의 계산은 조합사업의 이용 실적 또는 조합원이 납입한 출자액의 비율에 따라 이를 행한다. 이 경우 잉여배당금은 다음 각 호의 원칙을 준수하여야 한다.(기본법 제51조)

1. 이용 실적에 대한 배당은 전체 배당액의 100분의 50 이상이어야 한다.

2. 납입출자액에 대한 배당은 납입출자금의 100분의 10을 초과하여서는 아니 된다.

(비고) 이용 실적 또는 조합원이 납입한 출자액 비율 이외에 인적배당 등 배당금 지급기준을 추가로 규정할 수 있다.

③ 잉여금배당의 방법, 절차 등은 규약으로 정한다.

④ 조합은 제63조에 따른 보전과 제61조 및 제62조에 따른 적립금 적립 및 제1항에 따른 배당을 실시한 후에 잔여가 있을 때에는 총회의 결의로 잉여금을 다음 회계연도에 이월할 수 있다.

제65조(출자금액의 감소의결) ① 조합은 부득이한 사유가 있을 때에는 조합원의 신청에 의하여 출자좌수를 감소할 수 있다.

② 조합은 출자 1좌의 금액 또는 출자좌수의 감소(이하 "출자감소"라 한다)를 총회에서 의결한 경우에는 그 의결을 한 날부터 14일 이내에 대차대조표를 작성한다.

③ 조합은 제1항에 따른 의결을 한 날부터 14일 이내에 채권자에 대하여 이의가 있으면 조합의 주된 사무소에 이를 서면으로 진술하라는 취지를 공고하고, 이미 알고 있는 채권자에게는 개별적으로 최고하여야 한다.

④ 제3항에 따른 이의신청 기간은 30일 이상으로 한다.**(기본법 제53조)**

⑤ 그 밖의 출자감소 절차와 방법에 관하여는 별도의 규약으로 정할 수 있다.

제66조(출자감소 의결에 대한 채권자의 이의) ① 채권자가 제65조의 이의신청 기간에 출자감소에 관한 의결에 대하여 이의를 신청하지 아니하면 출자감소를 승인한 것으로 본다.

② 채권자가 이의를 신청하면 조합은 채무를 변제하거나 상당한 담보를 제공하여야 한다.**(기본법 제54조)**

제67조(결산 등) ① 조합은 정기총회일 7일 전까지 결산보고서(사업보고서, 대차대조표, 손익계산서, 잉여금처분안 또는 손실금처리안 등을 말한다)를 감사에게 제출하여야 한다.

② 조합은 제1항에 따른 결산보고서와 감사의 의견서를 정기총회에 제출하여 승인을 받아야 한다.(기본법 제52조)

제68조(합병과 분할) ① 조합은 합병계약서 또는 분할계획서를 작성한 후 총회의 의결을 얻어 합병 또는 분할할 수 있다.
② 합병 또는 분할로 인하여 존속 또는 새로 설립되는 조합은 합병 또는 분할로 인하여 소멸되는 조합의 권리·의무를 승계한다.(기본법 제56조)

제69조(해산) ① 조합은 다음 각 호의 어느 하나에 해당하는 사유가 발생하였을 때에는 해산하고 해산절차는 민법 등 관련 법령에 의한다.(기본법 제57조)
1. 총회의 의결
2. 합병·분할 또는 파산
(비고) 필요한 해산사유를 정관으로 정한다.
② 이사장은 조합이 해산한 때에는 지체 없이 조합원에게 통지하고 공고하여야 한다.

제70조(청산인) ① 조합이 해산한 때에는 파산으로 인한 경우를 제외하고는 이사장이 청산인이 된다. 다만, 총회에서 다른 사람을 청산인으로 선임하였을 경우에는 그에 따른다.
② 청산인은 취임 후 지체 없이 재산상태를 조사하고 재산목록과 대차대조표를 작성하여 재산처분의 방법을 정하여 총회의 승인을 얻어야 한다.
③ 청산사무가 종결된 때에는 청산인은 지체 없이 결산보고서를 작성하여 총회의 승인을 얻어야 한다.(기본법 제58조)
④ 제2항 및 제3항의 경우에 총회를 2회 이상 소집하여도 총회가 구성되지 아니할 때에는 출석 조합원 3분의 2 이상의 찬성이 있으면 총회의 승인이 있은 것으로 본다.

제71조(청산 잔여재산의 처리) ① 조합이 해산 후 채무를 변제하고 청산잔여재산이 있을 때에는 출자좌수의 비율에 따라 총회가 정한 산정방법에 의하여 이를 조합원에게

분배한다.

② 조합의 청산잔여재산은 총회에서 정하는 바에 따라 이 조합과 유사한 목적을 가진 비영리법인에 증여할 수 있다.(기본법 제59조)

부칙

이 정관은 ○○○시·도지사의 신고서류 수리가 완료된 날부터 시행한다.

→ 표준정관례 중 빼거나 첨부한 조항이 있을 경우, 실제 정관의 조항 번호가 표준정관례의 그것과 달라지게 된다. 중간 중간 조항 내용 중 각 조 번호가 들어가는 경우가 있는데 그 또한 함께 변경해야 한다. 꼼꼼히 보지 않고 미처 변경하지 않은 상태에서 정관을 제출하는 사례가 많은 듯싶다.

발기인 대표의 꼼꼼함이 돋보이는 자료라 정관 작성을 한결 수월하게 진행할 수 있었다. 덕분에 정관과 함께 규약도 작성할 수 있었다. 정관은 표준정관례에서 크게 벗어나지 않는 선에서 작성을 하였고, 따로 추가하고 싶은 규정이나 정관에 포함할 수 없는 세부적인 사항은 규약에 넣는 것으로 하였다.

다음 회의에선 사업계획서(안)와 수입·지출예산서(안)를 함께 작성하기로 했다.

사업계획서는 협동조합기본법 시행규칙 별지 제4호 서식 '협동조합 등 사업계획서'를 받아 작성하면 된다. 이는 기획재정부 협동조합기본법 누리집이나 서울시청 또는 각 자치단체 누리집에도 서식이 올려져 있다. 서울시청 누리집economy.seoul.go.kr/archives/14211

에는 사업계획서는 물론이고 수입·지출예산서와 세부사업별 운영계획서도 올려져 있다. 사업계획서와 세부사업별 운영계획서도 함께 작성하면 협동조합 사업에 있어 보다 구체적인 그림을 그릴 수 있을 것이다.

먼저 사업계획서에 정관에 나열한 사업의 종류를 구체적으로 적어 넣는 일부터 시작하였다. 그리고 수치화된 목표, 역할 분담, 자금조달, 평가 방법에 이르기까지 보다 세부적인 계획을 세워 넣었다.
사업계획서에는 '조합원과 직원에 대한 상담, 교육 훈련 및 정보 제공 사업, 협동조합 간 협력을 위한 사업, 협동조합의 홍보 및 지역사회를 위한 사업' 등에 대한 계획이 빠짐없이 들어가야 한다. 협동조합기본법에도 규정된, 협동조합이 반드시 포함해야 할 사업 내용이기 때문이다. 실제 운영에 있어 이러한 사업 내용은 협동조합의 가치를 실현하며 협동조합답게 성장할 수 있도록 이끌어주는 핵심 사업이라 할 수 있다. 하지만 자칫 놓치고 가기 쉬운 사업이기도 하다. 형식적인 계획이 아닌 매 사업 속에 녹아낼 수 있도록 보다 깊은 고민이 필요할 듯싶다.

사업계획서는 정관에 들어간 내용이 빠지는 일이 없도록 조금만 주의하면 그다지 어렵지 않게 작성할 수 있었다. 실현가능한 계획을 구체적으로 적는 것이 중요하다고 할 수 있다. 또한 사업계획서와 예산내역서가 일관되도록 유의해서 작성했다.

사업계획서를 작성하다 보니 첫 페이지 아래쪽 조합원 현황의 직원과 바로 아래의 직원 현황 구별이 좀 애매했다. 자료를 찾아보니 조합원 현황에서의 직원이란 직원협동조합의 조합원인 직원을 뜻하며, 직원 현황의 직원이란 조합원 외의 자로서 조합에 채용되어 별도의 급여를 받는 유급직원 또는 사무담당자를 이르는 것이었다. 사업자협동조합 유형인 우리 조합은 조합원 현황의 직원은 없고 대신 사업자만 다섯 명이라고 적으면 됐다. 이후 조합이 커지면 조합 운영 실무를 맡을 직원을 채용할 계획인데, 이때 채용할 직원이 바로 '직원 현황의 직원'에 해당된다는 얘기다.

우리 조합에서는 사업계획서와 함께 별도의 세부운영계획서도 만들기로 했다. 설립신고 시 제출할 서류로는 사업계획서만으로 충분하지만, 조합 운영을 보다 체계적으로 하고 싶다는 욕심에서 세부운영계획까지 세워보았다. 세부사업에 소요되는 예산 계획도 수지예산서와 연계하여 작성될 수 있도록 사업계획서와 함께 수지예산서도 작성했다.

사업계획서와 수지예산서의 출자금은 이후 설립동의자들이 출좌하겠다고 명시한 구좌의 총금액을 써 넣어야 한다. 대략 필요한 예산을 세우면 필요한 총자금 규모 등과 최소 설립동의자 인원 등이 정해질 것이다. 그에 따라 사업을 계획하고 준비하면 된다.

사실 정관에서 사업계획서와 수지예산서 안을 만드는 일은 큰 어려움 없이 진행할 수 있었다. 이미 지난해부터 꾸준히 고민해온 것을 네다섯 차례 발기인 모임을 거쳐 생각을 모으고 구체화해 문서화하는 작업이라 즐겁게 함께할 수 있었다. 발기인회 전부터 회의 의사록을 꼬박꼬박 기록으로 남겨두어 확인하며 한 단계 한 단계 논의를 진척시킬 수 있어 보다 체계적으로 진행할 수 있었던 듯싶다.

주위를 보니 간혹 이런 설립 준비 서류 작업을 몽땅 전문가에게 맡기거나, 한 사람이 도맡아 준비해 발기인회에서 대충 형식적으로 보고하고 총회에서 의결하는 경우도 있었다. 정관이나 사업계획서, 수지예산서 등은 조합 설립과 운영에 앞서 반드시 함께 생각을 모으고 점검해야 할 내용이다. 설립을 위해 제출할 서류로 포함시킨 것도 이 정도만은 꼭 합의하고 시작하라는 일종의 권고가 아닐까? 건강한 협동조합 설립과 운영에 있어 반드시 필요한 작업이니 더디가더라도 정관과 계획서만큼은 조합원들과 함께 공유하고 사업을 진행하는 것이 좋겠다.

3단계, 설립동의자 모집

이제 정관(안)과 사업계획서(안), 수지예산서(안)도 얼추 모양을 갖췄으니 발기인회에서 최종 검토한 후 총회 일정을 짜고 본격적인 설립동의자 모집에 들어갔다.

설립동의자란 협동조합의 설립 목적에 동의하는 조합원 자격을 가진 자로, 창립총회 개의 전까지 발기인에게 설립동의서를 제출한 이들이다. 조합이 설립되기 전이니 조합원이란 명칭이 아닌 설립동의자란 명칭을 사용한다고 생각하면 될 듯싶다.

물론 협동조합기본법에 따르면 추가적인 설립동의자 모집 없이 발기인만으로도 창립총회를 개최할 수 있다. 소비자조합이라면 최대한 많은 설립동의자를 모아야 앞으로 사업을 할 때 유리하겠지만, 사업자조합인 우리 조합은 적정한 인원으로 시작하는 것이 좋을 것 같다는 의견이 모아졌다. 일단 수지예산서를 토대로 필요로 하는 출자금을 계산해 1인당 대략적인 출자좌수부터 정했다. 근근이라도 좋으니 한 2년 정도 버틸 수 있는 초기 출자금을 마련할 수 있다면 더 이상 바람이 없을 듯싶은데, 발기인들 힘만으론 다소 버거운 것 같았다. 그래서 각자 가능한 설립동의자를 몇 명씩 모집해보기로 했다. 물론 우리 조합의 비전과 구체적인 사업 방향을 소개하여 자발적으로 조합 설립에 참여하도록 해야겠다.

본격적인 모집에 앞서 효율적으로 설립동의자를 모집할 수 있도록 몇 가지 사전 준비를 했다. 대략적인 모집 계획도 세우고, 협동조합을 설립하고자 하는 목적과 설립 추진 경과 등을 한 장으로 요약한 설립취지문도 작성했다. 또한 설립동의서와 설립동의자 명부, 출자금 납입증명서 양식도 만들었다.

설립동의서

본인은 귀 회가 발기한 소소협동조합(가칭)의 목적과 취지에 동의하여 설립에
참여하고자 동의서를 제출합니다.

2013년 6월 26일

주소 : 서울시 동작구 사당로 999 (전화번호 : 010-0000-0000)
주민등록번호 : 700000-1230000
성명 : 아무개
소소협동조합(가칭) 발기인 대표 귀하

설립동의자 명부는 창립총회 시 확인 명부로 활용하고, 설립신고
시 협동조합 설립신청서에 첨부해야 할 서류다. 동의자 명부는 별
도로 정해진 양식은 없고, 동의자 성명한자, 주소, 주민번호, 전화,
동의자 서명 등만 들어가면 된다.

일반적으로 설립동의서를 받을 때 출자금도 함께 납부한다. 이때
출자금을 받은 후 '출자금 납입증명서'를 발급하는데, 이는 창립총
회를 거친 후 출자증서로 교환해주어야 한다. 출자금 납입증명서
또한 별도로 정해진 양식은 없지만, 조합의 명칭, 조합원의 성명 또
는 명칭, 조합 가입 연월일, 출자금의 납입 연월일, 출자금액 또는
출자좌수, 발행 연월일 등이 반드시 기재되어야 한다.

No. _____

출자증서

성명 : 아무개

주민등록번호 : 700000-1000000

출자좌수 : 2구좌

1좌 금액 : 금30000원

납입 출자금 : 금60000원정

조합 가입일 : 2013년 6월 24일

상기자는 위와 같이 출자금을 납입하고, 소소협동조합은
이를 수령하였으므로 본 출자증서를 발행합니다.

2013년 7월 11일

소소협동조합 이사장 김똑순

우리 조합은 보름 정도 후에 창립총회를 개최하기로 하고 대략 10명 이내의 조합원을 모집할 계획이라, 바로 출자증서를 교부하기로 했다. 원칙적으로 '설립 중인 조합'은 출자증서를 교부할 수 없지만, 절차상의 간소화를 위해 설립동의자에게 미리 출자증서를 교부할 수도 있도록 되어 있어 이를 활용하기로 한 것이다. 이럴 경우, 영수증에 출자증서와 같은 효력을 가진다고 반드시 명기하고, 창립 후 조합원의 요구할 경우 다시 출자증서로 교환이 가능함을 공지하여야 한다. 출자증서에도 납입증명서와 마찬가지로 '조합의 명칭, 조합원의 성명 또는 명칭, 조합 가입 연월일, 출자금 납입 연월일, 출자금액 또는 출자좌수, 발행 연월일'을 반드시 기재하고 이사장총회 전일 경우 발기인 대표이 기명날인하면 된다.

4단계, 창립총회 의결

설립동의자 모집과 함께 총회장소 섭외·자료집 제작·각종 서류 및 총회 비품 준비 등 창립총회 준비도 착실히 진행되었다. 총회 안건은 정관 및 규약 제정 승인, 임원 선출, 사업계획 및 예산안 승인, 설립 경비 및 설립에 필요한 사항, 사무실 소재지 확정 등으로 정했다. 임원진에 대한 구상도 마무리 하는 등 안건 진행을 위한 준비 작업도 마쳤다. 협동조합기본법 제28조 '이사장은 총회 개최 7일 전까지 회의목적·안건·일시 및 장소를 정하여 정관으로 정한 방법에 따라 총회 소입을 통지하여야 한다.'는 규정에 맞게 총회 7일 전에 총회 공고도 하였다.

창립총회 개최 공고

그동안 추진해오던 소소협동조합의 설립 준비가 완료되어 다음과 같이 창립총회를 개최하오니 설립동의자께서는 꼭 참석하여 주시기 바랍니다.

- 다 음 -

1. 일 시 : 2013년 7월 6일 (토) 오전 10시
2. 장 소 : 서울시 서초구 반포대로 390 지우빌딩 1층
3. 참석대상 : 소소협동조합 설립취지에 동의하여 설립동의서를 제출한 자
4. 안 건
　가. 정관 및 규약 승인
　나. 사업계획 및 수지예산 승인
　다. 임원 선출
　라. 설립 경비 등 설립에 필요한 사항
　마. 사무소 소재지 확정

2013년 6월 25일
소소협동조합 발기인회
발기인 대표 김똑순 (인)

드디어 창립총회 날이다.

창립총회는 협동조합의 형태를 갖추기 위한 실질적인 요소들을 결정하기 위하여 열리는 총회다. 발기인만이 아니라 설립동의자도 모두 참석하여 정관 사항을 의결하고 사업계획과 예산·설립 경비 등에 관한 사항도 의결해야 한다. 또한 임원선출을 위한 의결권을 행사하여야 하는 매우 중요한 회의다.

발기인 대표의 진행으로 정족수 확인 후 바로 총회를 시작했다. 협동조합기본법 제15조에는 '창립총회의 의사는 창립총회 개의 전까지 발기인에게 설립동의서를 제출한 자 과반수의 출석과 출석자 3분의 2 이상의 찬성으로 의결한다.'는 규정이 있다. 우리 조합의 경우는 발기인만으로도 과반수라 총회 진행에는 큰 문제가 없었다. 모든 의결 사항도 출석자 3분의 2 이상의 찬성으로 원활하게 진행되었다.

창립총회 식순

제1부 기념식
□ 국민의례
□ 경과보고
□ 내빈소개
□ 축사

제2부 창립총회
□ 의장지명
□ 성원보고 및 개회선언
□ 창립총회 의사록 작성자 및 서명날인인 선임
□ 안건 심의
- 정관 및 규약 제정의 건
- 임원 선출의 건
- 사업계획과 예산 승인의 건
- 설립 경비 등 설립에 필요한 제반 사항 승인의 건
- 사무실 소재지 확정의 건
□ 폐회 및 기념촬영

총회의 의사 진행상황과 그 결과는 총회에서 선임된 작성자가 창립총회 의사록으로 작성했다. 창립총회 의사록은 협동조합이 적법한 절차를 거쳐 성립되었느냐를 판단하는 중요한 기준이 되므로 육하원칙에 따라 회의 일시와 장소, 참석 대상 및 참석 인원또는 참석자 명단, 의결권의 위임 여부, 회의 안건, 진행자 등이 누락되지 않도록 작성하여야 한다. 또한 창립총회의 필수 의결사항인 '정관, 사업계획서, 수입·지출 예산서, 임원의 선출, 설립 경비 등 설립에 필요한 사항' 등의 내용이 반드시 의결 표시와 함께 들어가 있어야 한다. 이때 임원 선출 후 반드시 각 이사와 감사의 성명도 기입해 선출되었음을 알려야 한다. 위의 사항에 대하여 설립동의자 과반수 출석과 출석자 3분의 2 이상의 찬성으로 의결했다는 내용도 명기되어 있어야 한다.

우리 조합은 별도로 총회 의사록에 정확한 주소지를 넣을 수 있는 방안도 마련했다. 이웃 조합의 설립 경험담을 들어보니 정관에 주소지를 동까지만 표기해 등기 시 보완 요청을 받은 사례가 있었다. 창립총회 의사록에 번지수까지 정확하게 적어 넣는 것으로 해결했다 하니, 우리 조합도 같은 방식으로 문제의 소지를 줄이기로 했다.

협동조합의 모든 총회의 의사록은 총회에서 선출한 조합원 3명 이상이 기명 날인하거나 서명하여야 한다고 협동조합기본법 제30조에 규정하고 있다. 서명도 가능하지만, 이후 설립등기를 신청하려면 공증을 받아야 하니 인감 날인을 하는 것이 여러모로 편리할 것이라는 판단에서 인감 날인을 하기로 했다. 창립총회 의사록은 협동조합 설립신고 시 1부, 등기를 위한 공증 시 3부가 필요하므로 총 4부를 만들어두기로 하였다.

인감 날인 전에 한 번 더 오타가 없는지, 정관과 다르게 된 것이 없는지 꼼꼼히 확인하고 또 확인했다. 이웃 조합은 이사 선출까지는 넣었는데, 이사장 선출은 빼고 작성해 보완 요청을 받았다고 한다. 또 다른 조합에서는 의사록에는 이사장이란 명칭 대신 의장 혹은 조합장 등으로 표기해 정관과의 직함 불일치로 등기할 때 문제가 되어 다시 보완했다 한다. 세심히 보지 않으면 지나치기 쉬운 지점도 있는 듯싶다.

소소협동조합 창립총회 의사록

1. 회의명 : 소소협동조합 창립총회
2. 공고일 : 2013년 6월 25일
3. 개최일시 : 2013년 7월 6일 (토요일) 오전 10시
4. 개최장소 : 서울시 서초구 반포대로 390 지우빌딩 1층
5. 참석대상 및 참석인원 : 설립동의자 10명 중 10명 전원 참석
6. 의사의 경과와 결과

제1부 기념식
- 발기인 대표 김똑순이 창립총회 개회를 선언하다.(오전 10시)
- 국민의례를 하다.
- 발기인 ○○○이 그동안의 설립 경과를 보고하다.
- 발기인 대표 김똑순이 내빈소개를 하다.

- 소소협동조합 김똑순 이사장이 축사를 하다.
- 발기인 대표 김똑순이 기념식 이후 곧바로 제2부 창립총회를 진행하기로 하다.

제2부 창립총회
가. 의장지명
발기인 대표 김똑순을 조합원들의 동의를 얻어 의장으로 지명하다.
나. 성원보고 및 개회선언
발기인 대표 김똑순이 의장석에 착석하여 설립동의자 10명 전원이 참석, 성원이 되었으므로 창립총회 개최를 선언하다.
다. 창립총회 의사록 서기와 서명날인인 선임
- 의장이 회의의 기록과 확인을 위해 서기와 서명 날인이 필요함을 설명하고 추천 및 자천해줄 것을 요청하다.
- 추천과 설립동의자 전원의 동의로 서기로 ○○○을, 의사록 서명 날인으로 ○○○, ○○○, ○○○이 선임되었음을 선포하다.
라. 의사일정 확정
의장이 발기인회에서 공고한 순서에 따라 의안을 심의할 것을 제안하자 참석자 전원이 찬성하여 제안대로 일정을 진행하기로 하다.
마. 의안 심의
(1) 정관 및 규약 제정 승인의 건
- 의장이 정관 및 규약 제정 승인의 건을 상정하다.
- 의장이 발기인회에서 제출한 정관안과 규약안을 설명하다.
- ○○○ 설립동의자가 원안대로 승인할 것을 동의하고 ○○○ 설립동의자가 제청하며 참석자 전원이 찬성하여 확정하다.
(2) 임원 선출의 건
- 발기인 ○○○이 발기인회에서 논의하여 초대 임원으로 ○○○, ○○○, ○○○를 이사 후보자로 ○○○을 감사 후보자로 추천하였음을 보고하다.
- 의장이 발기인회 추천자 외에 다른 추가 추천이 있는지 묻다.

- 다른 추천이 없자 추천된 임원의 승인 여부를 묻다.
- 이에 참석자 전원이 찬성하여 추천한 바와 같이 선출할 것을 결정하다.
- 의장이 이사장은 선출된 이사 중에서 선출해야 함을 설명하고 이사들이 협의하여 이사장 후보를 추천해 줄 것을 요청하고 잠시 휴회를 선언하다.
- 의장이 회의를 속개하겠다고 하고, 이사회에 이사장 후보를 추천해 달라고 요청하다.
- ○○○ 이사가 이사회에서 논의하여 ○○○ 이사를 이사장 후보로 추천한다고 하다.
- 의장이 추천된 후보의 이사장 선출 여부를 묻자 참석자 전원이 찬성하여 제안대로 결정하다. - 의장이 아래와 같이 이사장 및 이사, 감사가 초대임원으로 선출되었음을 선포하다.

이사 : ○○○(이사장), ○○○, ○○○

감사 : ○○○

- 의장이 이사장이 선출되었으므로 앞으로의 안건은 신임이사장이 진행할 것이라고 하고 의장석에서 내려오다.
- ○○○ 이사장이 의장석에 착석하고, 간단한 인사말을 하다.

(3) 사업계획 및 예산안 승인의 건
- 다시 ○○○ 이사장이 의장이 되어 진행하다.
- 발기인 ○○○이 자료에 의거하여 2013년도 사업계획 및 예산안을 제안 설명하다.
- ○○○ 조합원이 원안대로 승인할 것을 동의하고 ○○○ 조합원이 제청하며 참석자 전원이 찬성하여 확정하다.

(4) 설립 경비 및 설립에 필요한 사항 승인의 건
발기인 ○○○이 설립 경비는 출자금과 일부 차입금으로 설립 경비를 충당하고 설립에 필요한 사항은 이사회에서 결정하기로 하고자 하는데 이의 없으면 전원 찬성으로 해줄 것을 요청한다. 이에 참석자들은 박수로 동의해 준다.

(5) 사무실 소재지 확정의 건
의장이 본점 소재지를 서울시 서초구 반포대로 ○○○ 1층으로 하고자 하는데 이의

가 있는지 물어 본다. 이에 이의가 없음을 확인하고 모두 박수로 통과시킨다.

바. 폐회 선언

의장이 이대로 창립총회를 폐회해도 될지 묻다.

이에 참석자 모두가 찬성하므로 의장이 다른 의견이 없음을 확인하고 오전 11시 40분 폐회 시각을 알리고 소소협동조합의 창립총회 폐회를 선언하다.

○ ○ ○ (인)

○ ○ ○ (인)

○ ○ ○ (인)

소소협동조합 이사장 김똑순 (인)

5단계, 설립신고(시·도지사)

창립총회도 마쳤으니, 이제 협동조합 설립신고를 해야 한다. 설립신고는 발기인이 시·도지사에게 정해진 설립신고서와 첨부 서류를 함께 제출하면 된다.

먼저, 필요한 서류를 알아보았다. '설립신고서, 정관사본, 창립총회의사록사본, 사업계획서, 임원 명부, 임원의 이력서 및 사진, 설립동의자 명부, 수지예산서. 출자 1좌당 금액과 조합원이 인수하려는 출자좌수를 적은 서류, 창립총회 개최 공고문' 등을 1부씩 제출하는 것으로 되어 있다.

이와 같은 협동조합 설립신고서 및 첨부 서류는 협동조합기본법 시행규칙에 있는 서식을 사용하면 되는데, 시행규칙에 없는 서류는 기획재정부 협동조합 누리집www.cooperatives.go.kr 알림마당 자료실에 올려진 지침서식이나 각 시·도에서 만든 예시 서류들을 활용하면 된다.

우리 조합은 여러 서식이 올려져 있는 서울시청 누리집 '경제·일자리'의 '협동조합 설립신고 안내economy.seoul.go.kr/archives/14211'에서 다운로드 받아 작성하였다. 작성 전에 주의해야 할 내용도 미리 메모해 두었다가 참고해서 작성하였다.

① 설립신고서[서식1]

협동조합기본법 시행규칙 별지 제1호 서식 '협동조합등 설립신고서'를 사용한다. 사무소 주소는 번지수까지 정확하게 적어 넣어야 한다.

설립신고는 대리인을 통한 접수가 가능하나 설립신고인 란에는 발기인 중 1인으로 기입하여야 한다.

출자금 내역은 신고서, 정관, 사업계획서, 수지예산서, 출자자 명부 및 출자액 등의 서류와 일관되게 작성되어야 한다. 특히 자원봉사자나 후원자가 있는 다중이해관계자협동조합의 경우, 이들 자원봉사자나 후원자도 출자금을 내야 한다는 것을 유의하자. 조합원은 모두 출자의 의무가 있다.

② 정관 사본 1부[표준정관례 참고]

5인 이상의 발기인은 정관을 함께 작성하고 각자 정관에 기명 날인 또는 서명을 해야 한다. 법적으로 간인과 인감 날인을 꼭 해야 한다는 규정은 없지만, 사회통념상 하는 것이 좋다. 정관과 같이 중요한 문서는 간인을 해서 중간 내용이 임의로 변경되는 불미스런 일이 발생하지 않도록 해야 할 것이다. 등기 시 제출하는 정관은 발기인 전원의 날인과 간인을 하는 것이 좋다 하니 우리 조합은 발기인 전원이 인감 날인과 간인을 하는 것으로 결정했다.

정관은 4부 정도 작성하여 1부는 설립신고 시, 1부는 등기 제출 서류로, 1부는 사업자등록 시 제출하고, 1부는 사무실에 보관해 두기로 했다. 정관·규약·규정 뿐 아니라, 창립총회 의사록, 회계장부 및 조합원 명부, 이사회 의사록 등은 협동조합의 주된 사무소에 비치해야 한다.

정관은 사본 제출도 가능하나 원본이 아닐 경우 모든 페이지에 원본대조필을 해야 한다.

③ 창립총회 의사록 사본 1부

별도의 서식 없이 자율적으로 작성하면 되고, 총회에서 선출한 3인

이상의 조합원의 기명 날인 또는 서명이 되어 있어야 한다. 창립총회 의사록 원본은 조합에 보관하고, 원조대조필을 날인한 사본을 제출하면 된다.

창립총회 의사록은 설립신고와 등기 시 모두 제출해야 하는 중요한 서류이다. 이후 설립등기 신청을 할 땐 공증도 받아야 한다. 어차피 공증이 필요한 서류이니 인감 날인을 하는 것이 좋다.

④ 사업계획서 1부

사업계획서는 협동조합기본법 시행규칙 별지 제4호 서식 '협동조합등 사업계획서'를 사용한다. 설립연월일에는 창립총회 일자를 적어 넣으면 된다. 조직연혁에도 창립총회 연월일과 창립총회 개최하였음을 표기하여야 한다. 또한 사무소 주소도 번지수까지 정확하게 적어 넣어야 한다.

⑤ 임원 명부(임원의 이력서 및 사진 첨부) 1부

임원 명부는 별도의 서식은 없고, 이사장, 이사, 감사 등의 임원 명단에 성명(한자)·주민번호·연락처·임원 직책 등이 명기되면 된다.

사진은 가로 3센티미터, 세로 4센티미터 크기면 되나, 이력서에 사진을 붙인 경우에는 추가로 제출할 필요는 없다. 이력서에는 본적지를 포함해 작성해야 한다.

협동조합기본법 제44조에는 임직원의 겸직 금지 조항이 있다. 이사장은 다른 협동조합의 이사장직을 겸직할 수 없으며, 이사장을 포함한 이사와 직원은 감사를 겸직할 수 없다. 또한 임원은 협동조합의 직원을 겸직할 수 없다.직원협동조합은 예외적 규정을 두어 직원 겸직이 가능하다 이력서 등에서 위 겸직 금지 조항에 해당하는 사항이 없는지 확인해야 한다.

⑥ 설립동의자 명부 1부

기획재정부에서 고시한 업무지침에 있는 서식[서식19]을 참조해 작성하면 된다. 이 양식에 출자 1좌당 금액과 조합원 별로 인수하려는 출자좌수를 함께 기재해도 된다. 이때 성명, 주민번호, 연락처, 인수 출자좌수 등이 적힌 명부에 조합 이름과 출자 1좌 금액이 표기되어 있으면 된다.

⑦ 수입·지출예산서 1부

기획재정부 지침서식[서식4]을 활용해 작성하면 된다.

아직 발생하지 않은 비용을 예측해 적으라니 좀 난감하게 느껴지는 이들도 있을 것이다. 정확하게 예측하라는 의도라기보다는 앞으로 1~2년간 발생할 수 있는 수입과 지출 규모를 예상해 현실적인 사업계획을 세우고 운영 역량을 키우라는 것이다.

수지예산서는 미리 예상한 사업 아이템과 규모를 참고하여 예상치를 기입하면 되는데, 사업계획서와 일관성 있게 작성하는 것이 요령이다.

출자금 액수의 단위를 명확히 기입했는지의 여부도 꼼꼼하게 살펴보는 것이 좋다. 수지예산서의 조직개요항목의 출자금과 설립신고서의 출자금이 동일해야 한다. 또한 수지예산서의 수입항목의 출자금도 동일하게 하는 것이 좋다. 지역에 따라 동일하게 맞출 것을 요구하는 경우도 있고, 때론 향후 출자금 규모가 늘어날 것을 예상해 잡는 것을 허용하는 경우도 있다. 되도록 동일하게 맞추는 것이 좋을 듯싶다.

⑧ 출자 1좌당 금액과 조합원 또는 회원별로 인수하려는 출자좌 수를 적은 서류 1부 (출자자 명부 및 출자액)

누가 얼마나 출자를 했는가를 적는 것으로, 한 조합원의 출자좌 수가 전체 출자금의 30퍼센트를 넘지 않도록 주의하여야 한다. 설립동의자 수와 출자좌 수 명단의 조합원 수 등이 일치하는지 확인해야 한다.

위 ⑥번의 설립동의자 명부에 함께 작성해 넣은 경우, 따로 제출하지 않아도 된다.

출자자 명부 및 출자액의 금액과 사업계획서에 기재되는 출자금과 수입지출서에 기재되는 출자자본금 등이 모두 일치하는지 다시 한번 확인해보자.

⑨ 창립총회 개최 공고문 1부

주사무소 등에 게시한 사진을 제출하거나 우편 또는 메일로 발송한 발송문을 제출하면 된다. 창립총회 일시 및 장소, 조합원의 자격 요건, 창립총회에서 의결할 사항정관 확정, 사업계획 및 예산 승인, 임원 선출, 설립 경비 등 설립에 필요한 사항 등의 내용을 빠짐없이 기입하여 총회 개최 7일 전에 공고하였는지 여부를 확인한다.

⑩ 합병 또는 분할을 의결한 총회 의사록(「협동조합기본법」 제56조(제83조에서 준용하는 경우를 포함한다)에 따른 합병 또는 분할로 인하여 설립하는 경우에만 해당) 1부

모든 서류를 준비한 후에 다시 한 번 오타나 잘못 기재된 사항이 없는지 꼼꼼하게 확인했다. 신고 및 등기 절차 시, 정관 등 주요 서류에서 미비점이 발견되어 보완·재작성해야 할 경우가 생긴다면 다시 총회 의결을 거쳐 시·도지사에 정관 변경을 신고하고 등기, 사업자등록 과정을 진행해야 한다. 그만큼 품이 더 드는 일이 될테니, 꼼꼼하게 확인해 보는 것이 좋다.

준비된 서류는 각 협동조합 소재지 시·도에서 정해놓은 접수 장소에서 접수를 하면 된다. 서울에 있는 우리 조합은 서울시 신청사 1층 열린민원실에서 접수를 했다. 협동조합 접수 지원 창구에서 서류를 검토 받은 후 접수 창구에 접수를 마쳤다.

→ 8월부터는 서울의 경우, 협동조합 주사무소 소재지의 관할 구청에서 신고를 하면 된다.

일반협동조합은 신고서 접수 후 30일 이내 신고필증을 교부받을 수 있는데, 서류가 미비할 경우 자료 보완을 요청한다고 한다. 보완 절차 없이 바로 수리가 되길 기대해본다.

서울시의 경우는 이와 같은 행정절차 진행상황도 인터넷으로 알아볼 수 있다. 서울시청 누리집 전자민원에서 '서식방문민원 조회'를 클릭해 접수번호와 신청인을 기재하면 현재 진행 상황을 확인할 수 있다.

대략 보름 쯤 걸려 신고필증을 받을 수 있었다. 신고필증은 우편으로도 받을 수 있다고 하지만 우리 조합은 직접 서울시에 방문해서 받는 것으로 하였다.

6단계, 사무 인수인계 : 발기인 대표에서 이사장으로

신고필증을 받은 즉시 발기인 대표는 이사장에게 인수인계를 해야 한다. 정관, 사업계획서, 조합원의 출자금 승낙서 혹은 조합원이 인수하려는 출자좌 수를 적은 서류, 설립동의자 명부 등 조합 설립 관련 각종 서류 및 진행업무 일체를 이사장에게 인수인계했다. 감사의 입회하에 인수자와 인계자가 각각 서명 날인하여 보관함으로써 책임 소재를 분명히 하는 것이다. 우리 조합은 발기인 대표가 이사장이라 간단히 서류를 정리하는 차원으로 마무리했다.

7단계, 출자금 납입

인수인계 후 곧바로 이사장 명의의 통장부터 개설하였다. 기간을 정하고, 그 안에 조합원들이 출자금을 납입할 수 있도록 하였다. 출자는 협동조합기본법 제22조에 따라 1좌 이상, 총 출자좌 수 100분의 30을 넘지 않도록 했다. 정관에 정하는 바에 따라 현물 출자 가능하다고 하는데, 우리 조합은 모두 출자금으로 완납하였다.

완납 후 금액이 '출자자 명부 및 출자액' 서류에 기재된 금액과 사업계획서의 출자금과 수입지출의 출자자본금과 모두 일치하고 있음을 다시 한 번 확인했다.

8단계, 설립등기(관할 등기소)

이제 협동조합 설립의 마지막 단계인 설립등기를 할 차례다. 협동조합은 사무소 소재지 관할 등기소에 설립등기를 해야 비로소 조합이 성립되는 것이다.

실제 협동조합을 설립하는 이들의 경험담을 들어보면 가장 혼란스러워하는 과정이 바로 설립등기 과정이다. 협동조합 붐을 타고 설립을 마친 이들 중에는 종종 등기나 사업자등록의 과정을 마쳐야 실제 사업을 할 수 있다는 것조차 모르는 이들도 있었다. 설립등기를 마쳐야 협동조합은 영리법인, 즉 법인격을 부여받은 사업체가 되는 것이다. 협동조합뿐만 아니라 개인사업자가 아닌 모든 회사는 이러한 법인 설립등기를 마치고 세무서에 사업자등록을 해야 실제 사업을 할 수 있게 된다.

협동조합기본법 시행 초기엔 정관이나 창립총회 의사록 등의 날인 방법이나 각인 유무, 공증 유무, 주소 표기 문제 등으로 다소 혼란을 겪기도 했다. 협동조합 등기 업무를 맡아 처리하고자 하는 법무사도 없어 직접 자료를 찾아가며 일을 진행하다 보니 어려움을 호소하는 경우가 많았다.

이미 사업자등록 과정을 모두 마친 협동조합들의 좌충우돌 경험 사례들을 찾아보며 까다롭다는 설립등기에 도전해보았다.

설립등기에 관한 내용은 협동조합기본법 제61조(설립등기)에 규정되어 있다. 협동조합은 출자금의 납입이 끝난 날부터 14일 이내에 주된 사무소의 소재지에서 설립등기를 하여야 한다. 기간 내 설립등기를 하지 않은 경우 과태료가 부과된다.

일단 먼저 '대한민국법원 인터넷 등기소www.iros.go.kr/PMainJ.jsp'에서 필요한 서식을 다운 받았다. '인터넷 등기소〉자료센터〉파일양식 다운로드〉법인등기'에서 쉽게 설립등기신청서와 인감신고서를 받을 수 있다.

등기 시 필요한 서류는 설립등기신청서와 설립등기신청서 마지막 장에 기재되어 있는 첨부 서류 각 1통씩이다. 즉 설립등기신청서, 등록면허세 영수필 확인서, 정관, 창립총회 의사록, 이사·감사 전원의 취임 승락서와 인감 증명서와 주민등록 등(초)본 각 1통씩(취임승낙서, 인감증명서, 주민등록증 초본은 임원별로 편철), 주무관청의 설립신고 필증 또는 설립인가증, 출자금 총액의 납입이 있음을 증명하는 서면(출자금 총액의 납입 잔액 증명), 법인 인감신고서, 위임장(대표이사 대신 대리인이 신고할 때만 필요) 등이다.

서류를 작성할 때는 등기 신청인은 이사장으로 해야 한다. 설립신고를 할 때는 사본으로 형식은 크게 구애받지 않아도 수리가 가능하지만, 등기 서류는 좀 더 형식을 지켜 준비해야 한다. 정관이나 창립총회 의사록 등의 서류도 되도록 원본으로 규정대로 인감 날인과 간인을 하는 것이 좋다고 한다.
서류 작성에 앞서, 각 서류별 작성 방법과 유의할 점을 찾아 정리해 보았다.

① 설립등기 신청서

설립등기 신청서 작성 시 주의해야 할 곳이 목적란과 주소다. 목적란에 정관 제2조의 목적 사항만 적어 넣는 경우도 있는데, 이럴 경우 사업자등록 시 문제가 된다. 등기신청서의 목적란은 상업목적으로서 통계청의 대한민국 업종 분류에 의한 사업종을 넣어 구체적으로 작성해야 한다. 이곳 목적란에 적어 넣은 사업만 할 수 있다는 사실을 유념하자. 목적란의 사업종은 정관의 사업 조항에도 명시되어 있어야 하며, 주소지도 정확한 번지수까지 확실하게 작성해 넣어야 한다.

② 등록면허세 영수필 확인서

등록면허세는 조합사무실 관할 구청의 세무민원실에 방문해 납부하면 된다. 조합원 출자금 현황을 보여주면 총출자금에 따른 세금이 책정된다. 책정된 등록면허세를 납부한 후, 영수증을 받아 법인등기신청서 마지막 장에 붙여 제출하면 된다.

③ 정관 1통

정관은 공증을 받지 않아도 된다. 협동조합 관련 도서에 정관도 공증을 받아야 하는 것으로 안내되어 혼란을 일으키기도 했으나, 실제로는 공증이 필요하지 않다. 또한 협동조합기본법에는 등기 신청시 정관이나 창립총회 의사록 모두 사본을 제출하는 것으로 되어 있다. 사본을 제출할 경우 반드시 원본대조필 날인을 해야 하며, 원본도 함께 가져가야 한다.
간인 또한 하지 않는다고 법적으로 문제가 되진 않지만 사회 통념상 대부분의 공문서들은 간인을 해주는 것이 원칙이다. 혹시 모를 오해의 소지를 없애기 위해 간인을 해주는 것이 좋다. 실제로 관할 등기소에서는 발기인 전원의 날인과 간인을 요구하는 경우가 많다.

④ 창립총회 의사록 1통

총회에서 선출한 3인 이상의 조합원이 기명날인한 창립총회 의사록은 설립신고 때와 달리 설립등기 신청 시에는 반드시 공증을 받아야 한다.

공증을 할 때는 공증 담당기관마다 요구하는 조합원 위임 비율이 다르다. 대략 총회참석자 과반수에서 전체를 요구하는 곳까지 다양한데, 미리 공증사무실 등에 전화해 위임하는 조합원 수와 필요서류 등을 함께 물어보는 것이 좋겠다. 해당 조합원이 모두 공증기관에 함께 갈 수 없으므로, 위임을 받아 하게 되는 것이다. 이때 위임하는 조합원의 인감도장으로 위임장을 작성하고, 인감증명서 3개월 이내의 것을 첨부해야 한다.

공증 담당기관에서 진술서와 공증신청서를 받아 작성한 후, 창립총회 회의록 3부, 설립동의자 명부 및 출자현황과 함께 위임장과 인감증명서를 제출하면 된다. 진술서는 공증사무소에서 양식을 받아서 작성하면 되는데 개인인감과 법인 인감 날인을 한다. 설립동의자 명부 및 출자현황은 성명, 주민번호, 출자좌수, 출좌금액, 서명이 있는 조합원 명단으로 법인 인감을 날인하면 된다. 창립총회 회의

록은 1부는 공증사무실에 제출하고, 1부는 등기소 제출하며, 남은 1
부는 조합 사무실에 보관하면 된다.

⑤ 이사장, 이사, 감사의 취임 승낙서와 인감 증명서 1통, 이사 및 감사 전체의 주민
등록 등(초)본 1통,

총회에서 선출된 이사장, 이사, 감사 등 모든 임원은 취임 승낙서를
작성해 인감으로 날인하고, 인감증명서와 주민등록 등(초)본을 제출
하도록 한다. 취임승낙서는 임원 이름을 명기해 한 장으로 만들어도
무방하나, 되도록 각각 한 장씩 작성해 1인당 세 가지 서류를 임원별
로 한데 모아 묶어 제출하는 것이 좋다. 또한 주민등록등본이나 초
본 모두 가능하니 편한 것으로 선택해서 제출하면 된다.

⑥ 주무관청의 설립신고필증

설립신고 후 받은 신고필증은 원본과 사본을 함께 가져가는 것이
좋다. 사본은 원조대조필 후, 법인인감으로 날인하여 제출하면 된
다. 등기소에 신고필증 제시 후 원본은 반드시 돌려받아야 한다.

⑦ 출자금 총액의 납입이 있음을 증명하는 서면(통장 잔액증명서)

출자금 총액의 납입이 있음을 증명하는 서면은, 반드시 은행의 통
장 잔액증명서로 제출하지 않아도 된다. 협동조합에서 현재 얼마가
입금이 되었는지 정리해서 법인인감을 찍어서 제출해도 된다. 통장

잔액은 설립등기신청서에 기재된 내역과 일치해야 한다. 은행에서 통장 잔액증명서를 발급 받은 경우 통장 잔액 증명 후 24시간 이내에는 입·출금이 되지 않으니 유의하자.

⑧ 법인 인감신고서

인터넷 등기소에서 양식을 다운 받아 작성하면 된다.

⑨ 위임장(대리인이 신청할 경우)

법인대표가 직접 설립등기 신청을 할 경우에는 별도의 위임장을 필요로 하지 않는다. 법인대표가 아닌 대리인이 신청할 경우에만 제출하면 된다.

이제 서류도 다 준비되었고, 관할등기소를 찾아 접수를 하면 된다. 상법상 법인의 설립등기는 서울중앙등기소에서 하지만 협동조합은 특수법인이므로 각 사무소 관할등기소에서 한다고 한다. 관할등기소는 대법원 인터넷 등기소 누리집www.iros.go.kr/PMainJ.jsp의 '등기소 소개〉등기소 찾기'에서 쉽게 찾을 수 있다. 등기 신청 후 3~4일 후면 법인등기부등본으로 확인할 수 있다.

우리 조합은 서울 서초구에 위치해 있어 서울중앙지방법원 등기국에 방문해 접수를 했다. 먼저 민원상담실에 들러 가져간 서류가 제대로 되었는지 상담을 받은 후, 3만 원의 법인등기 수수료를 납부하고 법인등기 창구에 접수를 마쳤다.

9단계, 사업자등록(관할 세무서 민원봉사실)

이제 설립등기까지 마쳤으니 협동조합 법인이 설립된 것이다. 하지만 이렇게 법인이 설립되었다고 해서 바로 사업을 시작할 수는 없다. 실제로 사업을 진행하려면 관할세무서에 사업자등록을 해야 한다. 설립등기를 마친 협동조합이 사업을 하려면 사업개시일로부터 20일 이내에 사업자등록을 해야 한다.

사업자등록은 필요한 서류를 구비해 관할세무서 민원봉사실에 제출하면 된다. 사업자등록 시 필요한 서류는 사업자등록신청서, 법인등기부등본, 정관 사본, 사업장을 임차한 경우에는 임대차계약서 사본, 조합원 출자 명부, 허가 또는 등록을 받아야 하는 사업인 경우에는 사업허가증이나 등록증 사본, 신고필증 사본, 법인 인감 등이다. 관할세무서에 따라 구비 서류가 조금씩 다른 경우도 있으니, 자세한 내용은 관할세무서에 문의해보는 것이 좋겠다.

사업자등록까지 마치면 지금껏 계획하고 준비해온 협동조합 사업을 시작할 수 있다. 아무쪼록 무탈하게 협동조합 등록을 모두 마치고, 함께여서 더욱 든든한 협동조합의 길에서 함께 만나길 바란다.

참고 위 내용은 일반 협동조합의 설립과정에 따라 정리한 것이다. 사회적협동조합의 경우, 비영리법인이라는 성격에 따라 강화된 규정에 따라야 한다. 설립 과정은 거의 비슷하지만 별도의 인가 절차가 필요하므로 사회적협동조합 설립 규정에 따라 설립 과정을 밟는 것이 좋겠다.

협동조합, 더불어 사는 공동체의 모색

협동조합은 결코 쉽지 않다. 한마디로 명쾌하게 정리해보고 싶지만 녹록지 않다. 협동조합의 정의나 운영원칙 등을 열심히 들여다봐도 현실로 돌아오면 순간 막막해지곤 한다. 사람 사이의 미묘한 관계와 같이 이론적으론 설명할 수 없는 지점도 있다. 이는 협동조합이 단순한 기업이 아닌, 모두가 함께 만들고 뜻을 모아 꾸려가는 공동체이자 사업체이기 때문이다.

여러 협동조합을 돌아보며 사람들을 만나고 나니 이제야 조금 협동조합에 대한 그림이 그려지는 것 같다. 조금은 더 성숙하고 여유로워진 느낌이랄까. 이제와 생각해보면, 그간 좁은 안목으로 협동조합을 바라본 듯싶다. '협동조합의 원칙'이라는 두툼한 색안경을 쓴 채 협동조합을 바라본 것은 아니었을까 반성하게 된다. 협동조합을 일구고 있는 그들의 이야기에 귀 기울이지 않았다면 지금까지도 그 색안경을 벗지 못했을 것이다.

'협동조합에서 협동조합을 배우다'라는 연재기사를 시작할 당시만 해도 협동조합에 대한 사회적 관심조차 걱정스러웠다. 협동조합을 오해하는 데서 비롯된 과열된 관심이라고 생각했다. 물론 협동조합에 대한 충분한 이해 없이 협동조합을 설립하는 걱정스런 경우도 있다. 하지만 협동조합 사람들을 만나며 협동조합을 선택할 수밖에 없었던 그들의 현실을 읽을 수 있었다. 마치 막다른 길에서 마지막 힘을 다해 출구를 찾듯 협동조합이라는 대안을 선택한 그들의 내면의 소리를 들을 수 있었다. 협동조합을 선택한 그들이나 나 또한 미처 인식하지 못한 현실이었다.

나는 그동안 경제가 어렵고, 일자리가 없으며, 돈이 돈을 버는 세상이라는 우리 사회의 모습을 얼마큼은 잘 알고 있다고 생각했다. 하지만 함께 아파하거나 깊이 공감한 적은 없었다는 사실을 깨달았다. 협동조합을 두고 보수니 진보니 하며 편 가르기를 하는 몇몇 정치인들과 언론을 보며 그들도 나처럼 색안경을 쓰고 있는 것은 아닐까 생각해보았다. 협동조합기본법은 여야가 만장일치로 통과시킨 법안이다. 그만큼 우리 사회에서 사회경제적으로 그 필요성을 절실히 느꼈다는 반증일 것이다.

이제 우리는 협동조합에 대한 폭발적인 관심이 드러내고 있는 사회적 의미를 똑바로 바라봐야 할 것이다. 소시민들이 선택한 마지막 희망을 두고 보수니 진보니 하는 흑백논리로 판단하는 무책임한 행동은 하지 않길 바란다. 더불어 우리 사회 소시민들이 협동조합을 선택할 수밖에 없었던 가슴 먹먹해지는 얘기도 귀담아 들었으면 좋겠다. 더 이상 협동조합을 정쟁의 대상으로 삼는 비겁한 행동은 하지 않았으면 좋겠다.

이 책은 여타 협동조합 책들에서 놓치기 쉬운 협동조합 사람들의 이야기를 담고 있다. 왜 협동조합을 시작했고, 지금까지 어떻게 꾸려왔는지 그들의 진솔한 이야기를 풀어내고자 하였다. 개인적인 생각보다는 취재한 내용을 바탕으로, 최대한 객관적으로 그들의 이야기들을 전달하려고 노력하였다. 하지만 협동조합을 취재하는 일은 생각만큼 쉽지 않았다. 안정적으로 자리를 잡은 협동조합 중에는 수십 차례 여러 통로를 통해서 가까스로 취재한 곳도 있었다. 때론 담고자 했던 협동조합 운영의 세세한 이야기까지 들을 수 없었던 곳도 있었다. 또한 여러 가지 여건 때문에 각각의 협동조합마다 취재 내용에 양적 차이가 있음을 밝힌다. 혹시라도 이 책에서 그러한 차이가 느껴지더라도 개인적인 의도가 아니었음을 이해해주길 바란다.

세상에 이 책을 선보이는 순간에도 나는 또 다른 협동조합의 이야기를 담고 있을 것이다. 아무쪼록 이 책이 많은 이들에게 회자되어 덕분에 흔쾌히 취재에 응해주는 협동조합이 많아지길 기대해본다. 아울러 여건상 이 책에는 담지 못한 주택, 돌봄, 예술, 언론 등의 다양한 협동조합 이야기도 담을 수 있길 바란다. 그리고 기회가 된다면 몇 년 후에 이 책에서 소개한 협동조합들의 보다 성장한 모습을 취재하고 싶다. 지난한 과정과 노력으로 시작한 이들이 사회에 튼튼히 뿌리내리고 한결 안정적인 협동조합으로 자리매김한 모습을 기쁜 마음으로 지켜보고 싶다. 그렇게 협동조합이 성장하는 과정을 기록으로 남길 수 있다면 그간의 노력이 뿌듯할 것 같다.

'소비는 또 다른 투표'라고 생각한다. 그리고 난 늘 협동조합에 투표하고 싶다. 80퍼센트가 유통마진인 상품이 아닌 70퍼센트 이상이 생산자에게 돌아가는 정당한 상품에 투표하고 싶다. 을의 희망이 되는 건강한 기업에 투표하고 싶다. 모두가 주인인 행복한 회사에 투표하고 싶다. 기업주의 독선적인 운영이 아닌 조합원의 민주적인 참여에 투표하고 싶다.

아무쪼록 머지않은 미래에 다양한 분야에서 믿음직한 협동조합들이 많이 생겨나 협동조합에서 모든 소비가 가능한 사회가 이루어지길 기대해본다. 끝으로 이 책이 보다 건강한 경제모델을 만들고, 윤리적인 소비를 이끌어내는 데 조금이라도 도움이 되길 바란다.